臺灣歷史與文化 研究輯刊

十 二 編

第 2 冊

臺灣農會與鄉村建設

杜 興 軍 著

花木蘭文化事業有限公司

國家圖書館出版品預行編目資料

臺灣農會與鄉村建設／杜興軍 著 — 初版 — 新北市：花木蘭
文化事業有限公司，2017〔民 106〕
序 4+ 目 4+228 面；19×26 公分
（臺灣歷史與文化研究輯刊十二編；第 2 冊）
ISBN 978-986-485-153-9（精裝）
1. 農會 2. 鄉村 3. 臺灣
733.08   106014087

ISBN-978-986-485-153-9

9 789864 851539

臺灣歷史與文化研究輯刊
十二編　第二冊　　　　　　　　ISBN：978-986-485-153-9

臺灣農會與鄉村建設

作　者	杜興軍
總 編 輯	杜潔祥
副總編輯	楊嘉樂
編　輯	許郁翎、王筑　美術編輯　陳逸婷
出　版	花木蘭文化事業有限公司
社　長	高小娟
聯絡地址	235 新北市中和區中安街七二號十三樓
	電話：02-2923-1455／傳真：02-2923-1452
網　址	http://www.huamulan.tw 信箱 hml 810518@gmail.com
印　刷	普羅文化出版廣告事業
初　版	2017 年 9 月
全書字數	204371 字
定　價	十二編 13 冊（精裝）台幣 26,000 元

臺灣農會與鄉村建設

杜興軍 著

作者簡介

杜興軍，男，漢族，1969 年 11 月出生，山東省臨沂市人。1997 年 3 月畢業於湖南大學並獲工學碩士學位，2013 年 7 月畢業於北京大學並獲法學博士學位。曾於 2011 年 9 月赴臺灣進行三個月的學術交流和考察學習。近年來，先後在《湖南大學學報》、《農業現代化研究》、《廣西社會科學》及《北大馬克思主義研究》等刊物發表多篇學術論文，現在北京大學從事科研及行政管理工作。

提　　要

　　戰後臺灣農會組織歷經多次變革，不斷完善其組織架構和功能體系，成為具有政治、經濟、教育、社會和文化等多目標功能的「農有、農治、農享」的農民組織。臺灣農會通過推廣、供銷、信用、保險、社會服務和保障等多種手段，為農民提供從生產、生活到生態的公共資源和社會服務，履行其推行農業政策、推動農業發展和鄉村建設、促進農民成長進步的職能，為推動臺灣創力農業、魅力農村和活力農民建設做出了巨大貢獻。

　　臺灣農會具有目標功能多、業務種類全、會員成分雜、網點分佈廣、經營方式活、權責劃分清和作用影響大等鮮明特點。隨著所處社會環境的變化，其組織架構在不斷改變，功能也會展現出不同的內容和側重，但是農會組織所具有的多目標功能始終沒有改變。農會各個部門互相依託，緊密配合，其中信用部門是關鍵，是農會最主要的經濟來源和支持農會發展業務的支柱；推廣、供銷和保險三個部門是基礎。農會各項業務互相支持，共同形成一個完整的體系。農會的經濟功能直接促進了臺灣農業現代化和農村發展繁榮，其透過推廣和教育提供的社會功能，也同時創造出農會的政治功能，成為保持臺灣農村政治穩定的基石。

　　農會是把農民「組織起來並進行引導」的組織。臺灣農會主要通過農事推廣、家政推廣和四健會等多種推廣教育形式把農民有效組織起來，對他們進行農業知識、專業技術、生產及生活技能、鄉村建設及社區發展理念等的教育、培訓，強化其永續發展信念和社會參與意識，讓農民積極投身到農業發展和鄉村建設中。臺灣農會還通過不斷強化農民市場意識，培養農民「接近和適應市場」的能力，培育了臺灣現代化的新型農民。

　　在農業發展方面，臺灣農會與政府之間形成了一種「公私夥伴關係」，充當政府推行農業政策的「行政夥伴」以及政府與民眾溝通交流的橋梁紐帶，配合政府推行各項農業政策。農會充分利用其自身的生產設備、技術、網絡資源及農村普惠金融體系，調節以小農經營為主的推廣、生產和供運銷以及金融等各項事業；通過多種農業和農村專業合作組織，轉化農會社會資源，為農民提供生產和運營資金；通過普及農業科技知識調整農業生產結構和規模、改進農業產運銷體系、增加農業生產投入；通過發展休閒和觀光農業、都市農業和綠色農業，推動臺灣農業持續轉型升級和永續發展。

　　鄉村地區是農民賴以生存和進步的重要場所，農會通過其與政府之間形成的特殊的鄉村治理機制以及農會扮演的「農業教育」中介和提供農村公共服務「政府夥伴」的角色，傳送農村發展所需的「公共服務」和「社會資源」，推動臺灣整合性現代化鄉村建設。農會全面參與了臺

灣歷次土地改革，在幫助農民獲得土地所有權，促進農地使用多樣化，改善農民生活和農村衛生狀況，培養農村領導者和農業生產精英等方面發揮了重要作用。農會組織協助政府執行農村發展政策，實施社區總體營造，建立健全農民保險、農村供運銷和社區照護等社會服務和保障體系，推動創新鄉村社區發展，傳承優秀農村文化，保護自然和生態環境，推動整合性的富麗鄉村建設。農會還利用其信用部龐大的網絡資源和優質服務構建農村普惠型金融體系，使各項金融產品和金融服務延伸到千家萬戶，惠及普通百姓，爲農民和會員提供小額金融服務，爲農業農村發展融通資金，有力促進了臺灣地區農村的經濟繁榮。農會作爲經營性事業主體，不但承擔政府各項委託事業，同時還大力發展自營業務，代替政府執行許多有關農村、教育和社會福利等的公共政策，並積極參與農村環境改善、交通和公共設施、公共安全和娛樂設施等眾多與農民生活緊密相關領域的工作，實現服務農民的承諾，對臺灣農村現代化建設發揮了不可替代的作用。

　　臺灣農會在推動現代農業發展、鄉村建設和農民進步等方面的經驗，對大陸的新農村建設和城鎮化建設、農業現代化和新型農民的培育等，都具有很好的啟示和借鑒作用。

序

孫代堯

　　在戰後東亞現代化的歷史進程中，臺灣地區在農地制度改革基礎上的工業化十分引人矚目。農地改革不僅從根本上改變了臺灣農村社會的階級結構，更重要的是打下了臺灣所得分配均等的基礎，並使原先凍結在土地上的資金得以釋出，創造了工業化所需的資金、市場等要素條件。可以說，農地改革是使臺灣走出農業社會，邁向現代工業社會的關鍵一步。

　　對於臺灣在農地改革中所形成的在平均地權基礎上的小農制及其與工業化的關聯，國際學術界給予了足夠關注，發展經濟學家甚至把臺灣視爲基於單一小農制戰略的制度原型。然而，學界對臺灣農地改革及後續發展的研究，一般只看到地權重新分配這個面向，而較少注意它還有一套支持架構。這套架構，除農政系統外，最重要的就是農民組織體系，即各級農會。臺灣農會歷史久遠，戰後歷經多次改革，已成爲架構完整、功能齊全、業務廣泛、農戶參與度高的農民組織，在臺灣的經濟、政治和社會發展中發揮著舉足輕重的作用。可以說，臺灣農會發展史，爲我們提供了一個觀察和理解戰後臺灣歷史的獨特視角。

　　杜興軍博士的《臺灣農會與鄉村建設》，是大陸學者撰寫的第一部比較系統地研究臺灣農會的著作。本書在梳理臺灣農會發展脈絡的基礎上，逐一深入探討了農會在土地改革、教育和組織農民、促進臺灣農業轉型發展、推動臺灣現代化鄉村建設等方面所扮演的獨特角色，爲我們展示了一幅戰後臺灣現代化和社會變遷的立體圖景。

　　臺灣農會在組織農民，推動臺灣農村建設、農業發展和新型農民培育方面的經驗，對於那些仍面臨農地制度改革和「三農」問題的發展中國家和地

區而言，應該具有很大參考價值。中國大陸現階段正在推進以農地「確權」和土地流轉爲核心的農地制度改革，著力發展現代農業、培育新型農民和建設新農村，臺灣已取得的經驗，無疑値得認眞總結和借鏡。

地權分配及其後果就是一個值得重新檢視的議題。在世界上幾乎所有最繁榮的國家和地區，永久性的私人地權都是一種常態。大陸農村土地由農民集體所有，農地產權私有化在現階段尙不可行，但集體土地的「確權」勢在必行。只有確權，土地才能眞正流轉並保障農民權益。除了農用地承包經營權的確權和入市流轉，農村集體建設用地使用權的確權更爲關鍵，這就要打破目前分割的城鄉二元土地制度，實行農村集體建設用地與國有土地同權同價，以在土地流轉中保障農民權利，增加農民收益。很多人擔心土地制度改革會導致「資本下鄉」和產權集中，但臺灣的經驗都顯示，當政府給予農民徹底的土地權利保障時，地權集中化的速度遠比一些實行土地國有的國家和地區來得更緩慢，倒是如何釋出農地以擴大經營規模成爲一大難題。大陸目前的農地制度，在大規模城市化的背景下，既不能有效保護農民權益，也難以阻止地方政府的圈地衝動和資本下鄉（房地產商在金融機構支持下的大肆開發和土地炒作），造成貧富差距居高不下。

如何培養農民接近和適應市場的能力，是發展現代農業和培育新型農民需要探索解決的重要課題。孟加拉國的穆罕默德・尤努斯 1976 年提出「微額信貸」理論，挑戰了只有抵押才能發放貸款的傳統銀行準則，他創辦的專門借錢給窮人的「格萊瑠銀行」（鄉村銀行），向農民提供不需要擔保抵押的小額貸款，主要目的就是要培養農民借著做小生意而學習「接近市場」的能力。但臺灣農會所具有的信用功能和普惠型農村金融體系，其實是比格萊瑠銀行早得多的先驅試驗，臺灣農會的信用部，其實就是「農民的鄉村銀行」。臺灣農會的推廣部，除了使農民熟悉現代化的農業經營，其功能更在於培養農民個體自我認知和組織管理能力，成爲更有主動性的新農民。臺灣農會在提升農民能力方面的經驗，爲大陸新型農民培育提供了重要參考。

農民是工業化和城市化過程中的弱勢群體。農民問題的關鍵是農民權利問題。怎樣維護農民權利？與其由別人來維護農民的權利，不如有個制度讓農民可以維護自己的權利。這就是「組織化」的問題。要使農民眞正成爲鄉村建設的主體，就要尊重他們的意志和權利，讓農民「組織起來」。臺灣的農會正是這樣一種凝聚和維護農民經濟政治權益的制度組織。臺灣農會以農民

為主體，強調農民素質的提高和技能的增強，實行民主選舉和自治管理，也是政府實施農村、農業政策的重要助手，在協調、溝通政府和農民的關係上扮演著積極角色。臺灣農會發展的經驗表明，對建立農會這類農民組織不必採取迴避態度，有組織的理性在利益表達上比非組織的理性更有效。只要管理得當，組織得體，農會完全可以與政府形成一種夥伴關係，成為政府與農民之間的良好紐帶，為社會穩定和整合發揮重要作用。臺灣農會充分發揮組織農民的作用，既鞏固了農地改革的成果，也打造了臺灣現代化的「三農」。如果沒有農會的存在，臺灣的農民，他們的經濟活動與生活，就不會像現在這種有效、有機和有活力。對於大陸來說，新農村建設的關鍵不在於「教育農民」，而在於「組織農民」。只有在像農會這樣的組織裏，農民才能真正獲得「教育」，能力才能得到培養，才能成為新農村的新農民。

杜興軍的這本著作，是在他的博士學位論文基礎上增補修改而成的。在北京大學攻讀博士學位期間，興軍表現出了對臺灣現代化的濃厚研究興趣，閱讀了臺灣學者的大量研究文獻和資料。在確定以「臺灣農會與鄉村建設」為學位論文選題後，他於 2011 年 9 月赴臺灣進行了為期三個月的研究和田野調查，期間到過多家市區農會、縣鄉農會和農場考察，直觀體驗臺灣農會並獲取了大量一手資料。本書特闢專章對新北市板橋區和雲林縣二崙鄉兩個不同類型的農會作了介紹，以便讀者更直觀瞭解臺灣都市型和鄉村型農會的不同特點。作為杜興軍的指導教師，我很高興看到他在學術上的進步，也樂於將這部著作推薦給讀者。

2017 年 7 月 16 日於北京大學

目

次

緒　論

一、研究緣起

　　與大陸具有相同農業耕作傳統和歷史文化背景的臺灣地區，自光復以來始終重視農會等農民組織建設，推動著農會及其功能不斷發展變革，反過來農會又給臺灣農業發展和鄉村建設帶來了勃勃生機，在創造「臺灣奇蹟」方面扮演了不可或缺的重要角色，其成功經驗，值得我們認真研究。

　　臺灣農會是以促進農業發展、推動農村繁榮及維護農民利益為目的的非營利性群眾組織，具有協助政府執行政策、繁榮農村與教育農民的使命。農會以其不斷發展、變革和完善的彈性化組織架構和靈活多樣的運營管理，充分發揮其公部門的公信力以及私部門的活動力來彌補政府機構行政資源分配的不足，積極配合併執行政府有關政策，全方位服務於農業企業和農民大眾，通過充當政府與民眾溝通的橋樑紐帶，成為推行農業政策，推動農村發展和促進農民進步的「政府夥伴」，在推動臺灣農業發展、轉型和升級，鄉村地區建設、繁榮和永續，廣大農民覺醒、進步和尊嚴及實現政府安定農村社會等方面，都發揮著不可替代的作用。

　　深入研究農會發展變革及其對臺灣農業發展、鄉村建設和農民進步的貢獻與影響，總結農會組織推動臺灣經濟社會發展的經驗教訓，對於加快大陸新農村建設，培育高素質新型農民，實現農民生活的富裕和尊嚴，都具有重要意義。

二、相關文獻研究

（一）農會組織研究

臺灣學術界關於臺灣農會的研究，除了農會發展的歷史脈絡外，主要集中在農會組織的特質、農會的功能和使命等方面。

關於農會組織的特質，施連勝認爲臺灣農會具有目標功能多元化、網絡架構普遍化、會員成分複雜化、業務經營互依化、組織特色綜合化（農有、農治、農享）、政策推行基層化等特質。〔註1〕孫炳焱則從農會經營角度總結出農會組織具有目標多元性、經營事業多角性、經濟社會雙重性、機能地緣重疊性等特徵。〔註2〕

在臺灣相關文獻中討論農會組織功能時，關於所謂的「政治、經濟、教育和社會功能」並沒有統一的觀點。蔡宏進認爲農會的經濟、教育和社會功能較爲明顯，而政治功能則比較模糊，一般所說的「保障農民權益」不容易界定，主要是指安定農村社會，參與政治性活動等。〔註3〕蕭昆杉進一步闡述了農會經濟功能主要包括供運銷、保險和信用等業務；教育功能指推廣股的農事、家政和四健推廣工作；社會功能指合作及社會服務、農村文化、醫療衛生、福利及救濟事業等。〔註4〕黃晶瑩則認爲基層農會作爲臺灣省農會的核心，必須通過減少政府干預，才能使農會在自助和自主的情況下，面對農業發展的變遷及農會面臨的危機充分發揮其教育和服務農民的功能。〔註5〕陳昭郎則從各基層農會資源與環境的差異，而導致會員不同需求的角度分析了各基層農會依據農會法開辦農業推廣、農業生產資料和生活物資供應、農產品共同運銷、農民健康保險和家畜保險等業務，其運作情況也大不相同。〔註6〕蔡宏進則從農會組織推動農業發展和改善農民生活的角度，闡

〔註1〕 施連勝：《臺灣農會組織之特性》，《農業推廣文匯》，1984年，第29輯，第301～302頁。

〔註2〕 孫炳焱：《強化組織活力，提升農會功能回歸國際合作原則的建議》，《今日合庫》，第14卷第6期，第11～24頁。

〔註3〕 蔡宏進：《臺灣農會組織結構與功能的演變與啓示》，《改進農會組織與功能研討會論文集》，1995年，第299～324頁。

〔註4〕 蕭昆杉：《都市型農會制度與功能之探討》，《農民組織制度與功能研討會論文專集》，1988年，第52～83頁。

〔註5〕 黃晶瑩：《臺灣農會與相關機構間關係探討》，《改進農會組織與功能研討會論文集》，1995年，第226頁。

〔註6〕 陳昭郎：《改進農會組織結構暨功能調查報告》，《改進農會組織與功能研討會

述了不同時期，農會在結構功能上變遷的重點不同，變遷的方式和速度也不一樣。因此，農會必須因應內在條件和外部環境的需求，不斷調整其結構和功能。〔註7〕針對農會的體制、功能與作用，廖朝賢指出，儘管目前農會在體制、結構與功能上仍有許多缺失與問題，導致其無法圓滿達成農會法第一條規定的農會宗旨，但許多農會在促進農業發展、提高農民知識技能、改善農家生活及發展農村經濟等方面發揮了重要作用，甚至還有許多農會在鄉村建設和農民福利方面扮演重要的謀劃和運作的角色，從而推動政府執行。〔註8〕

　　推廣部門是農會的重要組成部分，推廣事業更是各級農會的主要任務之一，尤其是在臺灣農業發展的早期，更是承擔了解放、教育、組織和引導農民，提高其營農意願，穩定農村社會的重任。各級農會組織通過開展農業推廣提高農民文化技能，培育農村地區領導人才，培養農民接近和適應市場的能力，促進了農業和農村發展，帶動了當地經濟和社會的繁榮。吳恪元指出，農業推廣教育的本質就是農村教育，能教育農民成為現代農民，推廣教育才能稱為成功。現代農民必須具備以下三個條件：第一，可以運用新的農事方法以增加其生產，這其實就是過去狹隘的農業推廣工作；第二，現代農民必須具有世界觀念，近年農業生產不僅僅是為農民自己，而更趨向企業化，農民必須瞭解世界各地農業產銷，具備市場意識，才不致盲目生產，才符合經濟規律；第三，現代農民必須是一個良好的公民，應有健康的體格，良好的服務意識和愛家鄉、愛農業的觀念。以上三個條件其實包含了三種教育，即農業科技教育、農村經濟教育和農村公民教育，它們共同構成了一套完整的農村推廣教育。〔註9〕謝森中認為農業推廣教育和農業研究不可分離，農業教育負責訓練和培養人才，造就農業技術和農業經濟的幹部，農業研究是負責農業試驗，發現優良品種和有效的耕種技術，並進行區域試驗，使其能適合地方環境或馴化。而農業推廣則是利用農業教育訓練出來的人才和農業研究

論文集》，1995年，第63頁。

〔註7〕　蔡宏進：《臺灣農會組織結構與功能的演變與啓示》，《改進農會組織與功能研討會論文集》，1995年，第182頁。

〔註8〕　廖朝賢：《臺灣農會現況與展望》，《改進農會組織與功能研討會論文集》，1995年，第23～28頁。

〔註9〕　吳恪元：《臺灣新農村推廣教育運動的商討》，《農業推廣文匯》，1956年，第1輯，第3～4頁。

所得出的結果及材料，推廣到農村，以輔助和指導農民。〔註 10〕蔣夢麟則闡述了農業推廣教育實質就是一種家庭教育或社會教育的觀點，推廣教育與農友們的生活打成一片，幫助他們學習新方法、新知識、新技能、新態度，除了進行生產指導外，還進行家庭改良、環境衛生、鄉村建設、娛樂活動、公民訓練等，最終目的是要培養科學農民、農村領袖和優秀公民。〔註 11〕

（二）農會與臺灣農業研究

農業的快速穩定發展和轉型升級是實現農村發展繁榮和農民生存進步的重要前提，也是臺灣政府及各級農會組織的主要任務。農會通過積極組織各種農產品專業產銷班，大力培育供銷、運銷組織，促進農村地區農產品運銷體系的建設和供銷合作事業發展。郭敏學指出，農會業務的經營方式，主要是爲了追求經濟利益，尤其是農會競爭對手越來越多，越來越強的時候，更促使農會業務經營朝向企業化。〔註 12〕農會實際上不同於工會、商會、婦女會及其他類似組織，因爲農會可以自行經營供給、運銷、信用和保險等實際的經濟業務。〔註 13〕孫炳焱則認爲，農會具有合作組織的基本性格，因爲農會實行一人一票制，將盈餘提撥用於農業推廣與文化福利事業，且透過共同供銷及運銷等經濟合作行爲，謀求會員經濟利益最大化，因此，具有合作精神。〔註 14〕陳新友則闡述了臺灣小農生產體制具有生產單位多而分散，中間產業有獨佔趨勢，貿易條件不利於農民，農業生產具有季節性和長期性，受自然條件影響甚大，主要農產品均是人類生活必需品，最終消費也是分散而零碎，農產品需求也缺乏彈性等特點。因此，必須改善市場結構，實行農產品共同運銷策略，才能確保農業生產穩定發展和農民收益穩定增長。〔註 15〕沈宗翰則認爲，必須積極發展外銷措施，改革並建立一種新的農業生產與運銷改進制度，才能應對經濟先進國家採取限制農產品進口政策所導致

〔註 10〕 謝森中：《論農業推廣的意識及其目的》，《農業推廣文匯》，1957 年，第 2 輯，第 98 頁。
〔註 11〕 蔣夢麟：《談本省農業推廣教育》，《農業推廣文匯》，1957 年，第 2 輯，第 1 頁。
〔註 12〕 郭敏學：《多目標功能的臺灣農會》，臺北：商務印書館，1977 年。
〔註 13〕 郭敏學：《合作化農會體制》，臺北：商務印書館，1982 年。
〔註 14〕 孫炳焱：《強化組織活力，提升農會功能，回歸國際合作原則的建議》，《今日合庫》，1988 年，第 14 卷第 6 期，第 11～24 頁。
〔註 15〕 陳新友：《農產運銷政策與改進措施》，主編余玉賢，《臺灣農業發展論文集》，臺北：聯經出版事業公司，1975 年，第 453～454 頁。

的自 1967 年開始的農產品出口減緩態勢，從而加速農業發展，提高農民所得。〔註 16〕

　　農會組織還注重政府委託業務和自營業務的發展，積極配合政府各項農業政策，適應政府和農民需求，發展相關業務，不但提高了農業生產的水平，還提高了農產品運銷效率，以及農業和農產品競爭力，切實增強了農民營農自信心和農民總體收入。邱茂英研究發現，上世紀 60 年代以來，隨著農業產值及農產品出口逐年增加，農產品商品化程度越來越高，農民投入更多肥料、農藥和器械等生產要素，有力推動了農會供銷事業發展。農會一方面為農民服務，謀取福利，另一方面積極宣傳推動政府各項政策，接受政府機關及團體的委託業務，比如受糧食局委託辦理田賦及地價穀的經收、儲存和加工，經辦生產貸款，代辦肥料換穀等業務，受其他機構委託配銷物資，收購農特產品等。〔註 17〕自營業務包括農會供銷貨品的經營，目的在於協助會員以最有利的方式選購各種生產物資、農業器械和生活必需品，同時以合作運銷方式出售農產品，避免農民之間惡性競爭及中間商人的剝削並減少單位產品的運輸成本，從而提高農民收益，降低消費者負擔。〔註 18〕

　　發展特色精緻農業，包括優質高效和休閒農業，實現農業轉型升級，促進農業永續發展是提升農業品質和整體競爭力的重要舉措。為配合臺灣推行加速農業升級措施，省政府農林廳在 1985 年起實施發展精緻農業計劃，使臺灣農業邁向精緻時代，自 1987 年開始規劃設立觀光農業區，發展休閒觀光農業，至 1988 年歷經三年建設，基本建立起精緻農業發展的臺灣模式。林梓聯從解決農產品運銷，提高農民所得的目的出發，提出應拓展農業技能，促進市民與農業接觸，提升都市建設品質，積極支持都市地區發展都市農業。都市農業是現代都市的門面，而不是後花園，在建設有「農」的都市理念中，農業扮演著重要角色，並可帶給都市生活溫馨而具有魅力的意涵。從現代化建設中農業帶給都市建築、文化景觀、綠地休閒、生活廣場和田園草地等的公共性、社會性和教育性而言，大力發展都市農業，將其建設為

〔註 16〕沈宗翰：《臺灣農業發展政策之蛻變》，主編余玉賢，《臺灣農業發展論文集》，臺北：聯經出版事業公司，1975 年，第 129 頁。

〔註 17〕邱茂英：《臺灣農會與經濟發展》，主編余玉賢，《臺灣農業發展論文集》，臺北：聯經出版事業公司，1975 年，第 179、183～184 頁。

〔註 18〕邱茂英：《臺灣農會與經濟發展》，主編余玉賢，《臺灣農業發展論文集》，臺北：聯經出版事業公司，1975 年，第 186～187 頁。

自然都市，可讓都市居民從壓抑的機械節奏中釋放出「都市之肺」的功能。〔註 19〕涂勳則認為，臺灣農業建設必須秉持「發展農業、建設農村、照顧農民」的政策，實施培育農業人才、規劃農業土地、健全產銷制度、創新農業技術、強化農民組織、調整漁業結構、增加農民福利及加強生態保護，積極調整農業結構，尋求振興農業的潛力與活力，使未來臺灣農業成為更具活力及永續發展的經濟產業，也是科技密集的精緻產業，維護生態環境的公益產業。〔註 20〕段兆麟和周若南則從休閒產業作為二十一世紀朝陽產業，具有生物性特色而且能滿足遊客追求健康與知性需求的特點，闡述了休閒農業作為觀光產業的一環，要因應時代需要，把農業與自然資源運用到國民休閒活動中，不但可以減少臺灣加入 WTO 對農業及農民的衝擊，而且可以將農業提供為另類的休閒活動，帶給民眾「好山、好水、好農村」的度假休閒好去處。〔註 21〕〔註 22〕

永續發展是一種結合發展與環保的環境經營理念，強調只有通過健全的環境才能支持長久的經濟發展。1991 年，臺灣公佈的「農業綜合調整方案」指出，要確保「農業資源永續利用，調整農業與環境關係，維護農業生態環境」，預防或減輕開發行為對農業環境所造成的不良影響。永續農業是一種整合的科學農業經營制度，希望能妥善使用水土資源，減少依賴非再生資源，減少破壞生活環境及維持自然生態平衡，為子孫保留能持續獲利的自然和生態環境。〔註 23〕

（三）臺灣現代化鄉村建設研究

推動永續繁榮的現代化鄉村建設是臺灣農會的又一重要使命。整合性富麗鄉村是現代化鄉村建設的重要支撐，主要包括鄉村社區總體營造，構建綠色生活圈，弘揚和傳承農村優秀文化以及保護自然和生態環境等幾個方面的策略。蔡明哲認為，鄉村地區問題範圍很廣，需要一種整合性途徑來追求發

〔註 19〕林梓聯：《都市農業的構想與實施》，《農業推廣文匯》，1993 年，第 38 輯，第 62 頁。

〔註 20〕涂勳：《農業施政方向》，《農業推廣文匯》，1993 年，第 38 輯，第 1、4 頁。

〔註 21〕段兆麟：《休閒農業——體驗的觀點》，臺北：偉華書局，2006 年，第 1 頁。

〔註 22〕周若男：《休閒農業發展之現況及方向》，《農業推廣文匯》，1999 年，第 44 輯，第 295 頁。

〔註 23〕吳聰賢：《永續農業之發展策略》，《農業推廣學報》，1993 年，第 10 期，第 1 ～2 頁。

展，即農業、工業、商業、金融、教育、文化、衛生、傳播、運動、休閒、環境及所有其他發展領域。整合性的鄉村發展是一種社會、經濟、政治和文化過程，鄉村地區居民用它來改進生活條件。整合必須做到縱線落實，橫線聯合，縱線上接農村和社會，下接農民和生態，橫線聯合是指農業政策與其他鄉村發展有關政策的密切配合。〔註 24〕曾旭正則指出，社區是指彼此間形成生命共同體，在地理上又聚集在一起的一群人，社區營造就是要營造社區感覺，或者召喚已經存在的社區感。〔註 25〕蕭昆杉則具體闡述了臺灣未來鄉村應包含地方性、表徵和每日生活形式的組合關係及其所形成的綠色生活圈。綠色生活圈包括地方性的綠色資源，內含生產和消費價值，代表具有彈性、小規模、柔和謹慎、在地材料、多樣性、可再生的生產與消費、方便、永續取向、環境保護、自我管理及低投入等特質；在表徵上呈現出簡樸、安全、舒適和清淨的個性取向及適度、體驗、美感、超經驗的文化消費方式和行為風格；在每日生活上，展現適當的生活閱歷，包含有效的實踐行動、自願性的公共參與及合作服務，令人欣賞的生活故事敘述、良好的關係網絡和生活信仰。〔註 26〕吳聰賢則認為以技術為中心、外力主導、人民追求生產效率的理性鄉村發展模式不能事先顧及到人性、人民主導和追尋生活的感覺，因此，應提倡感性鄉村發展，即立基於人文主義的鄉村社區總體營造策略。通過激發鄉村居民的發展意志，及實現其自由選擇和自我實現的願望，締造關懷而負責任的人際關係，活化鄉土文化，和諧自然環境，增進農民生命活力，實現人性的最大滿足和鄉村永續發展。〔註 27〕廖正宏則從強調整體規劃和鼓勵居民自動參與的角度，指出鄉村社區發展應擺脫以往只注重硬件建設的弊端，更加重視文化、生態和居民社會意識的營造。〔註 28〕

　　弘揚和傳承優秀農村文化不但可以促進臺灣經濟和社會發展，還可以為

〔註 24〕蔡明哲：《社會發展理論──人性及鄉村發展取向》，臺北：巨流圖書公司，1987 年，第 136～137、264 頁。

〔註 25〕曾旭正：《臺灣的社區營造》，臺北：遠足文化事業股份有限公司，2007 年 1 月，第一版，第 12、14 頁。

〔註 26〕蕭昆杉：《未來鄉村的論述》，《農業推廣文匯》，2008 年，第 53 輯，第 210～211 頁。

〔註 27〕吳聰賢：《追求感性鄉村發展──永續鄉村發展的人文意涵》，《農業推廣學報》，1998 年，第 14 期，第 1 頁。

〔註 28〕廖正宏：《鄉村社區發展的新方向研討會實錄》，臺灣大學農業推廣學系，「中華民國」社區發展研究訓練中心，1985 年 1 月。

廣大農民提供寶貴的精神財富，促進其成長進步。1949 年國民黨退臺後就著手清除日本殖民主義影響，致力於全面恢復中國傳統文化，全力推動文化復興。梁漱溟指出，解決中國文化問題的辦法，必須經由鄉村文化再生去努力，真正的力量要鄉村才能醞釀出來，發生很大力量都市也知道。〔註 29〕葉啓政則從精緻程度來把臺灣農村文化分爲「精緻」文化和「平凡」文化，文化作爲生活方式的一種複合體現，所包含的不僅是藝術、哲學、音樂、科學和宗教等具有人文藝術性的精製成分，也應當包含日常生活中所使用的各種工具和器械等實用技術的平凡部分。實用技術只是保障並提高提供我們獨立生存的機會，而人文藝術型文化的締造則可以給予我們更豐富的生命感受，具有重要的社會意義。光復以來，臺灣在文化發展和傳承上取得重大成就，主要表現在文學、美術、音樂、舞蹈和戲劇等的本土化運動。尤其是鄉土文學、校園民歌、雲門舞集、雅音小集、新象藝術活動和子弟戲的出現，以及對鄉土藝術家如洪通和陳達等的發掘，藝術季、音樂季及各種民俗活動的推動等，都表現出臺灣社會對新的文化認同的渴望。〔註 30〕

　　優秀農村文化建設必須與自然環境相結合、與農村產業活動及生活型態相結合以及與傳統和現代相結合。1979 年 7 月後，臺灣把開創發展高超精緻的文化作爲政府未來努力的重點，隨後於各縣、市成立文化中心，實施保護古蹟和文化遺址，鼓勵開展各種文化活動。80 年代初，籌劃成立了文化建設委員會來統籌文化發展事宜。農會在臺灣文化變遷過程中，始終圍繞著建立獨特的農村文化風格和文化認同等來發展農村文化，傳承農村文明。〔註 31〕

　　農業發展和農村繁榮都離不開高效完善的農村金融體系的服務和支撐，建立普惠型的農村金融體系，實現人人享有小額農貸的權力和機會，是臺灣各級農會信用部門的重要職責和任務，也是農會服務臺灣農業發展和基層鄉村建設的重要手段。綜合多位學者研究發現，相對於一般金融，農村金融具有貸款時間長，資金周轉慢；風險高；資金需求有季節性；貸款戶數多，每

〔註 29〕山東鄉村建設研究院：《鄉村建設旬刊》，1935 年，2 月 21 日。

〔註 30〕葉啓政：《三十年來臺灣地區中國文化發展的檢討》，朱岑樓主編，《我國社會的變遷與發展》，臺北：東大圖書股份有限公司，1986 年 2 月，第二版，第 112～113、171 頁。

〔註 31〕黃俊傑：《戰後臺灣的轉型及其展望》，臺北：臺灣大學出版中心，2006 年 11 月，第 17 頁。

戶貸款金額少，單位服務成本較高；消費性成本大；以土地爲主要擔保；農業共同設施投資所需比重大；低利息資金需求旺盛；投資報酬率低等諸多特性，使得以追求最大利潤爲目的的一般金融機構基於安全性、流動性和收益性等因素考慮普遍不願意對農業部門和農村地區融通足夠資金。梁連文、林靜雯則指出過去臺灣農村金融體系主要由農會信用部及三大農業行庫（合作金庫銀行、臺灣土地銀行和中國農民銀行）組成，2005 年後隨著「農業金融法」的實施確立了二級制的農村金融體系，上層爲農業金庫，下層則爲遍佈臺灣各地的農會信用部。自光復以來各級農會信用部始終是臺灣農村基層金融體系的主體，不僅扮演最重要的資金中介角色，而且還協助政府推行節約儲蓄政策，安定農村社會，吸收農村遊資，促進農業投資。〔註 32〕丁文郁則把臺灣農村金融體系分爲系統性和制度性兩類，前者負責中短期農業資金融通，後者則專門負責長期農業資金融通，臺灣農村金融體系則是以系統性農村金融爲主，制度性農村金融爲輔的架構，其中系統性農村金融體系，主要是以遍佈臺灣各地的農會信用部爲基礎而組成。〔註 33〕另外，蔡秋榮（1996）、陳介英（1996）、廖朝賢（1996）和陳希煌（1997）等多位臺灣學者都曾就農會信用部經營管理、經營弊端和改進措施等進行過系統的研究，提出了農會信用部的經營管理困境和改進方法，有力促進了臺灣地區農會信用部的穩定運行，較好履行了其服務農業發展、鄉村建設和農民進步的職責。

永續繁榮的現代化鄉村還應包括良好的社會服務和保障體系，強化農民的政治參與意識，積極搭建農民和政府之間順暢、高效、便捷的溝通和交流平臺。蔡宏進、倪葆眞、呂美麗等對於農會在臺灣社會服務保障體系建立中的作用有較系統的研究。〔註 34〕蔡宏進則進一步指出，強化農民的政治參與意識，是各級農會組織的重要任務，也是農會政治功能的主要體現，政治參與首先是個人對社會或團體公共事務的參與，主要包括鄉村建設目標與策略

〔註32〕梁連文、林靜雯：《臺灣農村金融的現狀與改革》，《永續發展與管理策略》，2009 年 6 月，第 1 卷第 2 期，第 55～60 頁。

〔註33〕丁文郁：《從發展史觀論臺灣農業金融制度之建構》，《存款保險信息季刊》，2011 年 9 月，第 24 卷第 3 期，第 41～42 頁。

〔註34〕蔡宏進：《鄉村社會學》，臺北：三民書局股份有限公司，1994 年 2 月，第二版，第 419～435 頁；倪葆眞、呂美麗：《創新鄉村小區人文發展計劃》，《農業推廣文匯》，2008 年，第 53 輯，第 237 頁。

的選擇、發展規劃、社區建設和休閒農業發展等。通過這些參與建立起農民和政府機構間的溝通和交流平臺，增強凝聚力和團結心，有助於增進其社區生活能力。〔註35〕

二、本書的研究視角與方法

（一）研究視角

臺灣第一個農會自 1900 年在臺北縣成立至今已有 117 年的歷史。現存的臺灣農會，是光復後自日本接收改造而來的，由於年代久遠且歷經戰火，致使許多重要文獻資料丟失。同時，自 1900 年至 1945 年光復的 45 年中，農會因爲具有濃厚的官辦色彩而喪失了農民自有組織的本來屬性，成爲日本殖民政府掠奪臺灣資源，剝削農民的外圍機構。臺灣農會眞正成爲農有、農治、農享的群眾性社會組織，全面服務於臺灣農業發展、鄉村建設和農民進步，是在 1945 年臺灣光復後。基於上述考慮，再加上時間與個人能力所限，日本殖民時期的臺灣農會不列入本書討論的範圍內，只在「臺灣農會歷史沿革」部分進行簡單介紹。因此，本書研究範圍爲 1945 年臺灣光復後至今，主要包括臺灣各個不同歷史時期的重大農業政策，農會歷次重大變革及其對農業發展、鄉村建設和農民進步的貢獻與影響。

本書所討論的臺灣農會，主要是臺灣省各級農會。由於臺灣工商經濟的快速發展，不僅是臺北、高雄兩市各級農會，而且包括其他一些地區農會都逐步朝向都市型農會發展。都市型農會與鄉村型農會不同，一般都是信用部業務一枝獨秀，而供銷和保險業務不很景氣，不屬於本書研究重點，加上臺北、高雄兩市農會數所佔總數比例較低，因此，雖然許多地方涉及臺北、高雄農會數據，但是研究重點依然在臺灣省各級農會，尤其是臺灣具體管轄區域內的鄉村型農會。

臺灣的鄉村建設涉及農業、農村和農民三個方面，這三者又與推廣、供銷、信用、保險等農會主要業務部門分別對應的推廣事業、經濟事業、金融事業、保險事業密不可分。同時，農會結合自身教育、經濟、社會、政治等主要功能，面向生產、生態、生活等三個層面，最終實現了臺灣創力農業、魅力農村、活力農民的目標。本書研究架構如圖 1 所示。

〔註35〕蔡宏進：《臺灣新鄉村社會學》，臺北：全華科技圖書股份有限公司，2003 年 6 月，第一版，第 196～227 頁。

圖1　臺灣農會組織與農業、農村和農民相互作用關係圖

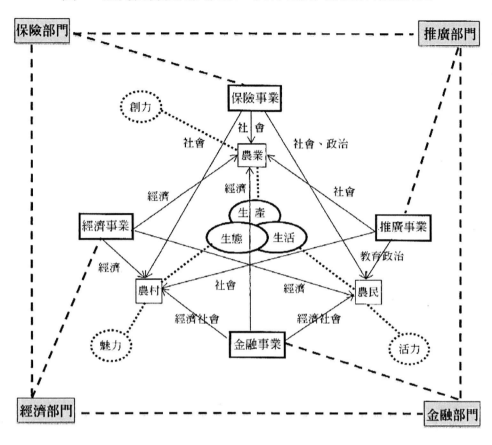

（二）主要研究方法

1. 文獻分析法（Document Study）

通過對臺灣農業、經濟、金融、管理、非營利組織發展及經營策略等的著作，論文，臺灣官方或立法機構相關法案、條文、資料數據，各種期刊，各級農會組織年報及記錄、文件、章程，研討會及會議論文集，政府及社會組織網站數據和資料，視頻和影視資料等的研究和分析，瞭解相關研究主體和內容。

2. 田野調查法（Field Study）

作者於 2011 年 9～11 月，歷時三個月赴臺灣，先後到臺灣大學和政治大學圖書館，中央大學、中興大學、元智大學和中正大學等高校，臺灣「國家圖書館」，臺灣農業金庫，行政院農業委員會，臺灣省農會，新北市板橋區農

會及信用部、雲林縣二崙鄉農會及信用部，二崙鄉農會三和辦事處（信用部分部），二崙鄉農會崙東、崙西、三和等農事小組，二崙鄉農會橫峰倉庫及農民購物中心等進行實地考察、資料檢索和學習研究，取得了許多寶貴的資料信息和眞實數據。

3. 案例分析法（Case Analysis）

分別選取新北市板橋區農會（都市型）和雲林縣二崙鄉農會（鄉村型）作爲個案，通過對二者的歷史沿革、發展變革過程、農會各項業務經營情況的介紹分析，總結出兩種不同類型農會的組織經營和運作模式，以及它們對臺灣農業發展、鄉村建設、服務農民，以及服務和促進都市經濟和社會發展的不同作用。

第一章　變革中的臺灣農會

　　農會作為臺灣最重要的基層組織，經歷了日本殖民時期及光復後各個歷史階段。農會組織結構和功能也隨著《農會法》和《農業金融法》頒佈實施而多次調整變革，同時受會員結構、政府農業政策、經濟社會發展水平、全球化進程等多種因素影響而不斷變化並趨於完善。

第一節　臺灣農會歷史沿革

　　臺灣農會大致經歷了日本殖民時期；光復後的多元變動時期（1945～1953）；改組後至《農會法》頒佈前（1954～1974）；實施新《農會法》階段（1975～2001）；實施《農業金融法》時期（2002～2012）及「全國農會」（2013～2016）等六個發展階段。其歷史沿革如表 1-1 所示。

表 1-1　臺灣農會歷史及發展沿革一覽表（1900～2016）

階段	發展歷程	時間	重　大　事　件	備　　註
日本殖民時期	臺灣第一家農會	1900	在臺北縣三角湧地區成立	早期街、莊組合為民間組織，1900 年三角湧成立第一家農會，隨後在新竹、和尚州（現在新北市蘆洲區）、彰化、南投等地成立 16 家農會。1909 年合併成臺北、桃園、宜蘭、新竹、
	日本掌控農會	1907	臺灣總督府公佈農會規則及施行細則	
	16 家農會組織	1908	農會改組為法人團體	
	5 州 3 廳農會	1920	由各種農民組織（如畜產會、組合）組成，屬單級制農會，採官民組合制	
	農產倉儲和運銷主體	1921	總督府頒佈「臺灣農業倉庫令」，農會作為農產品儲藏、運銷主體	

	臺灣農會令	1937	公佈臺灣農會令，廢止農會規則及施行細則，成立省、州（廳）二級制農會，州、廳以下各郡設立分會	臺中、南投、嘉義、臺南、阿猴（現屏東縣）、臺東、花蓮及澎湖等 12 個廳農會。農會是殖民政府附屬機構，總督府總務部長兼省農會會長，各州、廳、街、莊行政首長兼任各級農會會長
	省農會成立	1938	省農會以州、廳農會為會員（官辦組成）	
	省、州（廳）、市（街、莊）三級制農業會	1943 至 1944	頒佈臺灣農業會令及施行細則，合併信用組合、畜產會、青果組合等農業組合成立農業會	
	產業金庫成立	1944	殖民政府公佈「臺灣產業金庫令」，將產業組合聯合會的信用部單獨成立產業金庫，與市街莊農業會信用部開展業務，市街莊以上農業會不辦理信用業務，也不允許市街莊設立產業金庫支庫	
	結束殖民統治	1945	臺灣光復	
多元變動期	農會歷經多次改組，配合政府土地改革政策	1946 至 1953	農會和合作社多次分合，省農會和合作金庫成立，政府接受安德森建議改組農會為純粹農民自有團體，成立督導室，實施 375 減租、公地放領和耕者有其田	農會第一屆理事長黃純青股占魁（補選）馬有岳（補選）常務監事郭雨新
改組後至農會法頒佈前	指導使用化肥	1954 至 1956	臺灣省農會第二屆會員大會，開辦農事和家政推廣，指導糧食增產，在臺北設立碾米廠	理事長林寶樹常務監事謝克昌總幹事馬有岳
	農會第三屆	1957 至 1959	省農會臺中、高雄辦事處成立，開辦四健會，創辦員工互助會，配合省政府南遷，省農會由臺北遷至臺中並分設臺北辦公處	理事長蔣天降常務監事王萬居總幹事林寶樹劉金約（補聘）
	農會第四屆	1960 1961	辦理雞蛋運銷，開辦家畜保險和家畜保健，成立菌菇推廣中心指導洋菇生產，設立農會信用部統一農貸制度	理事長朱萬成常務監事洪錫吾總幹事劉金約
	農會第五屆	1963 至 1965	設立車城、恒春、斗六、林內等外銷蔬菜香蕉檢驗場，推廣種植外銷香蕉，指導農戶推廣蘆筍栽培，開辦家畜保險和貧農輔導，辦理肉雞共同運銷，推廣綜合養豬	理事長朱萬成常務監事劉開英總幹事劉金約
	農會第六屆	1966 至 1969	設東京辦事處和外銷洋蔥安定互助準備金，成立外銷加工組，擴展洋菇和蘆筍業務，舉辦水稻毒素防治實驗和空中噴藥示範，舉行紡織技能訓練，示範綜合農場成立	理事長朱萬成常務監事劉開英總幹事劉金約
	農會第七屆指導農民使用農藥	1970 至 1974	指導農民使用農藥，設立示範種畜場和綜合農牧場，建設農業生產專業區和蔬菜共同運銷市場，頒行農業發展條例，頒佈農會法及其施行細則，辦理水果共同運銷，設置生豬共同運銷互助基金	理事長吳泉汝蔡友土（補選）常務監事張貴祥總幹事胡龍寶

實施新農會法階段	農會第八屆新頒農會法，加速農村建設	1975至1980	頒佈農會財務處理辦法、信用部業務管理辦法和人事管理辦法，辦理生豬連鎖計劃實施價差補貼，推動蜂王漿、甜菊外銷，辦理農村代書業務以服務農民	理事長劉水胖 常務監事張貴祥 黃杉（補選） 總幹事蔡海塗 施連勝（補聘）
	農會第九屆推動第二次土地改革	1981至1984	配合低息貸款，推動住宅改善，建設八萬大軍推動農業建設，輔導推行農場共同及委託經營，稻田轉作業改革，設雜糧收購小組保證大豆、玉米、高粱價格，改善農村環境，倡導「吾愛吾村」運動	理事長廖坤元 常務監事周東吉 總幹事施連勝
	農會第十屆推行水耕栽培蔬菜	1985至1988	試辦農民健康保險，取消初保70歲下限制，發展優質經濟作物，輔導一鄉鎮一特產，設中部地區共同利用金融事業信息連線	理事長吳明進 常務監事宋林傳貴 總幹事施連勝
	農會第十一屆建設富麗鄉村	1989至1992	發展農業，建設農村，照顧農民，輔導觀光農園和農民第二專長訓練，提倡保護動物，輔導休閒農業發展，提供健康食品，辦理暑期院校教授考察農會及三農	理事長吳明進 常務監事吳見明 總幹事鄭次雄
	農會第十二屆發展休閒農業	1993至1995	成立研究發展室，推廣吉園圃果蔬標記，輔導都市農業和市民農園，高齡化社會教育，設置農民文化教室及農業產銷班，開始兩岸農業交流，發放農民老農津貼	理事長簡金卿 常務監事陳明仁 總幹事鄭次雄 廖萬金（補聘）
	農會第十三屆推動農業現代化	1996至1999	推廣有機農產品、信息、科技和品牌，中壢市農會改為本會中壢辦事處，獲准設立信用部，擴大農場經營規模，設立配送中心及農漁產品直銷中心，實施跨世紀農業建設方案，修改農會法，獲准辦理臺灣省各級農會員工保證業務	理事長簡金卿 代理洪允闊 常務監事謝新興 代理鄭慶祥 總幹事廖萬金 代許明宏，陳昭辟 總幹事謝國雇（補）
	農會第十四屆第三次農地改革	2000至2001	公佈農業發展條例，設置農業發展基金和國際部，休閒農場開放。中壢辦事處信用部業務移交臺灣銀行，組建「田媽媽班」開辦「農民網絡技能訓練」	理事長古源俊 常務監事周輝 總幹事黃錫星
實施農業金融法時期		2003	獲得許可辦理休閒農場，辦理「農村社區營造工作」，共同推動農村社區發展	
	農會第十五屆	2005至2008	開辦生豬死亡保險，「發展地方伴手計劃」，農會三巨頭赴大陸洽農產品事宜，輔導多家農會重設信用部，獲准經營農業體驗相關活動，避免農民健康保險被納入國民年金，修正農會法「有關總幹事連任限制」及「農會改選採用無記名連記投票法」	理事長劉銓忠 常務監事白添枝 總幹事張永成

農會第十六屆	2009 至 2013	開辦員工保證附加生命互助業務，並在其中新增員工因意外造成殘廢，給付殘廢慰問金、合作金庫商業銀行成立金控公司，修正農會法，舉辦「2010 年全國農村婦女大會」，主辦第 21 屆（EAOC）高階會議並簽署共同聲明。臺北農產運銷股份有限公司取得多席常務董事、董事及監察人職位。舉辦十大特色家政班選拔、2012 臺灣農漁會百大精品展、中秋嘉年華會烤肉活動、各項公益活動等。配合五都改制籌備成立「全國農會」，推定臺灣省農會總幹事張永成任籌備會主任委員，以辦理全國農會成立相關事宜，臺灣省農會將於全國農會成立時併入。赴烏蘭巴托出席第 22 屆 EAOC 高階會議。兩岸交流合辦臺灣湖北周、臺灣江蘇周、第四屆海峽論談及第四屆兩岸鄉村座談等活動。2012 年組團參與東京國際食品展、中國西部國際博覽會、第六屆海峽兩岸茶業博覽會、上海國際食品展、海峽兩岸（江蘇）名優農產品展銷會。舉辦四健會 60 週年系列慶祝活動。辦理「全國農會協同農漁會信用部推動聯合授信業務百億元計劃」和「全國農會協同農漁會信用部推動聯合授信業務百億元計劃」。2013 年 4 月 18 日併入中華民國農會。	理事長劉銓忠 常務監事蕭景田 總幹事張永成
中華民國農會第一屆	2013 至 2015	2013 年 4 月 18 日召開中華民國農會第 1 屆會員代表大會，選出理、監事，臺灣省農會同日依法併入中華民國農會，依農會法相關法規，將臺灣省農會所有之動產、不動產隨同辦理移轉本會。4 月 26 日召開第 1 次理、監事會，選出第 1 屆理事長蕭景田、常務監事白添枝、聘第 1 屆總幹事張永成，5 月 22 日舉行揭牌儀式。參加在日本和印度舉行的第 23 及 25 屆（EAOC）高階層會議。辦理廣西省壯族自治區、四川省、江西省等農業人員來臺培訓共計 184 人次。提高老年農民福利津貼，2015 年 1 月 1 日起，農會納入勞動基準法適用對象。辦理 2013 年在地青年農民組織與輔導計劃，輔導青年農民在農村萌芽生根。舉辦中秋烤肉嘉年華會、四健與農共舞活動、高齡者創新學習展演暨膳食料理活動、臺灣農漁會百大精品展、大手拉小手，農場走一走、植樹造林呵護臺灣、青農派對展售活動、農村巧藝成果展——家政媽媽的幸福創意、補助農會辦理農保服務業務計劃及全國農會協同農漁會信用部推動聯合授信業務百億元計劃等活動。配合政府調整耕作	全國農會第一屆 理 事 長：蕭景田 副理事長：蘇榮慶 常務監事：白添枝 總 幹 事：張永成

| | | 活化農地政策，開辦國產硬質玉米契作面積達到 6638 公頃。配合興辦計劃辦理完成水土保持計劃施作及拆除既有設施。推動臺灣農糧產品生產追溯制度，建構國產農產品地產地消營銷體系暨加工安全管理計劃——強化地產地消整合營銷，推出臺灣第一款米方便麵——農好蓬萊麵，並陸續擴大於銷售。舉辦 40 週年千人輕露營活動，於草地星空下露營，享受親子聯誼樂趣。舉辦 2016 無限自由音樂藝術節，近千人於農牧場參與音樂活動。 | |

資料來源：參考中華民國農會網站（www.farmer.org.tw）自行整理繪製。

一、日本殖民時期的臺灣農會

臺灣第一個農會組織於 1900 年（日本明治 33 年）秋在臺北縣三角湧地區〔註1〕成立。日本殖民時期，三角湧地區辦務署為了完成臺北縣政府交辦的土地調查、徵收地租及發展農業政策，參照日本農協的做法，召集本地地主紳士組成一個集體來實現協助政府徵收地租和進行土地改良等目的。1901 年4 月，在新竹地區增設第二家農會，隨後，相繼在和尚洲〔註2〕、南投和彰化等地成立農會組織，到 1908 年，共設立 16 家農會組織，這些農民組織都是農民為了從事農業墾荒以確保工作權力以及要求減租以確保其生產收益而維持基本生活等而在自願基礎上組成的職業團體。

1908 年，為了通過掌握和控制農會組織來開發和掠奪臺灣農業資源，日本殖民政府公佈實施「臺灣農會規則」，臺灣總督府隨後公佈了「臺灣農會規則施行細則」，正式賦予農會組織法人地位，著手建立農會組織系統、農會組成分子、經費來源及事業目標等事項。1909 年又根據律令將分佈在臺灣各地的多個小型農會按照行政區域進行合併改組成為臺北、桃園、宜蘭、新竹、臺中、南投、嘉義、臺南、阿猴〔註3〕、臺東、花蓮及澎湖等 12 個廳農會，這一時期臺灣農會開始由日本殖民政府和臺灣總督府控制。

1920 年農會再次改組為官民混合組織，由各所在地洲、廳長兼任農會會長，進一步確立了農會的組織系統、組成分子、經費來源和事業目標等，同

〔註 1〕 臺北縣三角湧即現在的新北市三峽區。
〔註 2〕 和尚洲即現在的新北市蘆洲區。
〔註 3〕 即現在的臺灣省屏東縣。

時規定強制入會，會稅則在賦稅中附加，這一時期的臺灣農會開始接受政府
扶植而成為臺灣農業發展體系的組成部分，具有極為濃厚的官辦色彩。

　　1937 年發動全面侵華戰爭後，日本殖民政府廢除了「臺灣農會規則」及
其施行細則，另行頒佈了「臺灣農會令」，設立省、洲（廳）二級制的農會，
並在州、廳以下的各郡設立分會，如圖 1-1 所示。農會會長依然由各級政府首
長兼任，這一時期的臺灣農會組織猶如官方機構，強制吸收會員和會費，不
合理現象增多，致使官民矛盾逐步加深，各種衝突增加。

圖 1-1　日本殖民時期臺灣二級制農會組織系統圖

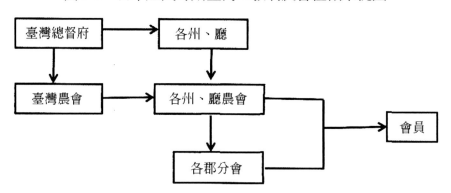

　　為減少農業團體間衝突，統合資源，集中力量挽救戰爭失利局面，日本
殖民政府於 1943 年頒佈「臺灣農業會令」，次年，臺灣總督府頒佈「農業會
令施行細則」，將相關農業組合〔註 4〕合併改組為農業會，隨後逐步形成臺灣
省農業會，洲、廳農業會及市、莊、街農業會的三級制農會組織（如圖 1-2 所
示），直到日本戰敗，這也是現階段臺灣三級農會制度的前身。1944 年 2 月日
本殖民政府公佈「臺灣產業金庫令」，將合併於農會的臺灣產業組合聯合會的
信用部另行獨立，成立臺灣產業金庫，直接與市街莊農業會的信用部發生業
務聯繫，市街莊以上農業會不辦理信用業務，市街莊也不允許設立產業金庫
支庫，以免造成業務重複。上述各級農業會會長仍由本級政府首長兼任，理
事則由會長推薦後政府任命，監事由會員大會選舉，各業務部門主管則由理
事兼任。這個階段的農會組織完全喪失農民自有組織的屬性，成為日本殖民
政府經營體制的外圍機構。

〔註 4〕這些農業組合主要包括農會、畜產會、產業組合、青果同業組合、肥料配給
　　　　組合、農機製造組合、米穀納入組合及糧食協會等。

圖 1-2　光復初期臺灣三級制農會組織關係圖

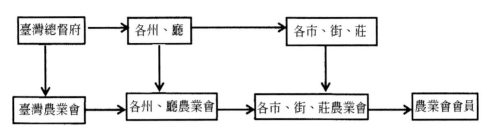

二、光復後多元變動時期（1945～1953）

　　1945 年 10 月臺灣光復，行政長官公署農林處接收農會後與合作社合併，合併後引起各種問題，受到各界質疑後又對農會與合作社進行了拆分，因此，光復初期，農會和合作社歷經多次分合。1952 年國民政府決定接受美國社會學家安德森的建議，對農會實施重大改組。隨後行政院頒佈「改進臺灣省各級農會暫行辦法」和「改進臺灣省各級農會暫行辦法實施細則」等八項法規並於 1953 年實施農會全面改組，到 1954 年改組基本完成。這次改組主要是落實安德森報告提出的淨化會員資格和建立權責劃分制度的目標，設立經濟、金融、保險和指導等部門，以服務農民，協助政府推行農業措施，確保農會完全控制在真正的農民手中，實現臺灣農會「農有、農治、農享」的根本理念，逐步建立起具有農會特色的民主管理制度。同時，為加強對選聘人員的在職訓練，1952 年在臺北天母成立農會人員講習所（即現在的「中華民國」農民團體幹部聯合訓練協會），協助臺灣省農會成立督導組分赴全省各地對下級農會進行輔導。

三、改組後至《農會法》頒佈前（1954～1974）

　　為了應對上世紀 60 年代末至 70 年代初臺灣農業衰退，解決農村發展問題，加強農村各項建設方案，增加農村公共投資和基礎設施建設力度，當局開始改變農業政策，1972 年推行光復後最重要的農業政策——「加速農村建設九項重要措施」。農會作為執行基層農村建設方案的重要成員與九項措施幾乎都密切相關。

　　為更加有效推動農村建設方案，必須進一步加強和規範農會各項功能，經過反覆醞釀臺灣當局於 1974 年決定撤銷「改進各級農會暫行辦法」而頒佈實施《農會法》，從制度上確立了農會的法律地位，並對農會的體制和功能進

行了調整。

四、實施新《農會法》階段（1975～2001）

為了進一步規範農會信用部的經營管理，1975 年臺灣當局頒佈實施「農會信用部業務管理辦法」，明確規定農會信用部的法源為「農會法」和「銀行法」，同時確立農會信用部目的事業主管機關為臺灣金融主管機關。

上世紀 70 年代後期以來，隨著工業化快速發展，加上經濟全球化和貿易自由化影響，要求臺灣大幅降低農產品關稅而導致臺灣農業發展受到嚴重衝擊，爆發多起農民抗爭事件，臺灣農業和農村遭受前所未有的困難和挑戰。針對這一系列問題，當局於 1981、1985、1988、1991、1994、1999、2000 和 2001 年連續八次對農會法進行修正，分別對規範農會選舉，推行親屬迴避制度，提升選聘人員素質和加強違規處理管理等具體事務做出明確規定和量化。

五、實施《農業金融法》時期（2002～2012）

2002 年 11 月 23 日爆發了臺灣歷史上規模最大的農民運動——「1123 與農共生」農民團結自救大遊行，要求農會及信用部由農委會統一管理。為了順應民眾需求，完善農村金融管理體制，當局於 11 月 30 日召開「全國農業金融會議」，達成實施農業金融監管一元化領導等五項共識，2004 年 1 月 30 日正式實行「農業金融法」，規定農村金融主管機關改為農委會，並在其下成立農業金融局負責管理農村金融機構，著手推行「以金融支持農業的正常發展，以農業維持金融的穩定成長」政策。2005 年 5 月 26 日政府和農、漁會同出資 200 億元設立「全國農業金庫」作為農會信用部母庫，進一步完善對農村金融機構的監管，強化對農會信用部的輔導。

臺灣當局還分別於 2008、2009 和 2012 年多次修改農會法，進一步規範各級農會設立與合併等的相關事宜，明確鄉、鎮（市）、區以下可根據實際需要設立農事小組作為基層農會事業的推行單位。同時，各級農會組織還共同積極謀劃成立「全國農會」，確立現階段臺灣農會分為鄉（鎮、市、區）農會、縣（市）農會及直轄市農會和「全國農會」共三級。在「全國農會」正式設立前，各縣（市）農會的上級組織為省農會。「農會法修正案」還對各級農會總幹事的任職和選聘條件進行了限定和細化，從而確保了各級農會組織始終能夠保持政治中立的農民團體本質。

六、「全國農會」時期（2013～2016）

　　農會是臺灣歷史最久、組織規模最大、會員人數最多、遍佈最廣的農民團體。自成立以來臺灣農會始終堅持深入基層，扮演政府與農民之間的溝通橋樑，參與農業生產與各項農村建設，爲臺灣地區農業發展、農村變革和農民進步做出巨大貢獻，農會界對於成立全國農會期待已久。然而，由於歷史與現實的原因，一直未能成立最高層級的農會組織來帶領各級農會，有效整合現有農會系統的組織與資源，最大限度發揮農會組織引導農民，推動服務農業，發展繁榮農村的歷史使命。

　　1930 年 12 月 30 日公佈實施的《農會法》第 7 條即明確規定臺灣農會爲四級制，分爲鄉農會、區農會、縣市農會、省農會。隨後《農會法》歷經多次修改，直至 2009 年 5 月 27 日修正公佈《農會法》第 6 條仍維持四級制，但最高層級只設置到省農會及直轄市農會，並未成立全國性農會。因此，在各級農會組織中，缺少全國農會作爲最高層級領導機構對各級農會之間辦理全國性共同業務進行指導和協調工作。

　　加入 WTO 後，臺灣農業發展所面臨的國際環境與形勢日益複雜，全球農業貿易自由化愈演愈烈，廣大農民和各級農會組織越來越感覺到缺少一個全國性的農會組織來眞正代表農民利益，強化各級農會間的整合能力以提升服務功能，促進整體農業發展。成立全國農會不僅是農會法賦予農會體系最高層級之法定組織，同時也是歷次全國農業會議的共識。

　　早在 2009 年，臺灣省農會即在行政院農業委員會具體指導下籌備全國農會事宜，先後邀請各直轄市農會、縣（市）農會、金門縣農會、連江縣農會、部分專家學者及主管機關等籌組成立全國農會推動小組，推選臺灣省農會第十六屆總幹事爲推動小組召集人，具體負責成立全國農會日程、組織架構、章程及全國農會籌備會等事務。

　　隨著 2010 年五都成立，部分行政區域有所調整，《農會法》也進行相應修訂將農會層級改爲全國農會、縣（市）及直轄市農會、鄉（鎮、市、區）農會等三級制，省農會應於全國農會設立時，併入全國農會，全國農會會員由縣（市）農會及直轄市農會組成，以健全其上級農會組織。

　　2012 年 1 月 30 日當局再次修正《農會法》第六條，臺灣省農會等 23 個發起單位於 2012 年 7 月 13 日依法召開全國農會發起人會議，分別於 9 月 4 日、11 月 5 日及 12 月 14 日召開三次全國農會籌備會議，分別討論成立全國

農會日程、全國農會名稱爲「中華民國農會」及章程草案等。同時設置全國農會第一屆理事候選登記人資格審查小組，開展全國農會第一屆會員代表大會、理事會、監事會及理事、監事、理事長、常務監事與聘任總幹事等相關工作。2013 年 4 月 18 日，以臺灣省農會爲基礎並將各直轄市農會及縣市農會納入組織架構裏的「中華民國農會」正式成立；並舉行第一屆第一次會員代表大會，順利選出第一屆理監事。4 月 26 日，理監事會順利選出第一屆理事長、常務監事，並通過聘任第一屆總幹事〔註5〕。

　　由此，臺灣農會進入新的歷史時期，中華民國農會作爲最高層級農會組織必將進一步強化各級農會的組織整合能力，健全農會組織，帶領地方各級農會共同朝向保障農民權益，提高農民知識技能，促進農業現代化，增加農業生產收益，改善農民生活，發展農村經濟的目標邁進，這也是臺灣農會發展史上又一個里程碑。

第二節　組織變革與功能演變

一、農會組織的特質

　　臺灣農會組織具有目標功能多，業務種類全，會員成分雜，網點分佈廣，經營方式活、權責劃分清和作用影響大等鮮明特色。

　　從目標功能角度看，農會是一個具有政治、經濟、教育、文化和社會等多目標功能的農民組織。農會最初是由部分佃農要求地主減租和保障耕作權共同協商組成的利益團體，具有鮮明的政治特色。臺灣光復後，國民黨接管了農會組織，沿襲了日本殖民時期農會作爲政府政策執行機構的做法。同時，通過土地改革和農會改組等政策迷惑拉攏廣大農民階層，在實施地方自治後又把農會變成地方選舉票倉，使農會從那時起就與地方政治，尤其是選舉活動建立起密切關係。依據農會法第 1 條規定，農會宗旨是保障農民權益、提高農民知識技能、促進農業現代化、增加生產受益、改善農民生活、發展農村經濟。〔註6〕這是農會多目標功能的法源和依據。由於臺灣地域和空間狹小，人口數量有限，屬於小農經營型態，農民對生產物資和生活物品需求有

〔註 5〕行政院農業委員會網站（http://www.coa.gov.tw/2013-4-23）。

〔註 6〕全國法規資料庫網站（http://law.moj.gov.tw/LawClass/LawAll.aspx?PCode=M0
　　　　090001）。

限，因此，在有限資源和狹小空間範圍內，數量眾多的綜合性經營組織將難以生存和發展，數量眾多的單一目標經營組織也會因為業務範圍相似而導致利益衝突。農會組織採行多目標功能模式，比較符合臺灣自然環境和人口規模等的需求和現狀。

農會具有多種業務形式和服務內容，包括了農村居民生產和生活的幾乎所有領域。根據臺灣農會政治、經濟、教育、社會和文化等多目標功能的要求和臺灣農村現狀，同時為了協助政府完成各項既定政策目標，農會組織就必須以企業化的經營理念和科學化的規範管理來開展教育推廣、加工、倉儲、供銷、運銷、信用、保險和社會服務等多種業務，使它們彼此相互依賴又密切配合，如圖1-3所示，不但可以滿足農民農業生產需要和日常生活需求，切實增加農民收入，還可以促進農會事業不斷發展壯大，確保為農民提供更好產品和服務。

圖1-3　臺灣農會經營業務及職能部門相互關係示意圖

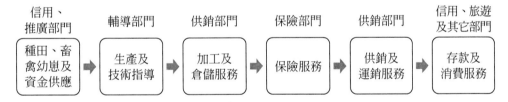

農會具體經營業務相互關係縱深示意圖

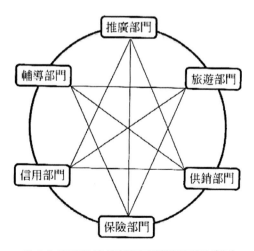

農會各業務職能部門相互關係平面示意圖

資料來源：作者整理繪圖。

農會法第 12 條和 13 條規定，農會會員包括正會員和讚助會員。所有年滿 20 歲，且戶籍在本會組織區域內，實際從事農業的自耕農、佃農、農校畢業生或有農業專著或發明，正在從事農業推廣工作、服務於依法登記的農場、林場或牧場的員工，實際從事農業工作的臺灣公民均可依法申請成為農會會員。而所有年滿 20 歲，戶籍在農會組織區域內，不符合上述會員申請資格的，可以依法申請成為個人讚助會員。依法登記的農業合作組織、公司、行號、工廠均可申請加入當地農會成為團體讚助會員。由此可見，農會會員成分眾多而繁雜，不但有正式會員，還有讚助會員，讚助會員中既包含個人讚助會員，還包括公司、工廠及行號等團體讚助會員。

組織健全與否、民眾參與程度以及組織分佈範圍及其活動的廣度與深度是衡量社會團體能否健康穩定發展的重要標準。依據農會法第 6 條規定，現階段臺灣農會分為鄉（鎮、市、區）農會、縣（市）農會和臺灣省（直轄市）農會三級，各級農會按照行政區分別設立。各級農會經主管機關批准後可以設立辦事處，鄉、鎮（市）、區以下根據實際需要，可以設立農事小組，作為農會各項事業的基層推行單位，必要時，也可以分班組開展工作。農會組織網絡發達，分支眾多，遍佈臺灣幾乎所有鄉鎮村落，構成了臺灣社會服務和群眾動員最龐大的網絡基礎。農會通過其遍佈基層的眾多農事小組和農事研究班、家政研究班及四健會等班組帶領年輕農民、農村婦女及青少年積極推行政府各項農業政策和農村發展規劃，增進農村社區居民彼此瞭解和交流，有力推動了農業發展、鄉村建設和農民進步，成為政府推動各項農業和社會政策的最得力助手，也是社會繁榮安定的最大功臣。

農會經營業務中既有自營業務，又有政府委託業務，既有營利性事業，也有公益性事業，對許多自營業務和營利性事業農會本身具有很大的經營自主權和操作靈活性。根據農會法第 4 條規定，農會自營業務和營利性事業主要包括發展家庭農場及代耕業務，農畜產品的加工、製造、倉儲及銷售，農業生產資料的加工、銷售和配送，會員日常生活用品的供應，農業倉庫及會員共同利用事業等，這些具體業務都由各級農會組織根據市場需求和會員需要靈活開展，確保了農會組織可以根據市場調節功能發揮自身優勢，在服務會員的同時，賺取最大利潤以發展壯大自己。農會法第 5 條則規定，各級農會經主管機關批准後，可以組織共同經營機構直接與個人會員進行交易。農會經過目的事業主管機關批准後可以利用信用部辦理會員金融事業，自由接

受會員和非會員存款、取款等多種金融業務。

　　任何農民組織除了具備土地、資本和人力等必要的生產要素外，還要有良好的管理制度確保其正常發揮作用。臺灣農會改進辦法規定農會理事會與總幹事之間需明確劃分權利和責任，以確保理事會和總幹事權責明確，密切配合，最大限度的發揮農會組織的效能作用。具體說就是，理事會通過多數表決方式形成決議，交給並監督總幹事具體執行，但是它本身沒有具體執行的權力，理事個人也無權干預總幹事具體執行業務；總幹事由理事會聘請，是集百貨公司經理（供銷業務）、銀行家（信用業務）和大學教師（推廣業務）於一身的，不但具有行政管理知識和企業經營理念，而且還要具備綜合經營能力的綜合型人才，在理事會的決策範圍內行使和執行管理農會的各項業務，不得逾越。只有這樣，理事會和總幹事才能各司其職，各負其責，權責分明，提高效率，互相監督和制衡，使農會各項業務「以農民自身利益爲根本」，並爲會員提供全方位、高質量的服務，眞正實現農會的宗旨和目標。

　　農會作爲臺灣基層最重要的農有、農治、農享的群眾性組織，具有多目標功能，健全的業務種類，龐大的網點分支和靈活多變的服務內容，始終與農民生產和生活戚戚相關。作爲政府執行農業政策和鄉村建設的「行政夥伴」以及與農民溝通的橋樑紐帶，農會不但可以幫助農民傳遞自身呼聲，反映眞實民意，還可以協助農民表達其對政府政策措施的意見建議，從而使各項政策措施更加適合農民需要，貼近農民需求，造福廣大農民。因此，農會在農業發展，鄉村建設和農民進步過程中深受政府重視和農民歡迎。

二、農會組織架構、功能及其演變

　　臺灣農會作爲多目標功能的基層群眾組織，隨著所處社會環境和發展階段的不同，組織架構會發生階段性的改變，其功能也會展現出不同的內容和側重，這就必然會導致農會和相應主管機關以及內部業務部門等要做出相應的調整和改變。

　　1945 年臺灣光復，行政長官公署農林處全面接收各級農業會系統後依然沿用了日本殖民時期把農業會作爲政府執行農業政策機構的做法，根據政府組成和職能，決定由長官公署民政處作爲臺灣農業會的主管機構，農林處則主要負責農業會的農業推廣工作。1946 年完成農業會系統改組並改稱農會

後，形成了以省、縣（市）、鄉（鎮）為基本架構的三級制的臺灣農會制度，如圖 1-4 所示。1946 年 8 月，農會與合作社分開設立，分開後的農會系統依舊保持以前的三級制架構。1947 年臺灣省社會處成立，農會改由社會處管轄，農林處依舊作為農會組織的事業指導機關。農會與合作社分離後許多業務出現重疊，造成摩擦不斷，給農民帶來眾多不便，於是 1949 年將二者再次合併，僅在光復初期農會與合作社就歷經多次分合與改組。

圖 1-4　臺灣省三級農會示意圖

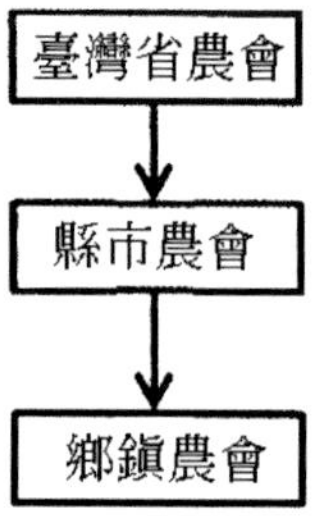

```
┌──────────────┐
│   臺灣省農會   │
└──────────────┘
        │
        ▼
┌──────────────┐
│   縣市農會    │
└──────────────┘
        │
        ▼
┌──────────────┐
│   鄉鎮農會    │
└──────────────┘
```

　　1950 年，受農復會邀請赴臺就農會問題進行調研的美國鄉村社會學家安德森博士向政府提出報告，希望改組臺灣農會讓其成為純粹的農民團體，設經濟、金融、保險、指導等業務部門，以服務農民，協助政府推行農業政策，加強各級政府對農會的督導。為徹底解決農會與合作社分合與摩擦不斷的問題，臺灣當局決定接受安德森的建議，於 1953 年對農會實施光復後最大規模的改組合併，1954 年基本完成。這次改組重點淨化了會員資格，同時合理分配農會的權利和職責，逐步建立起具有農會特色的民主管理制度，形成如圖 1-5 所示的農會組織系統。改組後農會承辦業務如下：（一）農事技術指導：主要包括生產指導和職員訓練。（二）農業推廣工作：主要包括①農作物改良，指良種培育和調配、農田管理、獎勵可用於綠色肥料的作物和蔬菜栽培、農業機具租賃等；②家畜改良，主要包括種豬和種牛繁育、修建堆肥豬舍、種畜貸款分配及補助等；③病蟲害防治，包括農作物病蟲害和家畜、家禽疫病防治等。（三）信用業務：主要包括匯兌、存貸款及貸款抵押、生產資金放貸、青苗抵押放貸、小額農貸及自耕農貸款等。（四）代辦業務：包括代理鄉鎮和合作公庫、為臺紡公司代購黃麻、代糧食局收購甘薯、肥料和豆餅分配、煙酒等公賣品銷售、戶口鹽糖和布匹配售、代徵田賦穀及附加穀、代售印花稅及代辦郵政等。（五）經濟事業：①公用事業，包括碾米廠、倉儲業

圖 1-5　1953 年農會改組後臺灣各級農會組織系統圖

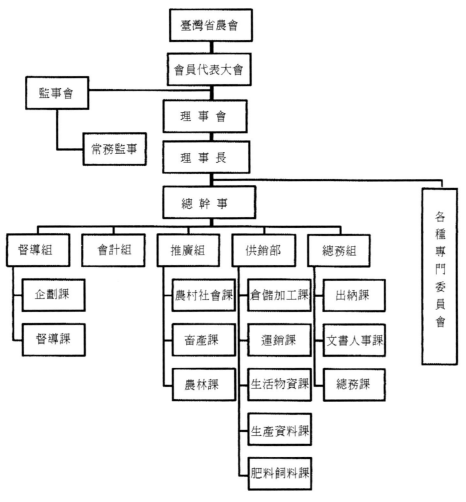

資料來源：張炳楠，《臺灣農會之研究》，臺北：中國文化學院出版部，1965 年 12 月，
　　　　　第 12 頁。

務、運輸、脫穀機、打包機及黃麻浸水池出租等；②供銷業務，包括日常生
活用品銷售、農業生產資料（農業機械、飼料及豆餅、農藥及肥料、非分配
種子等）供應等；③運銷業務，主要包括稻米、家畜、蔬菜、水果及其他農
產品的買賣。（六）其他業務：包括獎學金、慈善事業、殯葬服務、社區診所、
農會宣傳、鄉村教育、理髮廳、公共浴池及鄉鎮農會競賽會等。因此，1953
年改組後，農會就已經開始經營多種業務，尤其是代理政府各種物資分配業
務，成為當時臺灣農業發展和農民生活改善的重要推動力量。這次改組是一

次重大的社會改革，它不但解決了戰後臺灣農會許多體制上的缺陷和面臨的一系列困難問題，確立了農會的權責劃分原則，強化了農會組織的制衡作用，消除了日本遺留下來的官治模式，為臺灣農會注入了嶄新的美國式民主精神，確保農會完全控制在真正的農民手中，實現了臺灣農會「農有、農治、農享」的根本理念。農會還積極配合政府自 1949 年開始實施的「三七五減租」，「公地放領」和「耕者有其田」等一系列土地改革政策進行自身功能和架構調整，以更好適應政府改革和社會發展。同時，由安德森博士依據美國制度而建立的包括推廣、運銷和信用的農會制度，代替傳統地主所扮演的角色，〔註7〕有力促進了光復初期臺灣農業快速發展，為日後臺灣農業發展奠定了堅實基礎。

1953 年臺灣開始實施「以農業培養工業，以工業發展農業」的政策來推動工業化發展。這本來是一個理論完美的設計，但實際上只有前半部分被實施，後半部分卻被忽視了。〔註8〕農會隨著農業角色的轉變逐漸失去其推廣和輔導農民的重要功能，導致其重要性減弱，角色陷入尷尬境地。大量離開土地進入工廠從事非農工作的農民依然生活在農村，其非農收入不但可以維持一定水平的基本生活，還可以有部分剩餘存入信用部，使農會信用部業務迅

圖 1-6　1974 年農會法頒佈後臺灣農會組織結構圖

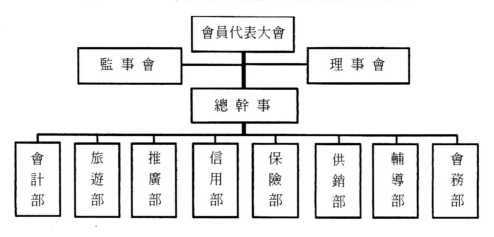

〔註 7〕黃俊傑：《中國農村復興聯合委員會口述歷史訪問記錄》之《張憲秋訪問記錄》，中央研究院近代史研究所口述歷史叢書（33），中央研究院近代史研究所，1992 年 3 月，第 91 頁。

〔註 8〕蕭新煌：《三十年來臺灣農業政策的演變：1953～1982》，《思與言》第 20 卷第 6 期，1983 年 3 月，第 58 頁。

速發展，成爲許多地方政治力量爭奪的目標。由於經濟環境及農業發展形勢的變化，農會傳統功能逐漸改變，尤其是推廣功能日益退化，遠不能適應和滿足農民生產技能提高、農產品運銷、農村社區發展及農民福利工作等新興領域的要求，所以，改革並依法規範農會各項功能和作用勢在必行。

　　1974 年當局決定撤銷實施了二十多年的「改進各級農會暫行辦法」，頒佈實施農會法。農會法規定，第一、把經濟發展水平較差或農村人口流失嚴重的地區農會進行合併；第二、農會職能部門除原有的農業推廣和供運銷外，增加農畜批發市場，保險部和信用部；第三、正式確立農會信用部的法律地位；第四、成立共同經營機構負責辦理農會各項業務；第五、取消農會股金制，提取不少於 60%的農會總盈餘用於發展農業推廣及文化福利事業。1975年臺灣省政府頒佈「農會信用部業務管理辦法」正式確立農會法及銀行法爲農會信用部法源，其目的事業主管機關爲金融主管機關。至此，從制度上確立了農會和信用部的法律地位，臺灣農會依據內外環境變化不斷調節內部機構設置和各項具體功能，基本確立了推廣、供銷、信用和保險四大業務體系，形成了如圖 1～6 的組織架構，沿用至今。這些業務體系作爲農會的有機組成部分彼此分工協作，在相當長時期內對推動農業復蘇、加速農村建設、繁榮農村經濟和促進社會進步做出了不朽貢獻。這一時期臺灣農會的另一項重大變革是 1967 年 7 月 1 日臺北市從臺灣省獨立，直接隸屬於「行政院」，原臺北市轄區內的各級農會也隨之從省農會中分離出來，臺灣形成如圖 1-7 所示的農會體制。

圖 1-7　1967 年臺灣行政區劃調整後農會體制圖

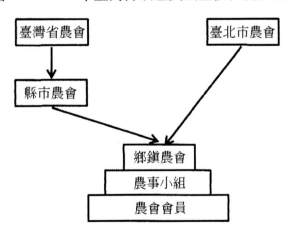

1974 年實施的《農會法》規定，農會以三級制為主，可以採取彈性制，中央主管機關可根據實際情況對經營不善或者偏遠地區農會予以合併，採取二級制。在農會發展過程中，臺灣許多偏遠地區鄉鎮直到上世紀 60 年代初期才由鄉鎮物資供銷會改制而成獨立的農會，這些鄉鎮環境惡劣，農業欠發達，導致農會成立後就一直經營困難。《農會法》公佈後，「內政部」頒佈「臺灣省各級農會合併方案」，著手輔導這些經營困難的鄉鎮農會併入周邊農會成為地區農會。在許多城市市區，由於工業化與都市化快速發展，農民大幅減少，農會業務則統一合併到市農會。1979 年，高雄市自臺灣省分立，直接隸屬於「行政院」，原高雄轄區的高雄市農會及鄉鎮農會也隨之從臺灣省農會體系中分離出來而形成如圖 1-8 所示的臺灣農會體制。

圖 1-8　1979 年臺灣行政區劃調整後農會體制圖

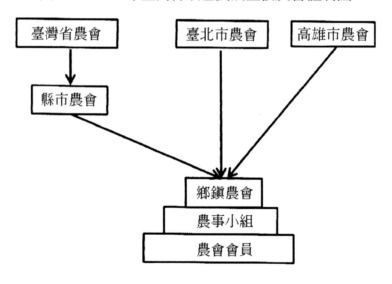

1981 年後的二十年間，當局連續八次修正農會法，進一步明確共同經營、委託經營和代耕業務等，增列農會參與農民醫療和農村房屋修建等業務，調整農會盈餘分配方案以更好適應農民保險政策實施。1975 至 2001 年間，各級農會配合政府推動各項農業政策，圍繞加速農村建設、培育八萬農業大軍，加強農業升級、發展精緻和優質休閒農業，建設富麗鄉村，推進農業現代化及實施第二次農地改革等一系列具體措施，為臺灣農業政策調整，農業發展、農村繁榮及農民進步做出了巨大貢獻，也成為推動臺灣邁向 21 世紀經濟社會持續、穩定、健康發展的強大基礎。

　　2000 年臺灣政權輪替，民進黨執政後為了避免上世紀 90 年代中後期以來出現的農漁會信用部擠兌現象〔註9〕而導致臺灣系統性的金融風暴，民進黨當局分別於 2000 年 12 月 13 日和 2001 年 7 月 9 日公佈「金融機構合併法」和「行政院金融重建基金設置與管理條例」（簡稱 RTC 條例）全面開啓對農會信用部的改革與重組。但是由於改革方案涉嫌假借金融改革名義，企圖徹底消滅農漁會信用部，立即遭到農漁會組織和廣大會員強烈反對。於是在 2002 年 11 月 23 日爆發了臺灣歷史上規模最大的農民運動——「1123 與農共生」農、漁民團結自救大遊行，要求農、漁會及信用部由農委會統一管理。為了順應民眾需求，完善農村金融管理體制，當局於 2002 年 11 月 30 日召開「全國農業金融會議」，會議達成了實施農業金融監管的一元化領導等五項共識。立法院於 2003 年 7 月 10 日三讀通過「農業金融法」，並於 2004 年 1 月 30 日正式實行。「農業金融法」明確規定臺灣農村金融的主管機關由財政部改為農委會，在農委會下成立農業金融局專職負責管理臺灣農村金融機構，並著手推行「以金融支持農業的正常發展，以農業維持金融的穩定成長」的政策。

　　2008 年國民黨重新執政後，分別於 2008、2009 和 2012 年修改農會法，進一步規範了各級農會的設立與合併等相關事宜，明確鄉、鎮（市）、區以下根據實際需要可設立農事小組，作為農會事業的推行單位，同時，積極謀劃成立「全國農會」，確立現階段臺灣農會分為鄉（鎮、市、區）農會、縣（市）農會及直轄市農會和「全國」農會三級，在「全國農會」未設立前，縣（市）農會的上級農會為省農會。

三、影響農會業務功能變化的因素

　　農會在從事教育組織農民、協助政府推動農業政策和鄉村發展事務等活動時會受到多種因素如會員結構、政策限制和經濟社會發展水平等的影響和制約。

　　光復初期，推廣工作作為宣傳政府農業政策、進行生產指導、改進農業生產製度、引進新品種及提供生產資料的部門得以穩步發展，並對這一時期

〔註9〕自 1995 年 2 月 20 日桃園縣中壢市農會信用部發生存戶異常提款案，到 2000 年 12 月止，共有 32 家信用部發生擠兌風波，其中桃園縣中壢市農會於 1996 年 11 月 5 日由臺灣省農會予以合併，屏東縣鹽埔鄉農會於 1997 年 5 月 15 日由屏東縣農會合併。

的農業和農村更有幫助。而供銷和信用業務則因為農業生產以自給自足為主，農產品商品化程度較低，大部門農民較為貧窮，而無法開展。〔註 10〕在 1954 年農會完成改組前，雖然通過土地改革使農業生產逐漸復蘇，農會業務有較大增長，但是由於農會自身組織制度不健全，人員教育程度較低等因素，只能靠辦理政府委託業務，而其他自營事業則幾乎停頓。農會與會員關係也比較冷淡。因此，這一時期由於會員成分複雜，人員文化水平較低，政府農業政策比較模糊，對農會政策也不一致，許多非農民把持和掌握著農會業務，農會組織功能嚴重扭曲，許多業務虧損嚴重。

　　1953 年的農會改組從根本上淨化了會員結構，使農會回歸「農民組織」的本來屬性，建立了權能劃分的總幹事制度，加強了各級農會的交流溝通，確定了農會經營範圍。因此，這一時期農民、農會與政府關係逐步密切，農會獲得更大合法性及認同，政府對農會協助推行農業政策及委託業務等也寄予更大期望。從 1953 年農會改組到 1970 年前後，是臺灣農業發展的黃金期，農會各項業務也在政府扶持和幫助下獲得較快發展，這一時期農會自營業務中的日用消費品和生產資料供應、煙酒等公賣品、生豬、稻米、洋菇和蘆筍等供運銷業務從 1954 年約 7500 餘萬元迅速增加到 1968 年的 7.84 億元；政府委託業務中的倉儲和保管業務、碾米廠、加工廠等則從 1954 年的 3300 餘萬元增加到 1968 年的 2.03 億元。同一時期，信用部的存、放款金額分別從 1.68 億元和 1.18 億元快速增加到 36.15 億元和 25 億元，〔註 11〕辦理統一農貸的農會數和受益農戶則分別從 63 家和 34000 餘戶增加 259 家和 32 萬戶；〔註 12〕農會推廣工作同樣獲得較大發展，農事推廣、家政推廣和四健會舉辦總班數和支出經費分別從 1954 年的 8 班，3000 餘萬元增加到 1968 年的 838 班，1.01 億元；農會辦理家畜保險家數、參保頭數和保費收入則分別從 1964 年的 191 家，21 萬餘頭和 650 餘萬元增加到 1968 年的 273 家，42 萬頭和 1200 餘萬元。〔註 13〕

　　1972 年政府推行「加速農村建設九項重要措施」後，農會接受政府委託

〔註 10〕邱茂英：《臺灣農會與經濟發展》，《臺灣農業發展論文集》，余玉賢主編，臺北：聯經出版事業公司，1975 年，第 175～176 頁。

〔註 11〕臺灣地區各級農會年報，臺灣省農會編，1954～1968 年。

〔註 12〕郭敏學：《臺灣農會發展軌跡》，臺北：商務印書館，1984 年 4 月，初版，第 303 頁。

〔註 13〕臺灣地區各級農會年報，臺灣省農會編，1954～1968 年。

業務數量雖有所下降，但自營業務卻得到較快發展；信用、推廣和保險業務也得以快速增長。1972 至 1982 年間，由於農會企業化經營使供銷部和推廣部業務逐漸萎縮，而信用部則在加速農村貸款、擴大農場經營規模和輔導農村青年創業與改進家庭農業經營貸款等措施推動下得到快速發展，呈現出一枝獨秀的局面。

1982 年隨著農業經營形態和社會經濟結構的改變，農會經營業務種類增多，範圍擴大，大部分農會朝企業化經營目標快速前進。隨著政府「開創農村新面貌」政策的實施和「農民購物中心」不斷設立，農會供銷業務得到快速發展；保險業務也隨著政府陸續開辦農民健康保險和全民健康保險而呈現形勢大好的局面。信用部雖然由於經濟不景氣受到一定衝擊，但是依然得到了穩定快速發展。同時，農會組織適應時代潮流和社會發展趨勢，積極推動自身信息化建設，不但降低了運營成本，而且大幅度提高了工作效率，有力促進了各部門業務的發展。

由此可見，影響農會業務功能變化的因素除了會員知識結構外，還有農會本身架構、政府政策和支持力度、社會政治經濟環境和農業發展水平以及居民收入等多種因素。農會融合了合作組織、職業團體和企業組合等特性於一體，而具有多重性格和面向。時代發展和社會進步，導致農會隨著外部社會環境和內在自身因素的發展變化而不斷做出調整，同時也增加了其組織本身的複雜性和模糊性，使其在不同時期、不同面向上展現出政治、經濟、教育、文化和社會等多種不同的性格特徵。

第三節　農會組織現狀分析

一、農會現況及基層農會分類

（一）臺灣農會組織現況

目前，臺灣共有各級農會 302 家，其中「全國農會」1 家，「直轄市」農會 6 家，縣、市農會 16 家，鄉鎮區基層農會 279 家。基層農會分支機構 853 家，其中未設信用部分部的基層農會辦事處 20 家，設信用部分部的基層農會辦事處 607 家，純信用部分部 226 家，網絡遍佈臺灣幾乎所有鄉鎮和偏遠山區。2015 年底，臺灣各級農會共有個人會員 1898885 人，其中正會員 978519 人，約占個人會員總數 51.5%，個人讚助會員 920366 人，占個人會員總數

48.5%；團體讚助會員 1657 家，其中農業合作組織 88 家，占 5.3%，公司行號及工廠 1569 家，占 94.7%。〔註 14〕見表 1-2。

表 1-2　臺灣農會會員數量及資格類別統計表（至 2015 年底）

項目 地區	個人會員（單位：人）				團體讚助會員（單位：家）			
	正會員		讚助會員		農業合作組織		公司行號及工廠	
	人 數	比 例	人 數	比 例	數 量	比 例	數 量	比 例
臺灣省	599527	61.6%	233850	25.6%	66	75%	485	31%
臺北市	7893	0.8%	36740	4.0%	－	－	62	4.0%
新北市	43394	4.5%	251572	27.4%	－	－	401	25.5%
桃園市	54047	5.5%	51685	5.6%	－	－	71	4.5%
臺中市	59866	6.2%	100154	10.9%	14	16%	285	18%
臺南市	124520	12.8%	59993	6.5%	6	7%	109	7.0%
高雄市	83574	8.6%	183368	20%	2	2%	156	10%
合　計	972821	100%	917362	100%	88	100%	1569	100%

注：澎湖縣、金門縣、連江縣數據統計在臺灣省農會內。
資料來源：作者根據 2016 年臺灣地區各級農會年報（中華民國農會編）製表。

臺灣省轄區內有縣、市級農會 16 家，基層農會單位有 154 家，個人會員總數 833377 人，其中正會員 599527 人，占個人會員總數 71.9%，讚助會員 233850 人，占個人會員總數 28.1%。都市化程度較高的臺北、新北、臺中、高雄等市轄區內農會讚助會員人數則遠遠超過正會員人數。處於北部地區，工業比較發達的新晉桃園直轄市轄區內農會正會員人數和讚助會員人數則大致相當，而處於南部農業主產區的臺南直轄市轄區內農會正會員人數則遠多於讚助會員人數。〔註 15〕這一規律基本符合臺灣農會的發展過程中，隨著城鎮化和都市化進程的加快，從事傳統農業生產的農會逐步轉變成圍繞城市開展生產和專業服務，許多從事農業生產的正會員被從事工商業活動的讚助會員取代。同時，也說明了現階段桃園和臺南的都市化程度遠不及臺北、新北、臺中和高雄等直轄市。

〔註14〕臺灣地區各級農會年報，中華民國農會編，2016 年，第 1、2 頁。
〔註15〕臺灣地區各級農會年報，中華民國農會編，2016 年，第 2、3 頁。

　　若從臺灣各縣、市級〔註16〕農會看，臺南和雲林二市縣基層農會正會員總數均已超過 10 萬人，高雄、彰化、嘉義、屏東、南投、苗栗、桃園和臺中八縣正會員總數也已超過 5 萬人，如表 1-3 所示。2015 年底，臺灣基層農會 978519 人正會員中自耕農最多，有 889190 人，占正會員 90.9%；佃農其次，有 45435 人，占 4.6%；雇農 41851 人，占 4.3%；農校畢業生 875 人，占 0.08%；農林牧場員工 1168 人，占 0.12%。2015 年臺灣各級農會共選舉會員代表 12099 人，其中自耕農 1131 人，占 93.7%；農會理事 2802 人，其中自耕農 2736 人，占 97.7%；監事 948 人，其中自耕農 906 人，占 95.6%；農事小組組長和出席上級會議的代表分別為 4821 人和 833 人。各級農會共有員工 16551 人，平均每個農會 55 人，員工主要分佈在信用、供銷、會務和推廣等部門，其中信用部員工人數最多，有 8589 人，占員工總數 51.9%，其次是供銷部門 2432 人，占 14.7%，會務部門和推廣部門分別以 1312 人和 1229 人緊隨其後，其餘人員則分佈在會計、總幹事室、保險、信息、企劃和旅遊等部門。員工中大學本科以上學歷者占 25.8%，高中以上學歷者占 99%，員工年齡在 30～49 歲之間占 56.3%以上。員工的上述基本條件和素質有力保證了農會各項事業有效運行。在會員事業方面，2015 年各級農會組織繼續加大推廣、經濟、金融和保險事業以及爭取農民權益等方面資金和投入力度，如表 1-4 所示，為推動農業發展，保障農民權益和富麗鄉村建設等做出了巨大貢獻。

表 1-3　臺灣各基層農會組織個人會員類別一覽表（至 2015 年底）

農會名稱	基層農會數量	正　　會　　員						讚助會員	合　計
		自耕農	佃　農	雇　農	農校畢業生	農林牧場員工	小　計		
臺北市	9	7482	346	54	9	2	7893	36740	44633
新北市	24	40999	1735	577	64	19	43394	251572	294966
桃園市	12	50914	1694	1349	27	63	54047	51685	105732
臺中市	22	55511	2919	1302	95	39	59866	100154	160020
臺南市	32	112535	3244	8508	107	126	124520	59993	184513

〔註16〕包括臺灣島內六都及其他各縣，市，以及澎湖縣、金門縣和連江縣（下同）。

高雄市	26	70011	4525	8742	96	200	83574	186368	269942
宜蘭縣	10	34867	1764	160	22	8	36821	28133	64954
新竹縣	11	29498	590	99	28	7	30222	14330	44552
苗栗縣	17	51534	2877	1836	28	55	56330	23129	79459
南投縣	13	57977	6034	2622	40	24	66697	17718	84415
彰化縣	26	92550	3051	1526	73	47	97247	28545	125792
雲林縣	20	95216	1807	3224	57	62	100366	18542	118908
嘉義縣	17	70781	4068	3202	52	70	78173	18894	97067
屏東縣	23	59750	3980	7465	79	390	71664	27705	99369
花蓮縣	9	19391	1208	101	9	30	20739	10416	31155
臺東縣	8	18055	2685	625	9	10	21384	10065	31449
基隆市	—	799	81	21	7	2	910	15032	15942
新竹市	—	3942	119	5	4	3	4073	6601	10674
嘉義市	—	5608	2589	191	59	10	8457	9381	17838
澎湖縣	—	2842	27	—	8	—	2877	3268	6145
金門縣	—	3409	—	5	—	1	3415	1251	4666
連江縣	—	152	—	—	—	—	152	840	992
總　　計	279	883823	45343	41614	873	1168	972821	920362	1893183

資料來源：臺灣地區各級農會年報，中華民國農會編，2016 年。

表1-4　2015 年臺灣各級農會組織主要業務分類和成就一覽表

部門和分類		主　　要　　成　　就
推廣事業	農村社會事務	托兒所 180 班，3427 人；農村副業技能訓練班 1097 班，44899 人；發放獎學金 53397 人，金額 3.43 億元；代書服務 104523 件；其他福利設施與文化服務 13167 次，參加人數 854830 人；代耕面積 176016 公頃；育苗中心 152 處，面積 22703 公頃；康樂活動 5476 次，481609 人次；農民第二專長訓練 588 人次；農村青年創業訓練 3388 人次。
	推廣教育	農事推廣：7767 個村裏，3582 個示範家庭，產銷班 22413 個，205904 人，事業費 4.47 億元；四健會：11359 個村裏，義務指導員 6151 人，作業組 2478 個，會員 116242 人，事業費 0.50 億元；家政推廣：村裏 6521 個，義務指導員 7547 人，家政班 7038 班，人數 214445 人，事業費 1.16 億元；農家訪問、集會、方法結果示範、新聞報導或廣播、展覽展示、講習訓練、觀摩研習和競賽等共 596935 次，人數 6291890 人次。

	政府委託	經收稻穀 380292 噸；代購稻穀 65154 噸，雜糧 59353 噸；委託加工稻穀碾糙米 220192 噸，糙米碾白米 63069 噸；碾餘米 18661 噸，政府委託事業手續費總收入 5.06 億元。
經濟事業	會員共同利用	稻穀倉儲 52939 噸，冷凍倉儲 7116 噸；加工稻穀 154246 噸，糙米 14578 噸，其他 67953 噸，業務總收入 4.7 億元。
	供銷業務	門市部 314 處，營業額 57.2 億元，利潤 8.8 億元；超市 100 家，營業額 39.5 億元，利潤 6.0 億元；調配處理中心 11 處，營業額 5.2 億元，利潤 1.1 億元；農民購物中心 169 處，營業額 30.8 億元，利潤 5.3 億元。
	運銷業務	共同運銷：生豬 1726125 頭，蔬菜 288720 噸，營養午餐及部隊副食供應總額 4.1 億元，手續費收入 8.5 億元；一般稻穀運銷 73264 噸。
	市場業務	果菜 325660 噸，管理費 2.4 億元；花卉 529041 支，手續費 3822 餘萬元；家畜 2211280 頭，手續費 3.9 億元，市場總收入 8.43 億元。
	服務業	醫療收入 4.0 億元，休閒農場收入 2.6 億元，加油站收入 9.2 億元，農業旅遊收入 4600 餘萬元，其他事業收入 6.2 億元。
	其　它	有食品廠、飼料廠、牛奶廠、肥料廠和農場等服務行業。
金融事業	存放款	存款 16970 億元，會員 7118 億元，讚助會員 3303 億元，內部存款 219 億元，公庫等其他存款 6331 億元；放款 9770 億元，會員 2656 億元，讚助會員 2920 億元，非會員 4081 億元，其他部門 114 億元。
	代　理	代售統一發票、通匯和票據等共計 2514 餘萬（本，件）；代收石油、煙酒、保險費、手續費及其他款項 0.96 億元。
	保管箱	保管箱業務收入 1.03 億元。
保險事業	家畜保險	一般保險 7396877 頭；運輸傷亡保險 1517594 頭，收入 5730 餘萬；死亡賠償 1791712 頭，2.0 億；運輸傷亡賠償 33968 頭，644 萬元；
	農民健康保險	參保 1286050 人，其中會員 664744 人，非會員 621306 人；生育給付 5606 人，金額 8174 餘萬元；喪葬及殘疾補助 41821 人，金額 68.2 億元。
	全民健康保險	總數 1897409 人，會員本人 686551 人，會員眷屬 271713 人，非會員本人 629529 人，非會員眷屬 309616 人。
	老年津貼	參保人數 610073 人，其中會員 328488 人，非會員 281585 人。

資料來源：臺灣地區各級農會年報，中華民國農會編，2016 年，第 9～50 頁。

（二）臺灣基層農會分類

臺灣基層農會組織根據其所在區域的農業環境、業務經營方向、會員結構以及資金融通等不同而劃分為都市型、鄉鎮型、山地型和鄉村型四種形態的農會。

都市型農會：一般位於都市地區或城市區域內，農業生產用地和農業活

動較少，一般只生產並提供少量的蔬菜和水果等。區內人口大量增加，農業人口卻較少，農民收入也以非農業收入為主，少有的農業生產活動也主要朝向精緻化的高效和休閒農業發展。由於都市型農會會員以讚助會員為主，而真正農民會員很少。因此，大多數都市型農會會員主要為了利用農會信用業務，他們更加注重對自身生活環境和社區旅遊休閒設施的改善。同時，都市型農會區域內農業耕地面積大幅減少，從事農業人口數量急劇下降，導致其供銷和保險業務嚴重萎縮，推廣業務則主要轉向家政方向，只有信用業務，隨著區域內大量城市居民的出現而呈現出快速增長。

鄉鎮型農會：一般位於鄉鎮，兼有中小城市和鄉村二重性，工、商業和農業都有一定發展，與都市型農會類似，農業人口也呈逐年減少趨勢，區內農民收入也主要以非農業收入為主，多數農業生產也都朝向高經濟性、高回報農作物或者優質農業發展。鄉鎮型農會的會員以農民正會員為主，但是讚助會員數量逐年增加，他們大多數的生產活動都已轉向非農業領域，依靠工商業作為謀生手段和主要收入來源，依靠和利用信用、推廣業務是他們青睞農會的主要目的。鄉鎮型農會與都市型類似，由於可耕地面積較少，主要用來發展附加值高的經濟類作物，因而對農會推廣和信用業務有一定的需求，而供銷和保險業務則比較少。

鄉村型農會：坐落在鄉村地區，幅員遼闊，可耕種面積大，鄉村環境優美，環境污染較少，適宜發展專業農業區或休閒農業區，區內農業人口眾多，農民收入主要依靠農業，是臺灣主要的糧食和農產品產地。鄉村型農會的會員以農民正會員占絕對優勢，讚助會員數量很少。他們更重視與農業生產有關的活動，如農業信息傳播、農業科技改進、農作物改良、農產品供運銷、倉儲加工、作物病蟲害防治以及農業生產資金需求等，對農會推廣、供銷、信用和保險等業務有較大程度的依賴。鄉村型地區是農會的本源所在，鄉村地區居民主要從事農業生產和與農業有關的經濟活動，對各種業務需求都比較旺盛，因而，鄉村型農會的推廣、供銷、信用和保險業務都比較發達，一切業務活動也都以農民需求和利益為上，始終堅持為臺灣農業、農村和農民提供全方位周到的服務。

山地型農會：坐落在偏遠的山地和丘陵地區，交通不便，環境優美，耕地面積較少且分散，不利於大規模農業生產，區內工商業不發達，造成農業人口大量外流，以農業人口為主，農民收入主要依靠農業生產，是臺灣多種

特色農產品產地，也是發展觀光和休閒農業的首選。山地型農會會員與鄉村型農會類似，主要是農民正會員，讚助會員很少。他們對當地發展需求也是更偏向於農業生產活動，通過加入農會來獲取農業信息、知識技能、農業管理方法、優良品種和農業生產資金等，對農會推廣、供銷和保險，尤其是信用業務具有很高的需求。山地型農會由於交通不便和信息閉塞，缺乏農業推廣人員和資金，因而，農會推廣和信用業務比較缺乏，也就導致供銷和保險業務沒有了市場。

根據以上分類標準可知，都市型農會是指處於都市地區或城市區域內的農會組織；鄉鎮型、鄉村型和山地型農會通常情況下是指在鄉鎮地區和偏遠山村，它們大都屬於典型的農業組織形態，坐落在農村廣大地區或非都市化區域，因而也有人把這三種類型的農會組織歸爲一類，統稱鄉村型農會。這樣，臺灣農會組織也可以籠統的分爲都市型農會和鄉村型農會兩種類型。

二、農會業務運營和面臨的問題

（一）農會任務及運營事業

農會法第 1 條規定，臺灣農會以保障農民權益，提高農民知識技能，促進農業現代化，增加生產收益，改善農民生活，發展農村經濟爲宗旨。第 4 條規定農會的任務如下：①保障農民權益、傳播農事法令及調解農事糾紛；②協助有關土地農田水利改良、水土保持及森林培養；③優良品種及肥料推廣；④農業生產指導、示範、優良品種繁殖及促進農業專業區經營；⑤農業推廣、訓練及農業生產獎勵資助事項；⑥農業機械化及增進勞動效率有關事項；⑦輔導及推行共同經營、委託經營、家庭農場發展及代耕業務；⑧農畜產品運銷、倉儲、加工、製造、輸出入及批發、零售市場經營；⑨農業生產資料進出口、加工、製造、配售及會員生活用品的供給、銷售；⑩農業倉庫及會員共同利用事業；⑪會員金融事業；⑫接受委託辦理農業保險事業；⑬接受委託協助農民保險事業及農舍輔建；⑭農村合作及社會服務事業；⑮農村副業及農村工業倡導；⑯農村文化、醫療衛生、福利及救濟事業；⑰農地利用改善；⑱農業災害的防治及救濟；⑲代理公庫及接受政府或公私團體委託事項；⑳農業旅遊及農村休閒事業；㉑經主管機關特准辦理的事項。由此看出，各級農會是具有政治、經濟、教育、社會和文化等多目標功能，又肩負發展農業生產、促進農村經濟繁榮、推動農業推廣與農村社會發展重要使命

的綜合體。

臺灣農會是一個農民團體，也是一個經濟團體，還是一個職業團體。各級農會正是通過其組織和推廣部門，教育、組織和引導農民，提高農民文化素質和職業技能，培養他們接近和適應市場的能力，切實保障農民權益，發揮農會組織政治和教育功能；通過供銷、信用和保險等部門，降低農業生產和農民生活成本，改善農業生產條件和農村生活環境，發展和繁榮農村經濟，切實增加農民收益，爲農民提供健康穩定的社會服務保障體系，發揮其經濟和社會文化功能。農會同時也是一個公益性職業團體，由眾多會員組成並依法登記註冊，許多業務都帶有公益和服務性質，爲了維護會員利益而在登記範圍內依法開展各項業務活動。

1. 組織推廣和社會文化事業

保障農民權益是農會的首要宗旨目標，隨著經濟發展水平提高和政治民主化程度加深，農民自立意識增強，農會界也逐步強化職能，積極爲廣大農民呼喊請願，爭取合法權益。農會組織的功能主要是通過其自身組織架構和農會選舉等多種方式來提高農民素質，增強農民知識技能，培養基層農民領導者，宣傳農業政策法規，調解農事糾紛，確保臺灣農村社會安定和廣大農民和會員的合法權益。

推廣業務是農會最重要的功能之一，也是聯繫政府與農民的橋樑和紐帶。農會法規定的農會 20 項任務中，有三分之二屬於推廣和文化福利事業，農會法第 40 條還明確規定農會總盈餘的至少 70%要用於農業推廣訓練、互助訓練及文化福利事業，更加突出了農會的教育性和社會性功能。農會主要通過開辦農事推廣、家政推廣、四健會、環保教育、青少年專長訓練和老年照護等多種培訓班宣傳和推動政府各項政策措施，傳播涉農信息信息，爲農民提供生產知識和生活技能培訓，建立健全社會保障服務體系，加強農民自身成長進步，促進優質和休閒農業發展，推動社區營造和富麗鄉村建設。2015年臺灣各級農會組織推廣部門經費總收入達 42.4 億元，總支出超過 38.6 億元，實現盈餘 8300 餘萬元，如表 1-5 所示。各級農會組織從協助政府宣傳和執行農業政策，加強農業改良指導，促進農民教育訓練和推動農村和社會文化福利事業等方面加大人力和資金投入，重視資源配置和政策支持，有力促進了農會組織承擔的教育推廣功能的發展，推動了農會其他各項事業進步。農會從事推廣事業具體業務和項目如圖 1-9 所示。

表 1-5　2015 年臺灣各級農會推廣部門經費收支統計表

單位：新臺幣／千元

農會名稱	收　入	較上年增減百分比	支　出	較上年增減百分比	餘　額
全國農會	384627	＋52.4%	381574	－5.9%	3053
臺北市	97819	＋0.8%	97339	＋1.3%	480
新北市	612942	＋2.0%	588461	＋1.0%	24481
桃園市	244536	＋1.8%	237242	＋17.8%	7294
臺中市	461916	－2.1%	453687	－21.9%	8229
臺南市	473012	＋2.3%	468675	＋2.1%	4337
高雄市	144316	－8.9%	132942	－10.6%	11374
宜蘭縣	149923	＋7.0%	148278	＋7.6%	1645
新竹縣	96675	＋9.9%	93139	＋9.2%	3536
苗栗縣	182297	＋0.6%	180753	－31.8%	1544
彰化縣	203852	＋7.0%	195833	＋8.0%	8019
南投縣	178072	＋10.7%	178070	＋10.7%	2
雲林縣	376120	－7.3%	374755	－7.2%	1365
嘉義縣	181243	＋6.9%	176511	＋6.5%	4732
屏東縣	119832	＋14.1%	119404	＋14.2%	428
臺東縣	129303	－0.2%	128839	－0.3%	464
花蓮縣	155502	－4.4%	155395	－4.3%	107
澎湖縣	5760	＋24.5%	5759	＋24.5%	1
金門縣	8626	＋6.6%	8626	＋6.6%	0
連江縣	1712	－33.2%	1115	－50.1%	597
基隆市	10836	＋19.3%	9864	＋14.8%	972
新竹市	12104	－9.6%	12104	－9.6%	0
嘉義市	4058	－44.4%	3199	－53.5%	859
總　計	4235083	＋55.8%	4151564	－70.9%	83519

資料來源：臺灣各級農會年報，中華民國農會編，2016 年，第 75～76 頁。

圖1-9　現階段臺灣農會農業推廣事業一覽圖

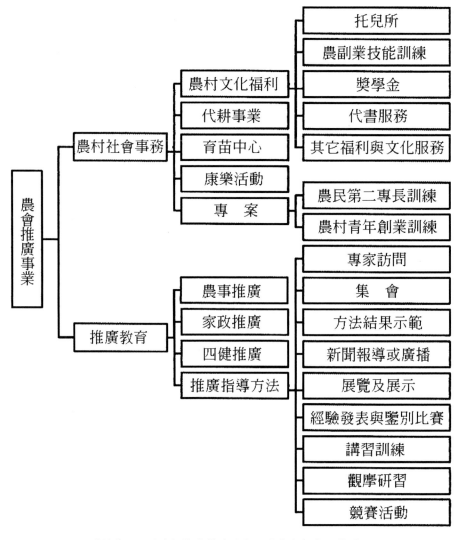

資料來源：作者根據臺灣地區各級農會年報整理製圖。

2. 經濟事業

經濟事業是農會自營業務的主要內容，也是農會的重要功能。農會法規定的 20 項任務中與經濟事業有關的任務有四項，即第八項，農畜產品的運銷、倉儲、加工、製造、輸出、輸入及批發、零售市場的經營；第九項，農業生產資料的進出口、加工、製造、配售及會員生活用品的供銷；第十項，農業倉庫及會員共同利用事業；及第十九項，接受政府或公私團體委託事項

等。共同運銷方面，2015 年臺灣各級農會組織共辦理生豬運銷 1726125 頭、果菜運銷 288720 噸，營養午餐及軍隊副食供應共同運銷價值 4.1 億元。果蔬市場交易量 325660 噸，手續費收入 2.4 億元；花卉市場交易額 8.5 億元；家畜家禽（肉製品）市場交易量 221 萬多頭，交易額 8.4 億元。農業生產資料及生活用品供銷方面，爲降低生產和生活成本，減輕農民負擔，2015 年底各級農會共開辦門市部 314 家，超市 100 家，調配處理中心 11 家，農民購物中心 169 家，〔註17〕網絡遍佈城鄉各地，極大方便了廣大農民的生產和生活，同時也獲得了可觀的經濟和社會效益。委託業務主要以受糧食局委託代收代購稻穀、雜糧，配銷肥料以及稻穀加工等累計達 80.6 萬噸。〔註18〕會員共同利用事業則主要通過農產品倉儲、加工及冷凍、修建加油站、發展醫療事業及休閒農場等社會服務項目，在爲廣大農民提供生產生活便利的同時，也爲農會創造較好的經濟效益，成爲推動農會自身發展和完善的重要力量。

3. 金融事業

農會信用部是吸收農村地區遊資和融通農業資金的最重要的基層金融機構，它根據農民資金需求提供基層金融服務，促進農業資本形成，使政府農業政策發揮乘數效應，最大限度的促進農業和鄉村建設各項事業發展。信用部充分利用自身發達網絡和便捷服務，推動鄉村儲蓄和農地信用貸款等多種服務，承擔農業發展的潤滑劑和鄉村建設的推進劑。信用部還是農會組織內部盈餘的最大來源，爲農會推廣、訓練、文化和福利事業等提供資金支持和經費保障。2015 年農會信用部總收入約 391.8 億元，較上一年度增加 1.2%，總支出 335.2 億元，較上一年度增加 0.47%，信用部總盈餘 56.6 億元，較上一年度增加 5.5%。2015 年信用部收支統計表如表 1-6 所示。2015 年臺灣地區信用部存款總額 16970 億元，較上一年度增長 2.2%，其中會員存款總額 7118 億元（占 42%），讚助會員存款總額 3303 億元（占 19.5%），內部存款總額 219 億元（占 1.3%），公庫等其他存款總額 6331 億元（占 37.3%）。信用部放款總額 9757 億元，其中一般放款 8277 億元，占 84.8%，統一農貸放款 642 億元，占 6.6%，農業發展基金放款 664 億元，占放款總額的 6.8%，全年放款利息總收入 254 億元，比上一年增加 4.3%。〔註19〕

〔註17〕臺灣地區各級農會年報，中華民國農會編，2016 年，第 18～21 頁。
〔註18〕臺灣地區各級農會年報，中華民國農會編，2016 年，第 16 頁。
〔註19〕臺灣地區各級農會年報，中華民國農會編，2016 年，第 24～28 頁。

表 1-6　2015 年臺灣各級農會信用部收支統計表　　　單位：新臺幣／千元

農會名稱	收　入	較上年增減百分比	支　出	較上年增減百分比	餘　額
全國農會	49926	+26.6%	39769	+17.0%	10157
臺北市	1073277	+4.1%	984623	+3.8%	88654
新北市	7502262	−0.8%	5861209	−1.5%	1641053
桃園市	2519569	−4.1%	2096787	−6.2%	422782
臺中市	3920235	+1.7%	3123334	+0.5%	796901
臺南市	3750261	−0.1%	3459425	−1.3%	290836
高雄市	3800489	+3.3%	3505177	+3.0%	295312
宜蘭縣	1780019	+3.8%	1495230	+4.1%	284789
新竹縣	983939	+5.2%	814342	+4.7%	169597
苗栗縣	1448723	+3.0%	1288619	+2.5%	160104
彰化縣	2726289	+3.4%	2425863	+2.8%	300426
南投縣	1508289	+0.4%	1296585	−1.3%	211704
雲林縣	2758578	+0.7%	2347896	+1.0%	410682
嘉義縣	2221389	−1.8%	2011019	−2.0%	210370
屏東縣	1006827	+5.6%	904650	+5.5%	102177
臺東縣	670436	+6.0%	564384	+3.4%	106052
花蓮縣	765079	+4.3%	673005	+4.5%	92074
澎湖縣	91049	+10.5%	88598	+11.1%	2451
金門縣	—	—	—	—	—
連江縣	10392	−7.3%	10171	−0.5%	221
基隆市	112903	0.7%	93423	+1.1%	19480
新竹市	304633	+2.7%	263740	+0.9%	40893
嘉義市	172575	+9.7%	167624	+6.1%	4951
總　計	39177139	—	33515473	—	5661666

資料來源：臺灣各級農會年報，中華民國農會編，2016 年，第 60～64 頁。

4. 保險事業

根據農會法第 4 條規定，農會接受委託辦理保險事業，農會保險部門主要辦理家畜保險、農民健康保險和全民健康保險業務，以確保農民人身及財產安全。2015 年農會保險部門業務總收入 18.6 億元，較 2014 年度增加 3.4%，業務總支出 18.2 億元，較去年增加 2.7%，全年共辦理生豬、乳牛及羊等保險 7396877 頭，農民健康保險辦理會員 664744 人，非會員 621306 人，總計 1286050 人；生育給付 5606 人，金額 8174 萬餘元；喪葬及殘疾補助費供 41821 人，金額 68.2 億元；全民健康保險辦理會員及家屬 958264 人，非會員及家屬 939145 人，總計達 1897409 人；發放老年農民福利津貼會員 328488 人，非會員 281585 人，總計達 610073 人。〔註20〕表 1-7 為 2015 年臺灣地區各級農會保險部門主要業務種類和業務收支統計表。

表 1-7　2015 年臺灣各級農會保險部主要業務和收支統計表

單位：新臺幣／千元

農會名稱	家畜保險		家畜保險外		農民健康保險		小　　計	
	收　入	支　出	收　入	支　出	收　入	支　出	收　入	支　出
全國農會	416858	414641	210946	209700	1067	1067	628871	625408
臺北市	2700	1744	935	718	830	1674	4465	4136
新北市	83221	75470	2032	3524	6842	9777	92095	88771
桃園市	35542	45586	12354	1747	11930	540	59826	47873
臺中市	46152	68001	12569	3631	27223	10830	85944	82462
臺南市	73254	105329	19970	4833	28831	10121	122055	120283
高雄市	43835	67404	11739	1500	19622	1097	75196	70001
宜蘭縣	18299	27371	5130	429	6549	1891	29978	29691
新竹縣	11882	20521	8127	820	6780	4811	26789	26152
苗栗縣	21254	32328	1669	1288	11318	439	34241	34055
彰化縣	106401	151726	22513	4043	38190	7491	167104	163260
南投縣	18223	35350	7059	2291	15189	2830	40471	40471
雲林縣	180082	209187	15076	7481	26940	4541	222098	221209

〔註20〕臺灣地區各級農會年報，中華民國農會編，2016 年，第 31、38、45、50 頁。

嘉義縣	58216	63889	8712	3206	20511	19704	87439	86799
屏東縣	97937	123591	12073	6622	23251	2919	133261	133132
臺東縣	12915	15290	1545	1149	5072	2666	19532	19105
花蓮縣	9427	14056	607	492	4559	43	14593	14591
澎湖縣	740	1080	116	115	1304	965	2160	2160
金門縣	1172	1588	26	—	899	509	2097	2097
連江縣	—	—	—	—	—	—	—	—
基隆市	1619	1639	46	28	128	126	1793	1793
新竹市	1993	2750	91	89	1687	932	3771	3771
嘉義市	562	1128	35	—	2377	1843	2974	2971
總　計	1242284	1479669	353370	253706	261099	86816	1856753	1820191

資料來源：臺灣各級農會年報，2016年，中華民國農會編，第31～50頁。

（二）現階段農會面臨的問題

經濟全球化和金融自由化不斷發展，尤其是2002年加入WTO以後，臺灣農業發展也呈現出多樣化的發展態勢，面臨著諸多的困難和挑戰。隨著農產品關稅的降低、削減農業補貼政策實施和大陸農產品的衝擊，臺灣農業勢必受到嚴重影響，而臺灣農產品產銷預警系統及價格穩定機製作用依舊不明顯，加上島內經濟環境轉型升級的影響導致農村人口大量流失、農民失業嚴重，在這種情況下，農會組織也必須調整策略，重點發展營利產業，逐步拋棄了其公益性服務職能。

臺灣農會自光復以來，雖經歷多次合併改組和調整改造，但是其組織機構並沒有實質性的改變和提升，業務分工依然固守七十多年來傳統的推廣、供銷、信用和保險等業務，而推廣業務經費主要來源於信用和供銷部門的盈餘和少量政府補助，具有不穩定性。尤其是外界經濟和社會環境變化後，必然會受到很大影響，而不能有效履行其自身功能。在信息和科技日益發達的今天，許多優秀技術人才流向電子、信息和製造等高收入行業再加上農會系統信息化和改革步伐的緩慢，導致農會員工素質較低，會員老齡化、組織鬆散和缺乏有效管理，嚴重影響了農會功能的發揮，從而使農會面對競爭日益激烈的市場而失去競爭力。

臺灣地域面積偏小，各基層農會組織規模不大，導致經營成本偏高，也

是影響臺灣農會業務發展和市場競爭力的重要因素。在臺灣廣大鄉村地區現有基層農會組織近 300 家，許多鄉鎮型、鄉村型和山地型農會往往因為人員龐雜，結構臃腫，農業發展水平低，鄉村和農業基礎設施建設不足，導致供運銷、保險和其他市場業務規模偏小，發展滯後，必然遭到高度競爭的市場淘汰。

　　另外，經濟環境變遷、監督管理乏力和複雜選舉文化也是現階段農會組織面臨的主要困境。上世紀末期，隨著經濟快速發展和自由化進程的加快，大量農產品進口衝擊島內農業生產，使生產成本逐步增加，農業等傳統產業面臨最大的生存威脅，必須面對轉型和升級。農業的轉型升級與農會僵化的固有組織架構、落後的內部管理、低素質員工和老齡化的會員等要素之間必然產生許多矛盾和衝突。政府的有效管理和恰當監督是農會組織穩定、健康發展的重要保證和前提。臺灣光復後，尤其是臺灣省政府虛級化前後，農會管理體制發生過多次改變，加上下級部門之間權責不清，導致行政部門之間推諉扯皮，效率低下，多項政策措施執行不到位。各級農會經過長期積累擁有的龐大資產以及信用部的資金運用等也吸引許多地方派系和利益團體甚至是非法勢力介入農會組織，而通過賄選等方式獲取農會高級職位，從而實際操縱和控制農會的選舉、運營和管理，造成農會多項業務出現偏差甚至失誤，給農會帶來重大損失甚至是滅頂之災。

　　因此，面對經濟全球化、金融自由化以及農業現代化的快速發展，臺灣各級農會組織從事農業生產加工或其他經營事業時，除了必須承受農會組織自身結構鬆散、僵化低效的包袱以外，還必須面對農會體系內人員老化、人才匱乏、機制不靈活和市場能力差等諸多客觀困境，同時還要受經濟社會環境變遷、政府監督管理乏力和複雜選舉文化等因素影響。

三、農會發展環境分析

　　臺灣加入 WTO 以來，尤其是海峽兩岸經濟合作架構協議（ECFA）於 2010 年 9 月 12 日正式生效以來，臺灣經濟形勢總體趨於穩定，隨著勞動力成本逐步增高，許多廠商外遷到中國大陸或東南亞地區，造成失業人口增加。國外優質農產品大量進口，也讓臺灣農產品生產加工受到嚴重衝擊，給整個經濟和社會發展帶來不確定因素。隨著信息技術的不斷發展和應用，網絡購物和網上交易也得到快速發展，而農會組織由於結構老化、人員素質不高和

機制不靈活等劣勢，很難在這場高科技競爭中獲得成功。因此，必須調整和改變農會經營策略以適應快速變化的經濟和社會環境，才能繼續推動農業發展和農村建設更上一層樓。

　　本文采用 SWOT 分析法，綜合分析現階段臺灣各級農會組織所處的經濟和社會發展環境的優勢（Strengths）、劣勢（Weaknesses）、機遇（Opportunities）和挑戰（Threats），如表 1-8 所示。

表 1-8　現階段臺灣農會所處經濟社會發展環境及競爭優劣分析表

S（Strengths）	W（Weaknesses）
1、龐大的網絡組織和分支機構 2、深厚的地緣和情感優勢 3、統一的任務和目標 4、會員對農會高度信任和依賴 5、農會公益社團屬性的優勢 6、政府政策執行夥伴的優勢 7、充足的土地資源 8、健全而眾多的志願者組織隊伍	1、農會組織僵化、缺乏創新動力 2、教育訓練不足無法凝聚向心力 3、人治色彩較濃，缺少衡量量化指 4、組織內部溝通欠佳，領導決策不 5、業務經營範圍小，業務整合欠佳 6、會員結構老化，年輕會員較少 7、主要領導受派系和地方勢力控制 8、選聘弊端頻發，影響穩定
O（Opportunities）	T（Threats）
1、競聘新人眾多，提升農會員工素質 2、積極開拓市場、發展多元產業 3、發展金融與經濟事業，提高農會收益 4、推動業務整合和策略聯盟，帶動各項業務發展 5、引進其他產業的先進技術和經營方式 6、大眾對具有地方特色的優質農產品需求大幅提高 7、市場和信息化普及有助於提升整體競爭力和部門效率 8、依託 ECFA 優勢，實現臺灣特色水果和農產品進入大陸市場，有助於加快臺灣地區農會推廣、供運銷、信用和保險等主要業務部門的二次創業，再造強大新農會	1、金融自由化加速信用部競爭 2、取消農業保護措施後，大量優質農產品傾銷臺灣加劇農業領域競爭 3、取消農業補貼後，會員盈餘減少，嚴重挫傷了農民的生產積極性 4、業務經營欠佳、競爭優勢不強，沒有規模效益 5、複雜的選舉文化影響農會形象 6、惡劣的現實環境使農會缺乏市場和危機意識 7、產銷班和農業合作社瓜分農會市場份額和業務資源

資料來源：作者根據相關研究資料自行整理。

（一）自身優勢（Strengths）

1.龐大的網絡和地緣優勢

截至目前，臺灣共有各級農會 302 家，其中「全國農會」1 家，「直轄市」

農會 6 家，縣、市農會 16 家，鄉鎮區基層農會 279 家。基層農會分支機構 853 家，農會組織開辦的門市部、超市、調配處理中心及農民購物中心共計 594 家，個人會員 1898885 人，〔註21〕網絡遍佈幾乎所有鄉鎮和偏遠山區，成為臺灣網絡最龐大的農民組織。同時，各基層農會都以行政區劃為原則設立，農會工作人員也都是轄區內的居民和住戶，這樣不但極大方便農民群眾的生產和生活，還可以充分利用員工與會員，會員與會員之間良好的鄰里感情和地緣關係，促進農會各項事業的開展。

2. 共同的任務和目標優勢

農會雖然有多項任務和不同部門，但歸根到底，這些部門的目標和任務是一致的，就是通過宣傳農業政策法規，調解農事糾紛，依法開展推廣、經濟、金融和保險等各項事業，推動農村合作、文化、醫療衛生和福利救濟等社會服務和保障體系建設，從而實現農會保障農民權益，提高農民知識技能，促進農業現代化，增加生產收益，改善農民生活，發展農村經濟的宗旨。因此，共同的目標和任務有利於統一農會和會員的思想和行動，提高效率，加速各項目標和任務的實現。

3. 良好的信任和人脈優勢

臺灣農會組織自日本殖民時期就已經存在，臺灣光復後，政府大力改組農會組織，實施土地改革等政策，造就和培養了臺灣早期大批的自耕農階層，為日後臺灣農業發展和工業化、都市化發展奠定了堅實基礎。現在許多的農會會員的父輩甚至更早也都是農會會員。延續至今的農會通過給本地居民提供周到熱忱的服務，而把農會與會員的緣分延伸傳遞到第二代、第三代甚至更遠，這就讓所有會員對農會產生了強烈的親近感和歸屬感，必將成為推動農會自身建設、服務農業和鄉村建設的重要精神動力。

4. 公益的吸引和政策優勢

臺灣農會自光復後改組以來，就一直作為政府農業政策推動的夥伴通過辦理各項政府委託和代辦業務，承擔著公益性社會團體的職能，依法提取其大部分盈餘用於農業推廣、減災救助和地方公益活動，具有較高的社會認同度，這也有利於農會組織在繼續扮演好其公益性社會團體角色的同時，進一步開展和推動農會自營性經濟事業，從而更好地服務於農會自身發展和基層

〔註21〕臺灣地區各級農會年報，中華民國農會編，2016 年，第 1 頁。

廣大農民會員。

（二）自身劣勢（Weaknesses）

1. 農會機制僵化，團隊缺乏創新動力

創新是企業生存和發展的不竭動力。臺灣農會作為一個百年老店，有其固有的機制和組織架構，雖歷經多次改組，其組織架構和業務分工依然固守近七十年來的傳統，機制僵化，缺乏創新動力。

2. 教育訓練不足，無法凝聚員工向心力

現有農會組織對農會員工工作士氣和學習精神的培養不夠，尤其是缺少以團隊方式進行農會間互相觀摩學習從而提升能力員工教育訓練活動。這就使得員工之間彼此缺乏瞭解和配合，集體觀念淡薄，向心力不強。

3. 人治色彩較濃，缺少衡量量化指標

農會組織的領導力是農會成長的關鍵，尤其取決於總幹事解決問題的決心和能力以及公平公正的量化考核系統。部分農會組織總幹事權力過大，人治色彩較濃，缺乏科學的評價體系，容易造成重大損失。

4. 組織內部溝通欠佳，領導決策不透明

農會組織內部缺乏健全的縱橫溝通的管道，領導階層決策經常忽視農會長期發展的願景與目標，也不能制定科學的短、中、長期管理與運營目標，缺乏社會責任擔當，忽視對農民、農村及農業的承諾，決策缺乏透明度。

（三）發展機遇（Opportunities）

1. 開放選聘新人，提升農會員工素質

近年來隨著臺灣地區整體經濟環境不佳、科技大廠轉產甚至遷出，吸納人員能力減弱，再加上這幾年各級農會組織力爭轉型，營運蒸蒸日上，農會新進人員都具有良好的發展前景，因此，選聘門檻一路看漲，人員素質也大為提升，為農會日後發展奠定了人力基礎，也為推動農會創新提供了人才保障。

2. 積極開拓市場，發展多元產業

農會充分利用自身地域優勢及多元化特色，全面引入企業績效、過程管理、風險意識及成本控制等，積極開拓食品加工、農產品貿易、生物科技、休閒農業、老年贍養照護等新業務。科學、系統開發滿足會員及消費者不同

需求的產品和服務，並依此原則發展金融與經濟事業，拓展金融業務手續費收入，提高農會收益。

3. 推動業務整合和策略聯盟，帶動各項業務發展

農會組織利用自身網絡優勢推動業務整合和策略聯盟形成，共同促銷，並成立聯合採購中心，同時還積極引進其他產業的先進技術和經營方式，透過共同議價方式，降低經營成本。不同類型農會間也形成策略聯盟，都市型農會提供消費市場與營銷通路，鄉村型農會則提供具有地方特色的優質農產品。

4. 發揮市場和 ECFA 優勢，再造強大新農會

發揮市場自由配置資源的作用，緊緊抓住 ECFA 及其早期收穫計劃自 2011 年 1 月 1 日起全面實施的良好機遇，實現臺灣特色水果和農產品大批量進入大陸市場，加快推進兩岸農業領域的交流與合作，推動雙方農產品互通有無，不斷拓展臺灣農產品銷路、改善農業耕作環境和產品質量，從而加快臺灣農會推廣、供運銷、信用和保險等主要業務部門的二次創業，在爲臺灣廣大農民創造更好生產收益的同時，也爲大陸居民提供優質可口的水果及農副產品。同時，還可以通過和大陸農業部門的交流與合作，輸出臺灣特色的農業生產和鄉村建設的理念模式，爲推動兩岸交流融合做出應有的貢獻。

（四）面臨挑戰（Threats）

1. 信用部面臨更加激烈的競爭

近年來隨著經濟求全球化和金融自由化發展，尤其是政府開放商業銀行設立以來，商業銀行不斷推出新的金融產品適應市場需求，而作爲農會組織盈餘主要來源的農會信用部，依然停留在固有的金融服務領域，產品更顯換代嚴重滯後，其農村基層金融市場不斷遭受瓜分和逼退，導致競爭力下降，業務收益大幅減少，嚴重影響自身與其他業務部門的正常運行。

2. 取消農業補貼和保護措施後大量優質農產品傾銷臺灣

加入 WTO 後，隨著農業補貼和政府保護措施的逐步取消，以往政府預算補助和支持的農業輔導和技術改良的經費補貼，必須由農民自行出資，在經營不景氣，收益下降的困境下，更增加了農民的經濟負擔。同時，國外大量優質農產品也隨之大量進入臺灣市場，進一步加劇了農產品的生產和貿易的競爭，導致農產品價格持續走低，嚴重挫傷了農民的生產積極性。

3. 業務經營欠佳、競爭優勢不強，沒有規模效益

農會組織自身的劣勢和外在環境變化，使得它自身業務經營出現嚴重困難、效益不佳，在日益激烈的市場競爭中喪失優勢。同時臺灣屬於典型的小農耕種模式，農地小而分散，土地產出的價值建立在大規模耕種的基礎上，很難產生規模效益從而更好的完成農會自身的市場調節和風險轉移。

4. 複雜的現實環境使農會缺乏危機意識

近年來隨著政治民主化進程加快，政黨輪替和複雜的選舉文化等都導致企業經營環境惡化，效率不高，部門之間權責不清，推諉扯皮，政策執行和監督不力，許多農會被地方派系和利益團體甚至是非法勢力控制，而不能真正履行管理職能、切實控制成本並防範風險，缺乏市場和危機意識，造成農會多項業務運營困難，給農會帶來重大損失甚至是滅頂之災。同時，農會組織也缺乏尋求改進自身業務和客源流失，尤其是青少年客源流失的危機意識。

第二章　教育、組織和引導農民

　　臺灣農會伴隨著廣大農民走過了臺灣農業和農村發展的各個歷史階段，協助政府推動和實施了不同歷史時期的農業政策。在這個過程中，農會發揮了解放、教育、組織、培養和引導農民接近並適應市場能力的重要作用。

第一節　土地改革中的臺灣農會組織

　　臺灣土地改革歷時半個多世紀，先後歷經三次重大改革。土地改革也是臺灣農會參與範圍最廣、程度最深、時間最久、投入最大的農村改革事業。

一、第一次土地改革與農會改組

（一）第一次土地改革的背景和主要內容

　　租佃制度在臺灣已有三百多年歷史。據統計，光復初期，臺灣的佃農、雇農及半自耕農約占總農戶數的 65%，絕大部分土地都集中在地主和富農手裏，土地所有權及分配問題異常突出。而且存在著租期不定，地租極高，租佃內容五花八門，租佃關繫緊張等嚴重問題。在如此畸形的租佃制度下，佃農終日辛勤勞作，所得大部分都需要交給地主，自己生活依然困難，久而久之，導致廣大農民生產熱情降低，對農業生產失去興趣，致使本不富饒的土地利用率日漸降低等問題。這些問題和矛盾的存在極大阻礙了農民自身的發展和進步，也嚴重影響了整個臺灣農業的進步和農村的繁榮。

　　1949 年國共內戰結束後，國民黨率其餘部及眷屬退守臺灣，當時約有 600 萬民眾的海島上瞬間增加了 200 萬國民黨軍、公、教人員及家屬，生活壓力

和成本驟然增加，頓時物價飛漲、物資匱乏、糧食短缺、官民關係緊張、社會處於極度動盪和不安之中，國民黨面臨前所未有的生存壓力和困境。為了確保在臺灣政權的穩定性，國民黨決定推行土地改革來爭取臺灣農民的支持。國民政府因局勢等因素而下決心實行土地改革的思路也與美國不謀而合，二次大戰後美國基於自身利益的考慮，認為在臺灣實施土地改革政策能有效遏制發跡於農村的共產黨勢力的日益強大和其穩固的農村基礎，同時有助於當地政治穩定。

臺灣的第一次土地改革，從 1949 年開始到 1953 年基本結束，前後歷時四年，分為三階段進行，即三七五減租、公地放領和耕者有其田。第一階段的「三七五減租政策」，於 1949 年 3 月農復會主任委員蔣夢麟在臺灣與陳誠達成具體決定後，即在農復會的協助下積極展開的，其目的是減弱地主對土地的興趣，降低農地價格，從而創造有利於實施「耕者有其田」的經濟環境。第二階段的公地放領政策，是依據 1951 年 6 月公佈的「臺灣省放領公有耕地扶植自耕農實施辦法」，將自日本殖民時期接收的各級政府公有及日本人的私有耕地，除需保留部分外，其餘一律放領，目的在於表明政府以身作則，實施土地改革的決心。第三階段的耕者有其田政策，則是依據 1953 年 1 月 26 日公佈的「實施耕者有其田條例」、「臺灣省實物土地債券條例」及「公營事業移轉民營條例」，將耕地重新進行分配，進而建立家庭農場制度。〔註1〕以上三個不同階段的土地改革政策在臺灣的順利實施，奠定了退守到臺灣的國民黨政權在臺灣的統治基礎。

1. 三七五減租

陳誠在出任臺灣省主席後，基於政治及經濟上的兩大理由而展開土地改革計劃。陳誠認為：在政治方面，當時大陸局勢日益惡化，必須確保臺灣用以作為日後反攻大陸的基地，這就必須首先尋求臺灣的安定，然而當時以農業為中心的臺灣，農民人口占 60%以上，而佃農約占 69%。所以，要解決民生問題，安定農村社會，就必須實施土地改革；在經濟方面，對於以農業經濟為中心的臺灣來說，土地問題是阻礙工商業發展的最大障礙，因此，為了促進工商經濟發展，也必須通過土地改革來解除資本與勞力的桎梏。〔註2〕但

〔註1〕中國農村復興聯合委員會編：《中國農村復興聯合委員會工作報告》（第三期），1952 年，第 90 頁。
〔註2〕陳誠：《臺灣土地改革紀要》，臺北：中華書局，1961 年，第 1～2 頁。

是由於缺乏減租計劃所能依據的法令，再加上局勢緊張，時間所迫，於是在 1949 年 4 月 14 日公佈「臺灣省私有土地租用辦法」，要求全省各縣市自當年第一期農作物收割時起依照實施。到了 1950 年冬天，爲了確保減租政策的推行成果，感覺有必要制定特別法令的必要，才展開立法的工作，於 1951 年 6 月 7 日公佈「耕地三七五減租條例」。〔註 3〕

　　土地改革的第一階段，即實施耕地三七五減租政策。自 1949 年 1 月開始準備，4 月全面推行，9 月基本完成，前後歷時不到一年。〔註 4〕臺灣的三七五減租政策是在學習借鑒大陸有關省份經驗基礎之上形成的。早在 1917 年廣東省就已經頒佈實施「二五減租實施辦法」，〔註 5〕隨後，浙江省於 1918 年也制定了「佃農繳租章程」；再後來，湖北、四川兩省分別在 1940 年和 1949 年推行了減租政策；西南長官公署也於 1948 年頒佈「西南各省實施農地減租綱領」，由四川、貴州和廣西三省率先推行。〔註 6〕所有這些都爲臺灣實施三七五減租政策提供了借鑒和支持。

　　由於臺灣原有耕地地租率高達年收穫量的 50%至 70%，並且還會伴隨有押租、預租等額外負擔，同時，土地租期不顧定，租約多爲口頭約定，地主可隨時撤換佃戶，任意加租，這種租佃制度不但使佃農生活困苦，而且嚴重阻礙農業發展。因此，三七五減租的實施辦法限定耕地租額最高不能超過該土地上正產物全年收穫總量 375‰。原土地租率高於該標準者，一律降至 375‰。而原土地租率低於這一標準者不得增加。耕地租用一律訂立書面租約，租期不得少於 6 年。期滿原則上應再續訂租約，以確保佃農穩定，提高農民改良土地與增加生產的積極性。三七五減租計劃覆蓋範圍較廣，所影響農地面積約占全省耕地總面積 29%以上，受益佃農約占全省農戶 43%。〔註 7〕經過三七五減租後，增加的農作物產量全部歸佃農所有，進一步激發了佃農投入農業生產的信心和熱情。同時，減租後出租地價格下降，爲政府實施土地改革的第三步驟——耕者有其田奠定了良好基礎。

〔註 3〕　陳誠：《如何實現耕者有其田》，臺北：正中書局，1951 年，第 22 頁。
〔註 4〕　國家建設研究會編印：《我國農業發展之檢討》，1978 年 6 月，第 12～15 頁。
〔註 5〕　張研田：《農企業的發展》，臺北：聯經出版事業公司，1982 年，第 41 頁。
〔註 6〕　張研田：《農業政策與農業發展：農業政策論文選集》，臺北：商務印書館，1982 年，第 1～5 頁。
〔註 7〕　高希均、李誠主編：《臺灣經驗四十年（1949～1989）》，臺北：天下文化出版股份公司，1991 年，第 140 頁。

2. 公地放領

為全面實現第一次土地改革的最終目標——耕者有其田，在完成三七五減租目標的基礎上，政府迅速推動土地改革的第二步，即公地放領。所謂公地放領，就是指政府將國有及省有土地所有權陸續轉移給具有規定資格的廣大農民所有，以創造大量自耕農，為耕者有其田做準備。

光復後政府自日本接收了大約 18 萬公頃土地，包括軍事用地、會社自營用地等，約占當時臺灣耕地總面積的 21%。〔註8〕其中屬國有者約占 50%，省有者約占 45.5%，縣市及鄉鎮所有者則不到 5%。〔註9〕政府為掌握全省所有共有地的面積和租金情況等，早在 1946 年 10 月就成立了「公有土地清查團」，負責承辦公地農戶的登記等工作。在三七五減租政策實施前的1948 年，政府也已經開始進行小規模公地放領的嘗試，主要以開墾荒地、扶植自耕農及救濟農民為主要目的，1949 年後因實施三七五減租政策而暫時停辦。為了貫徹扶持自耕農，最終實現耕者有其田的既定方針，政府於 1953 年 6 月頒佈「臺灣省放領共有耕地扶植自耕農實施辦法」，開始全面辦理公地放領，至1952 年全面完成公地放領政策的各項任務。

「臺灣省放領共有耕地扶植自耕農實施辦法」中對實施公地放領的原則、範圍、對象、面積、租率、租期及合作農場設置等都做出了詳細規定。①放領原則：公有耕地一律放租與合作農場經營，部分不適合合作農場經營的零星土地，則放租給個體農民耕種。②放領範圍：所有公有地、旱地及日本人在臺灣省的私有耕地，包括水田、旱田、魚塘、牧地以及水池、農舍基地等使用功能不可分割者均列為可放領範圍。③放領對象：一類為合作農場，以團體為承租人；另一類為個體農民，按照承租公租地的現耕農、雇農、承租耕地不足的佃農和半自耕農等順序承租。④放領面積：每戶可承領公地面積標準根據耕地種類、公地好壞、農戶耕作能力以及維持農家最低生活條件等的不同，每戶承租面積，水田從 15 畝至 45 畝不等；旱田從 30 畝至 75 畝為限。合作農場則以各個現耕農戶可租耕地面積總和為原則。⑤放領地價：按所租土地全年正產物收穫量兩倍半折算成實物計算，分 10 年償付，普通佃農每年的償付額度，包括田賦負擔，不能超過三七五地租的負擔。⑥放領租

〔註8〕陳誠：《臺灣土地改革紀要》，臺北：中華書局，1961 年，第 43 頁。
〔註9〕李國鼎、陳木在：《我國經濟發展策略總論（上）》，臺北：聯經出版事業公司，1987 年，第 216 頁。

期：合作農場租期爲九年，一般農戶爲五年。⑦合作農場的設置：凡是公有耕地面積在 300 畝以上，而且集中農戶數超過 10 戶的，應該優先設置合作農場進行放租使用。〔註 10〕〔註 11〕〔註 12〕

3. 耕者有其田

由於三七五減租和公地放領的成功經驗，使政府對於完成耕者有其田的政策深具信心，因此，隨著 1952 年和 1953 年先後頒佈多項法令規章，〔註 13〕再經過一系列宣傳和督導等工作後，臺灣省政府於 1953 年 5 月正式公告徵收地主出租的耕地，轉放給正在耕種的農民進行承購，標誌著臺灣土地改革第三階段——實施耕者有其田序幕的拉開，這也是臺灣第一次土地改革的最終目標所在。

日本殖民時期，臺灣地區佃農頗多，田租居高不下，致使農民生產積極性受到嚴重傷害，嚴重阻礙了臺灣農業發展和農村經濟繁榮。隨著三七五減租與公地放領政策的實施，地主的地租收入大幅度降抵，耕地價格也大幅回落。相反地，同期主要農作物稻米的年產量卻由 1949 的 121.5 萬噸大幅增加至 1952 年的 157 萬噸。〔註 14〕由此可見，隨著土地改革政策的深入人心，地主對擁有土地興趣降低，廣大農民和自耕農對土地和農業生產投入了極大熱情，使農業生產穩定好轉，作物產量持續增加，這就爲實施耕者有其田的政策創造了有利環境。

爲此，臺灣省政府透過臺灣省各級農會，並在農復會技術及經費協助下，於 1952 年 1 月至 1953 年 4 月，在全省各地先期辦理完成全省地籍總歸戶，將同一所有權人的土地，歸入一戶名下，爲全面實施耕者有其田創造必要條

〔註 10〕邱家文：《臺灣農業的過去與現在》，臺北：渤海堂文化公司，1988 年，第 174～177 頁。

〔註 11〕陳誠：《臺灣土地改革紀要》，臺北：中華書局，1961 年，第 43～47 頁。

〔註 12〕李國鼎、陳木在：《我國經濟發展策略總論（上）》，臺北：聯經出版事業公司，1987 年，第 216～217 頁。

〔註 13〕主要指「實施耕者有其田條例」及其前後的「實施耕者有其田條例臺灣省實施細則」、「臺灣省實施耕者有其田承領耕地農戶繳納地價辦法」、「臺灣省實施耕者有其田徵收耕地地價補償要點」、「臺灣省作物土地債券條例」、「實施耕者有其田案公營事業轉移民營辦法」、「公營事業轉移民營辦法」、「臺灣省實施耕者有其保護自耕農辦法」及「臺灣省老弱孤獨殘廢共有地主被徵收後補救辦法」等八種重要輔助法令。

〔註 14〕李國鼎、陳木在：《我國經濟發展策略總論（上）》，臺北：聯經出版事業公司，1987 年，第 217 頁。

件。全省地籍歸戶完成後，政府即著手起草了「耕者有其田條例」草案，該草案於 1953 年 1 月在立法院修正通過後成為法律，並由總統明令公佈實施。〔註 15〕為了確保耕者有其田這一土地改革目標的最終實現，政府還先後頒佈了多種相關法令，〔註 16〕使得「耕者有其田」政策的實施，具有完備的法律依據和執行準則。

「耕者有其田」主要內容包括：私有出租耕地，地主可以保留相當於中等水田三公頃或旱田六公頃，超過部分由政府徵收後轉給農民承領。共有出租地、政府代管耕地、祭祀公業、宗教團體等其他法人團體的出租耕地，除條例有特殊規定外，均由政府全部徵收後再放領給現有耕農、佃農或雇農。放領價格與徵收地價相同，但須加算 4% 年息，由承領農民 10 年內分 20 期均等繳清。現有自耕農可以優先購買所承購地主的保留耕地，並可以向政府申請低息貸款。「耕者有其田」主要從土地徵收、土地補償和土地放領三個方面進行：①土地徵收：既然政府的基本政策是「耕者有其田」，那就必須向地主徵收全部的出租耕地，使其不再坐食地租，成為土地的寄生蟲；與此同時，在徵收地主土地的同時，還要綜合考慮徵收面積、地主保留面積與土地優劣等因素，因為，土地徵收不僅直接影響耕作者與地主的利益，而且更直接關係這一政策措施的成敗。②土地補償：由於當時臺灣工業並不發達，缺乏必要的社會保障和撫恤機構，因此，政府在輔助被徵收土地的地主轉向工商業發展過程中，也會遇到很大困難，不能完全按照預想進行。這就導致地主轉業要有一個循序漸進的過程，加上一部分地主老弱及缺乏生產能力，上述因素是政府在進行地主保留地等決策時必須考慮的。為此，政府在 1953 年另行制訂了「臺灣省老弱孤獨殘廢共有地主土地被徵收後補救辦法」，以實現對這些人進行幫扶救濟的目標。③土地放領：為了確保公平和效率，縣市政府必須同時公佈相關耕地的徵收、放領與承領等的相關信息。承領人必須為符合條件的現耕佃農或雇農，他們在確定其承領資格和承領耕地標示後，須向所在鄉鎮公所呈交原來訂立的三七五租約，經核對無誤後方可辦理承領申請手續。

「耕者有其田」政策自 1953 年開始實施後，累計放領耕地 139260 公頃，

〔註 15〕邱家文：《臺灣農業的過去與現在》，臺北：渤海堂文化公司，1988 年，第 183～184 頁。

〔註 16〕高希均、李誠主編：《臺灣經驗四十年（1949～1989）》，臺北：天下文化出版股份公司，1991 年，第 142 頁。

占全省私有出租耕地的 54%，占全省耕地總面積的 16%。承領農戶共 106049
戶，占同期農戶總數的 28%。〔註 17〕〔註 18〕政府以 70%的土地債券和 30%的
公司股券償還地主地價，而農民則以主要作物正產物年產量的二倍半當爲地
價，分 10 年 20 期償還政府，這樣大大減輕了農民的負擔，提高了他們投資
土地的積極性。至 1959 年耕者有其田基本完成後農民自耕地占全省總耕地的
85.57%。〔註 19〕

（二）農會改組

爲了充分利用各級農會組織更好推行土地改革，國民黨支持的農會改組
工作也在 1949 年初全面展開。

1949 年 7 月 19 日臺灣省政府公佈了「臺灣省農會與合作社合併辦法」及
「臺灣省農會與合作社合併辦法實施大綱」作爲臺灣農會改革的指導性文
件。農會與合作社合併及改組工作始於 1949 年的 9 月中旬，至 1950 年 1 月 6
日完成。在新農會中會員總數爲 722218 戶，其中自耕農占 30.67%，佃農占
36.62%，雇農占 3.51%，農學院校畢業生占 0.22%，農場員工占 0.09%，其他
占 28.8%。經過改組後，佃農在農會中的領導權及管理權比過去大大提升，而
地主在農會中的地位則相對地削弱了。

1951 年 1 月 12 日，根據農復會顧問安德森的建議，由省政府農林廳、省
農會及農復會各派三名代表組成「農會改進委員會」負責擬定農會改組的具
體計劃，並於 1953 年 7 月正式公佈「改進臺灣省各級農會暫行辦法」，同年
10 月 1 日至次年 2 月正式實施農會改組工作。「改進臺灣省各級農會暫行辦
法」規定，①農會會員分爲會員與讚助會員二種，但事關會員資格認定的農
事從業所得收益占個人總收益的比例則由 70%以上降爲 50%以上，且讚助會
員當選爲監事的比例不得超過農會監事的三分之一；②建立所謂的權能區分
制，即設總幹事一人；③宣示政治須與農會劃清界限，即其選任及聘任職
員不得以其農會職稱或農會名義對任何政治候選人作擁護或反對表示與公開
活動。

〔註 17〕蔡宏進，《臺灣農業與農村生活的變遷》，「中華民國」農民團體幹部聯合訓練
　　　　協會編印，1997 年，第 25 頁。
〔註 18〕高希均、李誠主編：《臺灣經驗四十年（1949～1989）》，臺北：天下文化出版
　　　　股份公司，1991 年，第 142 頁。
〔註 19〕陳誠：《臺灣土地改革紀要》，臺北：中華書局，1961 年，第 79～80 頁。

（三）第一次土地改革和農會改組的貢獻與影響

1.第一次土地改革的貢獻與影響

首先，對臺灣農業發展來說，土地改革對臺灣農業發展及早期臺灣農業政策的制定起到了重要的借鑒和指引作用。土地改革政策的實施，不但使臺灣農業生產由佃農爲主轉變成以自耕農爲主的新體制，而且加快了農業結構向家庭農場制度前進的步伐。土地改革後，農業生產增加了約 21%，其中以畜產及其他作物增加幅度最大，稻米增加了大約 13%，而甘蔗僅增加了約 4% 左右。〔註 20〕同時，土地改革使得農業成長力大幅度提升，統計資料顯示：1946 年至 1951 年，臺灣農業成長率高達 10.3%，遠高於戰爭末期（1937～1946）負 4%的成長率。〔註 21〕農地改革後的短期內政府以農業建設爲重心，具有配合與加強農地改革成效的用意，主要包括配合農業改進增加農業基礎設施建設與改進農業生產技術等方面。重要的農業基礎設施包括興建水利及發展肥料及農械工廠等，而重要的農業生產技術改進主要由各農業改良場及種苗中心研究各種作物的新品種等。此外政府也在此期間提供巨額的農業生產貸款來支持農業基礎設施建設及農業生產技術的改進等，一般農業貸款的利息都較低，有助於農民增強投資能力。由此可見，土地改革對農業發展的貢獻與影響主要表現在三個方面，即①促使農業結構的調整和改變；②促使農民經營農業方法的改進和改良；③使農業生產力增強、發展後勁增大。

其次，土地改革對臺灣農村經濟發展和繁榮做出了重要貢獻。土地改革政策的實施從根本上改變了臺灣農村土地的所有權結構，使自耕地面積占全省耕地總面積的百分比由 1948 年的 55.8%，增加到 1953 年的 82.87%，到 1956 年更增加爲 84.90%。〔註 22〕耕者有其田政策基本完成後，隨著農村自耕農階層興起，大量人力、物力和財力被用於農業生產和農村基礎設施建設，農民產生真切的「擁抱泥土」心態，這種心態創造了一種獻身土地的情懷，廣大農民大都將務農視爲一種新的充滿希望的生活方式。

省政府農林廳於 1949 年進行的一次全省農會調查中，全省各鄉鎮農會理

〔註 20〕 高希均、李誠：《臺灣經驗四十年（1949～1989）》，臺北：天下文化出版股份公司，1991 年，第 144～145 頁。

〔註 21〕 Lee Teng-hui, and Chen Yueh-eh: 1975 Gross Rate of Taiwan Agriculture, 1911~1972 (Taipei JCCR).

〔註 22〕 黃俊傑：《戰後臺灣的轉型及其展望》，臺北：中正書局，2006 年，第 69 頁。

事所佔比例分別為：地主占 39.7%；自耕農占 34.9%；半自耕農占 0.9%；佃農占 13.9%；其他職業占 10.6%。農會監事結構也比較接近，地主及自耕農分別占 36.7%及 37.3%。〔註23〕然而，隨著土地改革的逐步完成，自耕農階層逐漸壯大，對社會事務的參與程度和話語權也越來越強，致使廣大基層農民更加積極熱情地投入到農業生產和農村事務中，為促進農村經濟發展和繁榮貢獻力量。1959 年，臺灣農村中自耕農占農戶總數比例已達到 58.53%，而佃農所佔比率則降至 14.51%。1953 年全省農會中自耕農的會員、理事和監事所佔比例分別為 72.52%、81.3%和 60.5%，這一數據在 1963 年則分別上升到 78.29%、86.0%和 72.2%。〔註24〕這充分表明，自耕農已經成為臺灣農村社會的主體力量。隨著土地改革的深入和社會急速變遷，土地改革前遍佈臺灣農村的地主與佃農的緊張租佃關係和矛盾，也隨著自耕農的崛起和佃農實力的削弱而逐漸消失，取而代之的是廣大自耕農之間平等、互助的新型的生產和社會關係。總而言之，土地改革對臺灣鄉村社會的領導權結構產生了巨大衝擊，創造了有力的自耕農階層，這個新階層獲取土地改革的利益，逐步成為臺灣農村新的領導階層的主體。它是上個世紀 50 及 60 年代安定臺灣鄉村社會政治秩序的中堅力量，也是當時臺灣農業發展的尖兵，在臺灣後來的社會、經濟及政治活動中扮演了重要角色。

　　再次，上個世紀 50 年代的土地改革不僅改變了臺灣土地的所有權結構，創造了強有力的自耕農階層，改變了臺灣農村的社會階級結構，而且也提升了農業生產力，重組了農村的政治權力關係，使成長中的自耕農逐漸取得農村政治的主導權；隨著土地改革的完成所帶動的農業生產力的提升，激發了農民從事農業生產的興趣並具有強烈的改善農業經營的動機與自由行動的意願，他們不必再參考或聽從地主的意見，可以自主從事農業計劃與生產，這種改變不但可以促使農地與勞力的精密利用，而且能夠較好配合政府進行農業設施與技術的改進，促進了農業產銷的實質成長。

　　與此同時，土地改革政策的實施也提高了農民生活水平，使廣大農民子弟可以逐步接受較好的教育以及全方位的醫療衛生服務等。廣大自耕農階層也紛紛投入可觀的財力購置農具、耕牛和其他生產設備，從而使農業產量快

〔註23〕　臺灣省政府農林廳編：《臺灣省農會組織調查報告書》，1950 年 1 月，油印本。

〔註24〕　黃俊傑：《戰後臺灣的轉型及其展望》，臺北：中正書局，2006 年，第 70 頁。

速增加，農民收益大幅度提高，農村購買力增強，導致自耕農階層投資趨向多元化，改變了長期單一的農業生產結構，必將提高農業生產率，使農民收入和儲蓄增加，提高農家消費水平，極大改善改善了農民的物質文化生活環境和狀況，有力提高了農民群眾的社會地位。尤其是隨著農民自身的不斷解放、覺醒、和進步，社會地位也逐步得到提升，這一切必將有力推動和促進臺灣隨後的地方自治、農村發展與繁榮，同時也必將有助於整個工業和國民經濟的發展繁榮乃至社會的安定。

2. 農會改組的貢獻與影響

在改組後的農會中，雖然佃農比過去享有了更多的領導權與管理權，但是在新農會會員中非農從業者依然佔有約 28.8% 的比例。與此同時，改組後的農會為了增加自身收入，也會放任更多非農從業者加入農會中來，導致更多非農從業者處於農會決策層中，嚴重影響了農會業務運營的方向。隨著上述趨勢的加重和時間的流逝，改組後的農會就會逐步陷入 1949 年前並未發生過的虧損狀態，導致在 1949 年改組後的許多農會營運狀況不佳。

由此看來，經過 1949 年的農會改組，地主在農會中的殘餘勢力依然存在。雖然有許多農會運營狀況不佳，但是也未能改變農會協助政府汲取農村資源的功能。農會推廣功能的不健全也必然會導致農會業務範圍和資源日趨降低。同時，國民黨為了鞏固在臺灣的統治基礎，也需要從農村汲取大量資源來解決大批從大陸過來的軍、公、教人員及其家屬們的糧食問題以及出口換取外匯等問題。因此，耕者有其田實施後臺灣產生的大量自耕農階層，不但有利於將農會改組為國民黨可以控制的以小農為主的農會，而且還有利於政府取代地主以控制農村，這就要求農會需要再次進行改組以適應政府和現實環境的要求。

改組以後，由於制度和政策的改變，使農民對農會的向心力增強。隨著農會自營業務數量的逐年增加，委託業務的比例相對減少，使農會逐漸形成為農民自有，並真正服務農民的合作組織。最主要的成就是建立了由信用、供給、推廣、運銷及服務等組成的多目標綜合業務體系。在「改進臺灣省各級農會暫行辦法」中，也規定農會所有選任人員均應由會員直接或間接選舉產生，增強了農民對農會的向心力和歸屬感，使農會成為上世紀 40 及 50 年代臺灣農村繁榮的組織基礎。

二、參與第二階段農地改革

（一）「農業發展條例」的制定與修訂

為了解決農業發展中的困難與問題，加速農業發展，促進農業產銷，提高農民生活水平和農業生產率，促進農業現代化，省政府於 1973 年 9 月 3 日公佈「農業發展條例」，這是臺灣第一部有關農業政策的基本法律。〔註25〕條例規定臺灣農業主管機關為經濟部以及各省、縣（市）政府。主要內容包括：①獎勵農業投資，繼續開發耕地；②減半徵收契稅和地價貸款，鼓勵擴大農場經營規模；③鼓勵設立農業服務業，為農民提供機械服務，並免徵所得稅；④免徵第一次批發交易的營業稅與印花稅，鼓勵農民辦理共同運銷；⑤確立共同經營及委託經營的法律地位。

「農業發展條例」的「施行細則」於 1975 年 10 月 1 日正式發佈，部分條文也於 1980 年 1 月 30 日進行了修正。為了進一步支持「第二階段農地改革方案」的實施，推動共同經營、委託經營和合作經營，擴大農場規模，政府於 1983 年 8 月 1 日再次修正「農業發展條例」，修正後的條例涵蓋了農地利用、農業生產、農產運銷與價格、農業金融與保險、農村福利與環境保護、農業研究推廣等主要內容。修正要點包括：①「委託經營」不受「耕地三七五減租」的約束，可自行制定土地租率，以鼓勵勞力不足或面積零星的小農，以委託經營方式出租土地，既可以擴大耕地面積，還可以讓已廢耕的零星耕地再投入生產。②為擴大經營規模或便利農業經營，家庭農場在同一地段或毗鄰地段購置或交換耕地後，如總耕地面積在 5 公頃以下，則其新增部分，免徵田賦 5 年，所需購地資金或必須用現金補償的資金，由農業主管機關協助辦理 15 年期的貸款。③家庭農場的農業用地，如果由能自耕的繼承人「一人」繼承而繼續經營農業生產的，免徵遺產稅或贈與稅，同時自繼承當年起，免徵田賦 10 年。④農業用地在依法作農業使用期間，如果轉移給自行耕作的農民繼續進行耕作的，免徵土地增值稅。⑤政府應制定農業機械化發展計劃，輔導及協助農民購買及使用農業機械；並規定農業動力用電、用油及用水不採用累進計算，停用期間免徵基本費。⑥為穩定農產品產銷，應對島內外農產品價格波動而設立平準基金。加強農情信息設施，實施計劃產銷，促進供求雙方契約，以穩定農產品價格。⑦為了保障農民收入，穩定農村社會，促進農業資

〔註25〕李國鼎、陳木在：《我國經濟發展策略總論（上）》，臺北：聯經出版事業公司，1987 年，第 252 頁。

源的充分利用，政府應舉辦農業保險。⑧為使農業資金得以合理有效運用，政府應設立農業金融策劃委員會；同時，為協助農民取得資金，政府應建立農業信用保證制度。⑨政府應籌撥經費加強農村基層建設，推動福利措施、充實醫療設備，並採取必要措施，防止農村水源及空氣污染的危害。〔註26〕

　　政府通過不斷修正「農業發展條例」來大力支持和配圍第二階段農地改革，大膽突破農地法令對擴大農場經營規模的限制，通過實施「耕者有其田政策」，進一步實施平均地權，逐步實現地盡其利、地利共享並擴大經營規模的既定方針。接著又通過加強計劃產銷，穩定農產品價格，加速農業機械化，改善農業生產條件，提高經營效率，設置農業發展基金，加強資金觸通，以適應農業發展需要等手段和措施，最終達到改進農村生活環境，提高農民生活水平的既定目標。

（二）第二階段農地改革

　　第一次土地改革使臺灣鄉村社會逐漸現代化，這種現代化是廣大農民性格改變的結果，其本質是文化導向的轉變，也是一種「生活方式」的轉變，代表了某種行為系統的出現。隨著工商業快速發展，工業化與都市化的逐步推進，農業發展呈現出愈加低迷的趨勢，農業生產部門也表現出更加落後的態勢。儘管政府於 1954 年和 1977 年分別公佈實施了「都市平均地權條例」及「平均地權條例」，完成了平均地權的任務，但是，隨著農業生產結構的變遷，現階段農場面積過小而且分散，不適合市場導向的農業企業化經營，依然未能徹底解決「地利共享」的根本性問題。

　　上個世紀 50 年代因土地改革而創造的「農本主義」，也因為 60 年代中期臺灣工商業的發展而逐漸衰退。臺灣農業占國內生產淨值的比例也日益下降，從 1951 年的 35.9%降至 1964 年的 28.22%，1972 年降至 14.12%，到 1982 年則降至 8.7%。〔註27〕農業生產和經營利潤減少，農民從農意願也大大降低，專業農從 1961 年的 47.61%降到 1970 年的 30.24%。〔註28〕從 1970 年到 1980 年，臺灣專業農戶數占總農戶數的比例則由 30.24%降至 8.95%，而兼業

〔註26〕李國鼎、陳木在：《我國經濟發展策略總論（上）》，臺北：聯經出版事業公司，1987 年，第 253～254 頁。

〔註27〕廖正宏、黃俊傑、蕭新煌：《光復後臺灣農業政策的演變——歷史與社會的分析》，臺北：中央研究院民族學研究所，1986 年 8 月，第 3 頁。

〔註28〕Wu, T. S. *Rural Migration and Changes in Agricultural Population*, Dept. of Agriculture Extension, National Taiwan University. 1972.

農戶數則由 69.76% 增至 91.05%。〔註 29〕農業與非農業所得差距加大，農民不安情緒增加，紛紛離農轉向工商業發展，導致大量農業勞動力外移，兼業農民迅速增加以及農業人口高齡化現象加劇。

因此，為了擴大農場經營規模，提高農業勞動生產率，促進農業現代化和農地有效利用，輔導小農轉業，增加農民所得，改善農民生活，提高農民耕作意願，形成離農化的鄉村經濟等目標，達到地盡其利、資本集約經營、引進高科技及促進農業部門與整體經濟的持續發展，必須進行「第二次土地改革」。

中國國民黨主席蔣經國於 1979 年 12 月 10 日 11 屆 4 中全會開幕典禮中率先宣佈了「推動第二階段土地改革」的計劃。行政院長孫運璿也在 1980 年 2 月 4 日向農民宣佈即將推行「第二階段農地改革」。1981 年國民黨 12 屆全會通過了「貫徹復興基地民生主義社會經濟建設案」，並確定了「積極推動第二階段農地改革，在自耕農基礎上，擴大農場面積，以促進農業現代化」的基本方針，以求最終實現「地盡其利，地利共享」的目的。〔註 30〕這一改革以達到「地盡其利」為最長遠目標，以擴大農場經營規模為重要策略，並在這一策略下推行了共同經營、委託經營、委託代耕、輔導農民轉業、鼓勵農民合併或交換以及買賣農地等措施。

「第二階段農地改革方案」是以扶植培育核心專業農家，並幫助其擴大農場經營規模為主要發展路線的綜合性社會經濟改革方案，涉及整個農業制度的重新調整與建立，主要內容包括以下幾個方面：

1. 擴大農場經營規模

（1）輔導農民購買農地：對於有意購買農地擴大農場面積的農民，提供長期低息貸款，協助他們擴大農場面積。購地對象以小農優先，以減少小農的戶數。（2）推行共同、委託及合作經營制度：主要目的是在不影響土地所有權的情況下，通過組織農民，將小農戶組成共同經營班，聯合小農場成為大農場，達成經營規模的擴大。同時，在推行期間，將參照農業區域發展，調整作物制度，以促進農地的有效利用。（3）加速辦理農地重劃：經過交換分合，改善農場結構，使耕地集中靠路，有利於實現直接灌溉排水及農業機

〔註 29〕廖正宏：《臺灣農業人力資源之變遷》，臺北：中央研究院民族學研究所論文，1984 年 8 月。

〔註 30〕李國鼎、陳木在：《我國經濟發展策略總論（上）》，臺北：聯經出版事業公司，1987 年，第 254 頁。

械化。

2. 提高農民所得，加強農村建設及提高農民從農意願

（1）繼續提高農民所得，加強農村福利設施，減少農民收入差距，縮小城鄉差別。（2）繼續維持農業生產持續穩定增長，確保重要糧食自給自足。（3）辦理農民專業技術訓練，有計劃輔導農民外遷，減少從農人口，協助售地轉業農民運用售地資金從事創業投資。（4）繼續推行農業機械化，提高農業生產力；增加農業公共投資，建立良好的農業生產環境；建立合理產銷制度，並制定農產品價格安定辦法；加強農業科技發展，引進新的農業生產技術，研究地利共享辦法等。

3. 重新修正或研擬農地法令

（1）應該加速實施 1974 年公佈的「區域計劃法」。（2）修訂「土地法」、「農業發展條例」及「農業發展條例實行細則」，制定「邊際土地投資開發辦法」、「農業區域發展條例」、「農地重劃條例」及「地產農地轉作魚塘辦法」等有關法令。

總之，要切實保證現有改革的基本精神符合提高農業經營的利益，增加農民的生產意願，並使其實施細則及相關法令也不能損害這種利益和意願。

三、「小地主」〔註31〕「大佃農」制度與農會

（一）「小地主大佃農」的政策背景與主要內容

1. 政策背景與改革動力

隨著臺灣加入世界貿易組織（World Trade Organization，簡稱 WTO），國外大規模農業企業的衝擊和大批農產品的開放進口，導致島內農產品價格下

〔註31〕 此處所稱的「地主」一詞是否恰當，有待商榷。主要因為傳統「地主」說的是國民黨遷臺前在中國大陸的現象，是指擁有大面積耕地，不親自耕作，大多居住於城市，純粹靠收取大筆租金為生的土地所有權人。1928 年武漢中央土地委員會所發表的，關於中國土地調查統計資料對於農戶定義分為：貧農、中農、富農、小中地主、及大地主。以其中小地主為例，其擁有的土地面積至少必須達 50 畝。一九五二年地籍總歸戶的調查顯示，臺灣私有耕地所有人以小戶居多，全省 611193 戶中，所有面積在 15 畝以下的，占 70.62%，45 畝以下的占 93.23%。由此看出，當時臺灣絕大多數的所有權人戶數，擁有土地的面積都低於中國大陸當時小地主所擁有的耕地規模，若以大陸時代的標準來衡量，臺灣當時大多數的業主皆是不夠資格被稱為地主的，但考慮地主一詞較為大眾所接受，且小地主大佃農政策已成為政府具體施政目標，故仍予以沿用。

跌、大量農地休耕等問題，使得相關土地管理和農業發展政策更顯重要。因此，在面對經濟結構的轉變和國際經濟自由化的衝擊時，臺灣農業面臨著如下嚴重的困難和挑戰：（1）農地分散而細小，絕大多數屬於小農類家庭農場經濟形式。這種經濟形態由於經營面積狹小，影響農業機械化及機械作業效率，需要投入大量人力來進行耕作，再加上農作物種類混雜，會大大增加生產成本，導致農民的利潤降低。同時，由於租借及委託等經營模式逐年萎縮，農戶經營自有的小面積農地仍是相當長時間內的主要生產形態，使廣大農民擴大經營規模的願望成為泡影。（2）從業者平均年齡偏高，造成耕作者年齡老化問題。根據農委會相關數據，臺灣農業經營者平均年齡從 2000 年的 58 歲，增加至 2005 年的 61 歲，有 80% 以上屬於中高齡人口，年輕勞動力流失嚴重，農民高齡化的問題非常嚴重，農業人力發展出現斷層，對臺灣農業發展相當不利。（3）後繼者從農意願降低，導致從事農業耕作者數量大幅減少。由於在臺灣自由市場的制度中農業所得遠低於第二、三產業，不僅造成農業發展上的困境，也導致農民從農意願降低，削弱農業勞動力的加入。（4）農地的變更使用情形嚴重，這就說明 1990 年以來實施的農地釋出方案所希望的，保護重要農業生產區域的農地分區調整等方式並未得到有效執行。（5）耕作集約度降低及土地閒置面積的增加，也讓農地的使用度大幅降低。截至 2007 年底為止，臺灣農家每戶平均只有 1 公頃耕地，而全臺灣卻有 22 萬公頃稻田處於休耕狀態。〔註 32〕近年來，工商業高度發達，國內經濟發展大多偏向二、三產業，而使第一產業參與人口日漸減少，農村勞力外流。

　　為了切實解決上述農業問題，擴大農業經營規模，提高產銷效率，引進優質農業人才，強化競爭優勢以促進土地的合理利用，行政院農業委員會在 2006 年 6 月推動「新農業運動」，希望通過農民團體之間的策略合作，在耕地規模細小化的臺灣，大力發展生態休閒、實施漂鳥計劃和農地銀行〔註 33〕等

〔註 32〕國家政策研究基金會：《小地主大佃農提升農業競爭力》，2008 年 12 月 10 日。

〔註 33〕此處的農地銀行，並不是像土地銀行一樣，是提供存錢，借錢的金融機構，也不是經營銀行業務的專業機構，而是指一個農地買賣或租賃的信息平臺及服務環境，即以集中流動信息的思維，讓農地供需雙方將信息集中於平臺服務環境中，主要是由政府輔導基層農會扮演農地銀行的核心角色提供農地買賣、租賃及擴大經營規模、農地中介服務、農地利用法令、農業產銷經營以及專業農業融資貸款等諮詢服務。

措施，實現繁榮農村經濟、引進農業人才、引導農地活化利用並促進農地流動的目標。

2007 年，雲林縣斗南鎮農會發起成立的「新佃農團隊」通過向農民租下休耕的土地，大規模耕種，依靠資訊信息和運銷網絡等，銷售後獲得高額利潤，部分農民分紅收入達到百萬元以上，是傳統農民的十倍。這一成功案例經新聞報導後，迅速成為臺灣的焦點，也得到了競選臺灣地區領導人的馬英九的注意。於是，馬英九在南下為選舉拉票途中，正式提出「小地主大佃農」成為馬陣營的政策之一，希望以此來提升農業競爭力。

2. 主要內容和策略

2008 年後，馬英九帶領下的新政府希望通過推動第三階段農地改革（即「小地主大佃農」政策）來改善臺灣因加入 WTO 而導致的稻田休耕，造成農地低度利用或荒廢的局面。具體說就是提出「小地主大佃農」計劃，鼓勵年老農民將耕地長期出租給專業年輕農民企業化經營。計劃自 2008 年 9 月開始實施，由農委會統一負責，為縣市政府提供指導與協助，督導農會並給予業務費用補助和負責籌組業務並指派輔導團隊。縣市政府則負責對大佃農給予指導、協助、監督、管理等。由地方農會一次性付清約定年限的土地租金給老農，承租農民每年分期付租金給農會，政府補貼利息費用，來鼓勵老農將農地釋放出來，更積極促使休耕、廢耕等閒置不用的土地，提供給真正有意從事農業生產者使用，達到扶植專業農民，擴大農地經營規模，建構老農退休制度的目標。〔註 34〕行政院農委會成立輔導團隊，協助縣市政府進行經營計劃審查，給大佃農提供經營指導或技術協助。「小地主大佃農」政策中的「小地主」主要指出租農地所有權的自然人；「大佃農」是指承租農地的專業農民、農業合作社、農業產銷班、農會及農業企業機構等自然人或者法人；「農地」則是指耕地範圍及都市土地農業區範圍內依法使用的農業用地，其合法使用租期為 10 年、20 年或至少 3 年以上，主要以擴大農地規模、經營企業化及提高競爭力的糧食、畜牧或農牧綜合經營為目的的農業生產活動。目的是鼓勵無力耕作的老農或無意耕作的小地主長期出租農地，以推動農業經營的規模化、產業化、集團化，提高農業效率，減少農地休耕廢耕，活化農地資源，進而促使農業轉型升級。

〔註 34〕廖安定：《臺灣農地改革政策的回顧與展望》，《農政與農情》，行政院農業委員會，2008 年，第 103 期。

「小地主大佃農」政策的具體推動策略和實施過程就是建立老農退休機制，鼓勵小地主出租農地行為、營造大佃農承租農地環境、輔導大佃農企業化經營以及強化農地銀行聯姻功能等。具體說來就是（1）配合小地主大佃農移轉或出租全部農地的老農，修正農保條例，維持老農既有農保資格及權益，繼續支付老農津貼每月六千元。配合農地長期出租一次付租的政策內容，提供退休老農的理財規劃、諮詢服務、生活輔導、健康老化、老農人力再運用、老農技術與經驗傳承等服務，切實建立起老農退休機制。（2）修正所得稅法，獎勵小地主出租農地租金免徵所得稅；對於簽訂長期出租農地契約的小地主，建立土地租金一次性支付或彈性分期的支付機制，鼓勵支領休耕補助的老農長期出租農地，建立離農附加年金制度，加強政令宣傳，確保小地主長期簽約的出租農地收回有保障。（3）強化農地銀行功能，調整農地休耕補助政策，提供大佃農農地租賃信息中介服務，降低大佃農承租農地租金成本。獎勵簽訂長期承租農地契約，建立土地租金免息優惠融資及分期支付機制，並建立長期承租地履約安全保障機制。（4）建立企業、政府和科研院所三方合作機制，協助大佃農開發新技術、新產品，加強人才培訓、產銷整合及市場營銷輔導。建立獎勵大佃農企業化經營的長期低利貸款融資優惠措施和產銷整合。（5）建立農地租賃信息平臺及交易安全機制，獎勵農地銀行的集中化、規模化、長期化行為，配合政策保障農地長期租賃安全及雙方權益，大力宣傳農民企業化經營的獎勵措施。

同時，「小地主大佃農」政策還要求建立健全農地和貸款農地的監督管理。一般由農會負責協助政府監督管理承租農地，負責核撥、管理和監督承租農地所需貸款。定期瞭解承租土地辦理進度和辦理情況，定期抽查承租農地是否從事農業經營或依據經營計劃內容使用農地。將符合貸款條件的大佃農所需資金存入指定賬戶後，再轉入出租農地小地主的指定賬戶。

（二）臺灣農會與「小地主大佃農」政策

「小地主大佃農」政策推行過程中，除了需要政府的規劃與指導外，最主要的執行和監督機關便是與農業發展緊密相關的各級農會組織。農會作為一個具有一百多年發展歷史和經濟、政治、教育及社會等多目標功能的最重要農民組織，以從事農業知識推廣和技術指導為重要使命，通過與政府之間形成獨特的「農村發展治理機制」，不斷推廣傳播臺灣農村與農業現代化的發展模式，農會是政府農村發展政策的執行者和代理人，也是民眾與政府溝通

的橋樑和紐帶，對於過去臺灣農業發展和農村繁榮發揮了重要作用。

當今社會，人民覺醒與權力意識的高漲產生大量急需解決的問題。由於公權力部門（public sector）適應環境能力差，工作效率低、甚至自身腐敗等因素而產生所謂的「政府失靈」（government failure）現象；另一方面，市場經濟下，私有部門（private sector）基於自身利益考慮，也不能完全滿足人民所需的服務，從而形成了「市場失靈」（market failure）。在這種情況下，非營利組織（nonprofit organization）就被學界當作「第三部門」（the third sector）來發展或提供政府、企業不能或不願提供的產品或服務而雨後春筍般建立起來。社會組織結構就呈現出非營利組織、公權力部門政府組織以及私有部門的企業組織三強鼎立的狀態。

農會作為臺灣組織體系最健全、會員人數最多、最深入地方基層、與農民關係最密切的民間非營利組織，對於臺灣鄉村建設、農業發展的貢獻和影響是任何組織無法比的。農會依據農會法相關規定，協助其主管機關——行政院農業委員會依法辦理相關農地事務。這種合作模式表明，隨著社會民主化進程的加快，民間組織和廣大民眾參與公共事務意願的深化，國家社會福利及民眾需求同有限社會資源的矛盾日益突出，政府必須逐步釋放出部分公共事務職能，與民間組織和私有部門共同分擔，形成政府與民間的公私協力（Public-Private Partnership，簡稱 PPP）〔註35〕，從而以合作方式為社會提供公共服務的新模式。近年來，由於臺灣民主政治的巨大成就和民眾社會參與意識的增強，導致政府部門必須把不能讓民眾和社會滿意的公共服務釋放出來，尋求與更加重視顧客和資源極大化運用的非營利組織進行合作，來提升公共服務質量以響應人民的需求。

土地改革，尤其是第三階段「小地主大佃農」政策運作中，正是通過公權力部門（農委會）的策劃後，再交由非營利部門（農會）來運作執行，是典型的公私協力運作模式。在這一模式中，公權力部門（農委會）雖然依舊處於主導地位，而非營利部門（農會）處於配合地位，但是，我們從土地改革的實際操作過程中知道，處於主導地位的公權力部門（農委會）也不是像以往那樣處於完全指揮或控制的狀態；同樣的，處於配合地位的非營利部門

〔註35〕 公私協力（Public-Private Partnership）是由英國於上世紀九十年代所提出而後興起的新觀念，它受到其他國家廣泛響應和認同。其實公私協力屬民營化的一種方式，但措詞上它比民營化或私有化較容易受民眾所接受。

（農會）更不是處於完全服從或無意義的地位。非營利部門（農會）和公權力部門（農委會）二者各司其職，依據各地自然條件和作物種類不同，因地制宜制定相關政策及實施細則，再由地方農會因地制宜的加以分類、推行，這就確保了臺灣農地政策在這種互補互動的公私協力模式下得到了很好的推動與發展。

在小地主大佃農政策中，農會承擔政策制定與執行的雙重角色，在公私協力的水平互補互動模式中，政府擔任主導角色，農會雖是配合的單位，卻實際面對政策執行上的諸多問題。金融貸款方面，配合「一次付租，分期償還」政策，將土地租金一次或分期轉給小地主，再由大佃農分期償還；信息平臺方面，讓小地主和大佃農均可通過各農會的「農地銀行」來尋找合適的租賃對象從而達到整合零散農地的目的。此外，農會還可以成為大佃農的事業主體，承租農地經營。因此，在「小地主大佃農」實施過程中農會始終扮演大佃農的事業主體、為其提供金融貸款、為小地主提供信息平臺和土地租賃媒介等多變而且非常重要的角色。

第二節　農業推廣承擔教育組織農民的重任

縱觀戰後日本和韓國農業發展的歷史可以發現，富有特色的農民教育培訓和指導體系是兩國能在戰後很短時間內實現農業騰飛並迅速崛起的重要原因。因此，兩國農協組織始終把發展和培育全方位、專業化的農民教育培訓和推廣指導體系作為首要任務。

農業推廣教育作為改善農業生產結構、發展鄉村經濟、提升農民和農業從業人員素質而發展的一項校外教育工作，在農業產業、農民、農村婦女及農村青少年的輔導過程中，同樣也為臺灣創造了不朽的農業奇蹟，成為臺灣農業發展的最大功臣之一。在農會法規定的農會任務中，有一半以上與農業推廣工作相關，農業推廣是連接農民與政府間的橋樑，其最基本的功能是培養農民解決實際問題的能力。長期以來，臺灣的農業推廣教育既是一種農村社會教育，也是一種農民家庭教育，不但教育農民學習新的知識、新的技術、新的方法、新的思想和新的理念，提升農民素質，同時也讓農民家庭改良、農村生活質量、鄉村建設運動、環境衛生、樂育活動和公民訓練等得到了根本的提升和進步。「農業發展條例」總結了臺灣農業推廣工作的主要目

標是，利用各種資源和信息傳播平臺，通過發展人力資源等多種方式，爲農民提供終身教育的機會。因此，通過農業推廣來促進鄉村發展是十分重要的途徑。

1952 年，農復會將美國的成人教育推廣模式引進到臺灣的農業體系和鄉村社會中，也就把促進農業和鄉村發展的主導性角色賦予給了農業推廣工作。教育功能是農會推廣機構的主要職能，農業推廣使農民通過參加各項推廣教育活動而獲得新的知識、新的技能和有效資源來改進農業生產力，發展農村經濟，改善農家生活條件，從而建設和發展鄉村社會。半個多世紀以來，農業推廣教育已深入廣大農村的千家萬戶，影響並改變著每一個農民及其家庭，也徹底改變了臺灣的農業發展模式和農村落後面貌。

近年來，臺灣經濟快速發展導致了經濟結構的調整和轉變，農業主管部門的施政方針和管理理念也必然發生相應的變化。由於多年來農業推廣工作一直扮演著政府農業政策的最佳推手，臺灣各級農會更成爲辦理農業推廣工作最重要的角色。只有從根本上徹底解決廣大農村地區農業發展落後面貌和農民投資意願降低等問題，切實調動和培養廣大農民群眾從事農業生產經營活動的積極性和創造力，才能更好地實現農業推廣工作的既定目標，帶動農會各項事業尤其是經濟事業快速發展。農會各項事業發展進步了，才能反過來更好的推動農村地區社會福利事業的發展進步，改變廣大鄉村地區貧窮落後面貌，促進鄉村文化建設繁榮。

根據行政院經濟建設委員會「跨世紀人力發展計劃書」顯示，2000 年臺灣農業從業人口約爲 83 萬人，2006 年則將降至 71.3 萬人左右，約占總就業人口 6.6%。「農業統計年報」則顯示 2006 年農業就業人口占總就業人口的 5.49%，專業農戶占全國總戶數的 21.6%，在兼業農戶中僅有 8.21%的農戶以農業爲主要生產方式。2002 年農業負責人年齡 45 歲以上者占 88.09%，45 歲以下人口僅占 11.9%；受教育程度，小學以下占 68.46%，國（初）中占 15.18%，高中（職）者占 12.77%，專科以上者僅占 3.599%。在農牧戶的青少年調查樣本中，有 49.91%的表示願意繼續升學，其中選擇農業相關學校或科系作爲未來升學志願者僅占 5.6%。〔註36〕從以上數據可以看出，現階段臺灣農業就業人口隨著經濟環境的改變而減少，而且面臨著農業從業人員高齡化、受教育

〔註36〕嚴淑玲、鄭政宗：《臺灣農業推廣制度變革芻議》，《臺灣農業推廣發展趨勢研討會會議實錄》，2008 年 2 月，第 106～107 頁。

程度相對較低及農業後繼者缺乏等一系列危機，而這正是農業推廣教育工作所需要解決的問題。

一、農會教育推廣功能的歷史演變

（一）早期臺灣農會的教育推廣功能

臺灣「農業發展條例」指出，為了促進農業研究成果的推廣運用，建立農民終身學習機制，農業主管機關應該建立完整的農業推廣體系，加強農業生產經營、農民生活改善、農村青少年輔導、農業信息傳播和鄉村發展等相關領域農業推廣人員的教育和培訓。農業推廣是發展農業、建設農村的校外農民教育工作，與整個社會經濟建設、農業發展、農村繁榮及農民福利具有密切關係。

臺灣農業推廣工作起源於日本殖民時期。早期的農會就一直承擔農業生產的推廣指導工作，主要是將新作物、新耕種方法、新肥料等介紹給農民種植或使用，那時的農業推廣工作主要以「生產技術指導」為導向，也就是以「技術」為手段，以「生產量」為目的，農民只是操作技術的工具。日本政府為了在臺灣執行其殖民地農業發展政策，設立農會組織，執行農業增產獎勵工作，在經費、人員、行政上加以全力支持，政府通過農會一方面教導農民新的生產技術，另一方面也來推銷日本產品如化學肥料等農用資財。

農會推廣工作比較長期而且正式地執行農業推廣活動，是在臺灣光復以後，光復後臺灣的農業推廣大體上仍沿用日本佔領時期的制度體系。光復初期，行政長官公署農業處負責接受了日劇時代的農會組織，並於 1953 年正式頒佈了「改進臺灣省各級農會暫行辦法」，對農會組織系統實施改組合併。早在臺灣各級農會進行改組前，農復會還積極採納美國康奈爾大學安德森博士的建議，在農會設置專業推廣人員，繼續接辦農復會所倡導辦理的四健會、農事推廣和家政推廣工作。改組後在省農會設立農業推廣組，縣農會設立農業推廣課，鄉鎮農會設立農業推廣股，繼續辦理四健會、農事推廣和家政推廣工作，為今後農會系統執行農業推廣教育工作奠定了基礎。

自 1952 起正式辦理農業推廣教育工作以來，臺灣農會依靠其遍及全省各地的組織系統、以往業務辦理的業績和農村社會特殊的環境，成為當前農業推廣工作最重要的機構。這一時期其他各政府機構、科研教育系統及公營、私營企業的農業推廣工作，也都是最終通過各基層農會來執行的。

在早期農業技術的傳播過程中，由於受傳統觀念和老的耕作思想的影響，大多數農民都具有強烈的保守意識和懷疑習慣，很難輕易接受外面的新思想、新技術。爲此，農會推廣機構改變策略，將以前的說教改成親自示範，尤其是通過農業生產的實際過程來進行示範，讓廣大農民群眾從思想和認識上得到徹底轉變。

1955 年頒佈實施的「臺灣省新農業推廣教育方案」正式確立了農業推廣工作由各級政府負責策劃，委託各級農會具體執行的運作模式。隨後農復會成立農業推廣組，專門負責推動各級農會辦理農業推廣教育工作。臺灣農會是一個具有多目標功能的社會組織，教育推廣功能是農會組織功能的重要組成部分。爲了做好政府委託工作，同時也爲了高效順利的推行農會各項任務，達成教育和訓練農民的目的，各基層農會都分別設立村裏農事小組、農事研究班、家政改進班及四健會等爲基層推行單位，作爲團結組織廣大農村青壯年農民及婦女的機構與平臺，促進廣大農民積極參與社區活動。

由於農業增產的需要，農會的農業推廣工作雖然仍然以生產技術指導爲主，但同時也加入了「教育性」的內容。農會不但掌握農業政策規劃與農業行政管理，而且還具體負責農業推廣工作；爲達到農業增產的目的，政府決定運用遍及鄉村中的農會組織，大力實施新技術、新品種的引進與研究工作。這是一種以農民爲主體的推廣方式，不同於日本佔領時期的以政府爲主體的推廣方式，使得農會的組織功能開始具有了教育性的意涵。由於農會組織機構普遍深入農村，網絡發達，各級政府爲了自身工作成效，就將教育性的農業推廣工作委託農會組織來代爲執行，因此，教育推廣活動成爲農會主要功能之一。省政府農林廳接辦農業推廣工作後，即於 1965 年頒佈「臺灣省農業推廣實施辦法」，明確了農業推廣的宗旨、組織、業務、推廣人員設置及經費運用等各項具體事宜，這是辦理農業推廣工作的最高法規依據。這一時期，臺灣執行的是以農會爲中心的單一的農業推廣體系。

上世紀 60 年代以後，隨著農業發展和技術進步，農業推廣體系也逐步轉向多元化的發展道路。先後出現了以辦理作物生產爲導向的農業企業推廣服務組織，農業改良場等試驗研究單位的農業推廣小組，省立臺中農學院等高校的農業推廣委員會等多元化的農業推廣機構。農委會也及時調整策略，及時劃撥預算經費輔助相關業務推廣費用，支持多種形式的農業推廣工作。至此，臺灣逐步建立起以農會、農業企業、農業改良機構及高校等四大組織並

存的農業推廣體系。

（二）現階段臺灣農會的教育推廣功能及成就

社會發展和農業技術不斷進步，農民受教育程度不斷提高，農業推廣工作的具體內容也在不斷發生變化。尤其是經濟結構的變遷和社會體系的日益開放，21 世紀的農業不再只是糧食和溫飽的問題，而是事關農業的價值與定位、農村的建設與發展、農民的教育與尊嚴以及農業推廣的功能與體制等農業施政的重要課題。農業推廣模式也從最初的農業技術的傳播，到後來的農民和農村社區的教育、引導、管理和訓練，再到現階段的以個體為中心的教育和訓練。

隨著「知識經濟時代」的到來，農業很難僅憑藉土地、資本及勞力等生產要素達成經濟效益。人力是農業經營與農村發展的基礎動力，因此，農業專業人力培訓與發展將是未來農業結構改善與農場經營成敗的關鍵。加快農業的轉型升級，達成經濟效益就必須依靠「社會資本」中的知識、制度、管理等要素，而社會資本的積累則必須依靠人力資源的培育和開發。農業人力資源的培育和開發是新世紀臺灣農業建設的基礎工程，也是農業推廣工作中最重要的組成部分。臺灣加入 WTO 後，根據整體農業產業架構的需要，必須要通過正規的農業推廣教育來對農業從業人員素質進行調整和提升，達到農業發展的目標。農業推廣工作始終是與農民接觸的最前沿，也是農業人力資源培育的重要機制，它的落實要依靠專業的農業推廣人員及必要的制度保證才有可能成功。

農會組織始終把農業推廣作為農民與鄉村居民終身學習以及與其他單位合作的核心任務，善於運用農會深深植根基層的人際優勢，及時判斷並掌握農業行情和信息，作為地方農業休閒發展的合作窗口，積極成為地區農業特色產品的創新中心，資源整合與營銷中心。鼓勵推廣人員積極提升工作職能，培養宏觀視野，增加服務意識，密切與當地農民關係，發揮當地特色和優勢，積極迎接市場挑戰，培養農民和企業的市場意識和創新能力，快速提升危機應變和生存的能力，實現農業推廣工作的創新和發展。農委會每年都會制定農業推廣計劃和具體的計劃實施方案，安排經費補助計劃，來扶持農業推廣機構辦理相關農業推廣工作，推動農業健康穩定發展。經過全體會員的共同努力，農會呈現出積極向上的態勢，業務和績效都有了明顯的成長，取得諸多成就。主要包括：農民和農業專業推廣人員的培育；農家生活輔導

和農村生活服務；農民福利和社會服務體系建設；鄉村社區發展及永續經營；休閒農業輔導和營銷；農業特色產業和創新能力；農會競爭力與創新力的提升、轉型等。〔註37〕

　　未來的農業發展涵蓋經濟、政治、社會與文化等多個層面，農業推廣工作也要圍繞功能、效能、服務及活化鄉村的整體目標，以農業生產，鄉村建設，農村婦女、青少年和農業經營者等為推廣對象，通過教育、組織、引導等方法培養他們自我決策、資源管理及適應市場和環境的能力，透過優質的農業人力資源來提升農業競爭力，改善農業經營與鄉村生活的環境。

　　各級農會推廣經費大致為兩部分，一是政府項目計劃的支持，從其經營的經濟事業計劃的盈餘中劃撥使用，主要的來源就是農會信用部系統的盈餘。近年來由於金融自由化的加快，農會的信用業務經營也越來越困難，致使每年可提供的農業推廣經費逐漸下降。二是農會本身的投入。根據2010年臺灣區各級農會年報的統計，最近 20 年來，由於農會其他業務盈餘能力降低，農會對農業推廣的收入基本上是持平的，而對農業推廣的支出則逐年下降，僅就地方農會的推廣收入與支出來說，近20年則是入不敷出的。因此，在當前困難情況下，必須整合資源，發揮最大效益才是未來克服農業推廣經費減少的重要選擇。

　　為了解決現階段臺灣農業發展及鄉村建設所遇到的困難和危機，增加農業從業人員數量，解決農業後繼者缺乏，從業人員高齡化、受教育程度偏低等問題，推動農民、農業推廣人員、青少年、婦女、高齡者及農村居民更新觀念並強化農村生活護理為宗旨，自2006年以來，臺灣農業推廣機構及有關政府部門先後推動並實施了以下計劃項目，並取得了較好的效果。

1. 整合鄉村社區組織，創新社區人文發展

　　根據行政院核定的「挑戰 2008：國家重點發展計劃──臺灣健康社區六星計劃」推動活化社區組織工作，培育優秀的鄉村建設人才，激發文化創意，營造健康活潑及優質的「新桃花源」願景。提升農民生活質量，增進對公共事務的關懷和土地文化的認同，營造優質的生活環境。建立農村地區的學習型組織，為提升農村居民生活質量與尊嚴而努力。成立鄉村社區營造輔導團隊，辦理「整合鄉村社區組織與地方產業促進示範行動計劃」，以社區組織為

〔註37〕黃明耀：《臺灣農業推廣發展現況課題與方向》，臺灣農業推廣發展趨勢研討會會議實錄，2008 年 2 月，第 62～65 頁。

基礎，整合推動鄉村產業、文化和景觀，以促進地方產業發展。辦理農村社區文化展演活動，鼓勵農村社區對於永續生活的重視，凝聚社區向心力；結合農村文化活動與農村休閒資源，融入自然、人文與美學，開發農村休閒和觀光旅遊市場。

2. 依靠網絡和信息技術推動農民終身學習計劃

近年來農業發展不僅需要依賴土地、勞力、設備和資本的經營模式，還需要依靠知識的創造力和新聞媒體的傳播力。在以知識經濟為特徵的信息時代，尤其是加入 WTO 後的市場經濟下，網絡是影響未來農業經營成敗和農民生活品質的關鍵因素，及時而準確的信息是獲取市場競爭成功的必要條件。為了進一步提升農業競爭力，提高農會推廣工作人員的素質和技能，應積極構建團隊發展模式和推廣技巧，建立農業知識整合系統供各地基層農會或產銷班使用，從而凝聚團隊共識和區域團隊的向心力，提升專業農業推廣人員的素養、知識和技能，突顯當地文化特色，創意農特產品提升農特產品市場價值和競爭力，為農業發展奠定堅實基礎。面對信息時代和全球化競爭市場，農業推廣教育也須與時俱進，充分利用信息科技提升農民學習效率，促進推廣工作更好開展。農委會通過整合「信息運用」、「人才培育」及「知識管理」等系統，強化農業推廣教育工作的基礎與質量，辦理農民終身學習的人力資源培訓系統，有效提升了農業推廣人員整體素質。

3. 營造農村健康生活及照護體系，實施農村高齡者生活改善計劃

根據第二期「照顧服務福利及產業發展方案」規劃長期照護政策，落實「健康老化」目標推動農村工作，貫徹預防醫學理念與做法，有效減少政府及農家的醫療與長期照護負擔，由農會結合當地醫療保健資源普及推動慢性疾病防治及農家營養保健工作，強化農家自我健康管理能力。加強家政班組織、教育功能，配合「行政院婦女權益促進會重點工作」，輔導農會將鄉村及偏遠地區婦女，尤其是日益增加的外籍配偶組織家政班或整合已有班組，強化課程學習，增進生活經營的知識和技能，促進農家健全發展。成立農村社區生活支持中心，結合當地資源、培育、引導志願者服務農村弱勢群體家庭及高齡者、提供農家長期照護等生活經營信息，答詢農家問題。同時，通過提供網絡來推動農村婦女終身學習，減少婦女知識落差，增加其生活經營技能，輔導鄉鎮農會辦理班會或講習養身推廣教育、預防保健、開源節流、家人關係、婦女權益保障、第二專長專業訓練等課程，提升農家婦女理家能力、

增強自主性與獨立性，進而開創新的收入來源。

為保證農村高齡人群生活質量的提升，配合「小地主大佃農」政策輔導退休老農，以 65 歲以上出租農地的小地主為主要輔導對象，輔導農會開辦「經濟與環境安全」、「生理與心理健康」、「活動與社區參與」、「高齡者膳食營養改善」、「感染性疾病預防」、「氣候變遷的認知及生活調適」以及「認識憂鬱症及自殺防治」等退休老農生活輔導班，運用農會推廣體系設計規劃農村高齡者生活輔導課程，使農村高齡者「活躍老化」、「在地老化」、「尊嚴老化」；同時，為了積極構建農村優質生活，提升農會推廣人員創新多元思維，活化農村文化及創新老農銀髮族退休生活，針對農村銀髮族辦理「農村銀髮族精彩生活創新活動」，由農會輔導高齡者成立創新表演團體，帶領農村銀髮族加入音樂、舞蹈、表演的創新活動，期盼讓農村銀髮族享受精彩生活。

4. 建立農業研究教育及推廣合作，傳播農業信息，輔導產銷班企業化經營

支持資助嘉義大學、臺灣大學、中興大學、宜蘭大學、屏東科技大學等 6 所院校設置農業推廣委員會或農業推廣中心，依據「農業研究教育及推廣合作辦法」，結合各相關區域農業改良專家與農業推廣教授共同協助農民團體及農業產銷組織，辦理農業技術諮詢及診斷服務，農民有機市集營銷推廣活動、農產品在地消費教育講座、編輯發行農業推廣通訊（或電子報）刊物、研討會及研習觀摩，協助解決農業技術與經營管理問題，推動農業企業化經營，提升臺灣農業競爭力。運用各種平面、電視及網絡媒體推廣、傳播相關農業知識，規劃設計各項推廣活動，詳實報導與倡導農業政策政令，讓民眾、學齡兒童、現職教師接觸農業、認識農業進而認同農業。建立相關網站作為各農業推廣單位進行相關業務彙報的平臺，以此提高推廣單位執行績效及工作效率，並持續提供農業推廣新知識、新技術、新信息，透過研討會宣傳，強化農村地區教育，提升農友生活質量，加強農友對農業相關問題的認識與重視，促進農村活絡與展現精緻農業新面貌。同時，依據農會推廣人員輔導產銷班企業化經營的整體課程需求，規劃調整農會推廣人員訓練課程，系統培訓農會推廣人員輔導產銷班企業化經營管理所需的知識技能，並充當與農民之間溝通的橋樑，協助輔導農民經營轉型及技術提升。

5. 創新鄉村青少年發展，促進國際農村青年交流，加強四健會組織功能

現代青少年處在信息和多元化文化交匯的環境中，容易受到影響而產生

行爲偏差，也會因爲缺乏正當的休閒活動而造成嚴重的社會問題。借鑒四健會提供經驗交流和互助學習的平臺，輔導基層農會推動鄉村青少年發展，學習團隊協作能力，培養他們對農業的興趣，成爲「全方位」的優秀鄉村青少年，通過認識農業，關懷鄉村，進而成爲農業發展及農村建設的生力軍。近年來，通過與美國、日本、韓國、加拿大、挪威、瑞士、芬蘭等國農村青年就社區、鄉村、農業、文化與四健等進行學習交流，共同成長，擴大了臺灣農村青年的國際視野。通過辦理青少年農業及鄉土教學作業組、鄉村青年義務指導員成長營、鄉村青年領袖營訓練營、青少年米食文化教育及其他公共服務活動，創新鄉村青年訓練及營隊活動，培養他們未來生活所需要的核心競爭力，建立青少年健康飲食觀念及愛鄉愛土情懷，使他們對土地及農業產生認同感進而珍惜生活的鄉村環境，端正社會風氣，使四健會員瞭解其社會責任並活化鄉村發展，共同推動活化鄉村發展的工作。

6. 設立農民學院，實施農業後繼者培育，推動農業漂鳥和農場見習項目

長期以來臺灣農業一直面臨著青年外流，從農意願低的困境。爲了促使青年返鄉從農，行政院農委會通過實施一系列農業人力活化計劃，讓青年親近農業、認識農業，進而加入農業經營行列。2006 年起推動農業漂鳥和園丁計劃，開展階層性體驗與訓練活動；2009 年起先後開辦農業短期職業訓練及農場見習，加強培育農業後繼者，爲傳統農業注入新活力，適應農業新科技與產業的多元與創新發展，造就現代化活力新農民。2011 年規劃設立農民學院，結合農業研究、教育和推廣資源，構建完整的農業教育訓練制度和系統性的農業教育訓練課程，辦理農業體驗營、農業入門班、各階訓練班等，爲有意從農者提供終身學習機會，配合農民學院系統性訓練，爲學員或農業相關科系畢業生提供見習或實作訓練。同時，加強經營管理課程，提升農民經營職能，培育農企業經營人才，加速農業經營多元化發展，提升農業競爭力。

農業勞動力嚴重老化和受教育程度偏低也使臺灣農業在接受新技術、和新觀念等方面受到制約，嚴重影響農業現代化的速度。爲此，農會在新農業運動中規劃了一系列農業人力活化計劃，「漂鳥計劃」就是其中之一。「漂鳥計劃」構想源於 19 世紀末德國青年發起的漂鳥運動，鼓勵青年走入自然，在自然中學習生活的眞理、歷練生活能力，創造屬於青年的新文化，開啓德國青年運動的新紀元。臺灣農會實施的「漂鳥計劃」通過階層性體驗與訓練活

動爲 18 歲至 35 歲青年提供到農村體驗、學習並實際參與農業工作的機會，讓青年親近農業、認識農業，進而產生認同感，成爲農業領域的「留鳥」。該計劃預定 3 年引進青年農業人才 1000 人，分「漂鳥體驗」、「漂鳥築巢」以及「漂鳥圓夢」三階段實施。①漂鳥體驗營：目的是招募青年人到農村體驗農業工作，使其認識並喜愛本土農業。由農會所屬 7 個地區農業改良場辦理，活動內容包括農業解說、農場實習及鄉村體驗等，時間 3 天。②漂鳥築巢：目的是爲參加第一階段漂鳥體驗後有意從事農業的青年進行進階訓練，使其對農業經營有更深入的認識，由農會種苗改良繁殖場辦理，選擇有發展潛力的產業規劃進階研習課程，並參與農場實習操作，時間 5 天。③漂鳥圓夢：對投入農業經營的青年，分別從專業技能提升、貸款協助及建立諮詢窗口三方面配套給予協助。

隨著農業商業化和企業化發展，廣大農民希望得到農業經營設計、農產品有利運銷、農場有效管理、高級農業機械使用與維護等方面的協助與指導，這就要求農業推廣人員必須掌握專業技術知識和農業科技前沿，順應農業發展潮流。同時逐步聯合社會學、心理學等方面專家，共同進行農業推廣工作模式和思路的轉變，讓農民在心理及行爲上也有所轉變。有了新的農民，才可能會有新的農業和新的農村經濟，也只有這樣才能帶來農業進步及農村經濟的繁榮。

二、農事、家政及四健會的功能及運作

臺灣農會設有專門的農業推廣部門，來辦理各種農業推廣工作，執行政府有關農業發展的各項政策措施，承擔農業推廣工作重任。1952 年四健會首先開啓了農業推廣工作的序幕，由四健青年的示範創新，引進許多農業新技術。1953 年接著辦理家政推廣教育，稍後，農事推廣教育也陸續開展起來。農事推廣、家政推廣和四健會便構成了臺灣完整的農業推廣體系。農業推廣的服務對象包含了成年農民、農村青年及婦女，是以人爲主要對象的鄉村成人教育工作。農會的農業推廣組織運用民主的原理組織、訓練農民，增加他們的知識技能，培養他們適應環境的能力和主動參與農村社區公共事務的興趣，從而達到增加農業收入、改善農家生活水平和農村發展的整體目標。

（一）農事推廣功能及其運作

農事推廣主要以二十三歲以上成年農民爲對象，通過組成農事研究班來

影響和引導農民去應用新方法、新技術從事農業生產，教導、培養農民具有企業化經營觀念為主要目的。臺灣光復後，為了盡快恢復農業生產力，提高農民所得，改善農民生活，農復會接受美籍成人教育推廣專家卜普（J. D. Pope）建議，1955 年 3 月先後選擇臺南縣善化鎮、桃園縣桃園鎮及宜蘭縣頭城鎮作為示範，開始辦理農事推廣教育，這是臺灣最早的農事研究班。1956年開始在各基層村、里舉辦農事研究班，每月定期開會，農事指導員通過研究班傳遞新的農業知識和技術，倡導政府相關措施，同時與研究班成員進行農業技術和經驗交流。全省辦理農事推廣教育的鄉鎮也從 1960 年的 215 個迅速增加到 1961 年的 293 個。〔註38〕1966 年全省 305 家農會辦理了農事研究班，達到頂峰。後來隨著部分農會合併，在 1976 年至 1985 年基本維持在 265個左右農事研究班。農事研究班一般由 10 至 30 個成員組成，每月開會一次，在廣大鄉村地區幫助農業推廣專員從事有關蔬菜增產教育、土壤害蟲和野鼠防治、水稻和雜糧作物共同栽培計劃的實施；推行貧農輔導計劃、辦理養豬示範和綜合性養豬推廣教育、辦理農家經營及農場共同計劃經營等業務。80年代以後又擴大辦理農場共同經營示範、辦理專業農場產銷共同經營教育、加強農業生產專業區推廣教育、辦理農事小組產銷推廣教育、推行婦女農事推廣教育、推行農場委託經營等工作。

　　根據經濟發展階段的不同農事推廣教育工作可以分成四個時期：萌芽期（1955～1968）主要目標是輔導生產技術，確保糧食增產；漸進期（1969～1981），重點是推行農業機械化、低利長期加速農建貸款及降低農場經營成本；成長期（1982～1991），重點是提高農民所得及技術導向；轉型期（1992年後），重點是資本集約、環境與國際化導向。〔註39〕

　　五十多年來農事推廣教育工作對農民耕作技術改進、農場經營及企業化運營觀念的改變，付出了辛勤的努力，也取得了巨大成就。進入新世紀，協助農民適應新環境，繼續充實各自所需專業知識成為農事指導員面臨的新任務。因此，必須進一步強化農事指導員的訓練需求，以使他們能夠更好完成傳播農業科技知識、強化推廣成果示範，從事農業推廣教育的工作。

〔註38〕李慧華：《臺灣北部地區基層農會農事指導員之訓練需求研究》，臺灣大學農業推廣研究所碩士論文，1998 年 6 月，第 2 頁。
〔註39〕何銘樞、高成賢：《農事推廣教育四十週年回顧》，《農訓》雜誌，「中華民國」農民團體幹部聯合訓練協會，1995 年，第 82～85 頁。

（二）家政推廣功能、運作及其貢獻

　　人是農業發展中最重要的因素，隨著社會的變遷，堅持「人人學習，終身學習」的觀念受到越來越多人的認可和重視。早期臺灣農村環境與都市差距很大，農村生活質量不盡理想，大多數農家婦女受教育程度較低，接受再教育的機會也不多。儘管需要承擔家庭管理和農場工作的重任，非常辛苦，但是廣大農村婦女在家庭中的地位仍然得不到重視。農村的經濟困境，除了受產業發展水平影響外，還同時受鄉村生活水平和人力資源發展水平等的影響。廣大農村婦女一直是提高農業生產力和農家生活水平的主要原動力，她們在農業生產上的重要性也越來越受到重視。具備優秀素質和豐富技能的農村婦女，連同良好的環境和資源配合，能夠大大提升農家生活質量和農村社會的發展水平。因此，政府希望通過各級農會成立家政班推動家政推廣教育，讓更多的農村婦女參加，提升農家婦女的個人素質，增加她們的知識和技能，開拓視野、解放思想、更新觀念，增強信心，提高她們尋求和應用資源的能力水平，提高農村婦女受教育水平，來彌補正式教育的不足，最終實現改善農業家庭和農村生活環境，提高農村生活水平的目標。

　　家政推廣教育是婦女成人教育的一種，主要指服務鄉村婦女，提倡家庭倫理道德教育，在衣、食、住、行、衛生、保健、農村副業及農家娛樂等方面進行指導和訓練工作，提高廣大農民尤其是鄉村婦女的生活水平、生活質量和文化素養。家政推廣教育計劃的終極目標是創造活力農村、提升農村婦女知識和技能、創造新的產業及就業機會，同時兼顧改善農村高齡者生活，發展農村經濟。「家政」是農業推廣體系的重要環節，「改善生活」則是家政推廣的宗旨和終極目標。〔註40〕目前從事家政推廣教育歷史最悠久、最有系統和成效的是各級農會所舉辦的家政推廣班。農村家政推廣教育創辦於1956年，最初是由農復會組織示範辦理，省農會負責推廣工作相關事務，鄉鎮地區農會作為具體計劃執行單位，1968年各地農業改良場加入家政推廣教育工作的行列。從那以後，臺灣農村家政推廣教育事業逐漸蓬勃發展，〔註41〕截

〔註40〕林如萍：《農業推廣專業人員認定體系及訓練課程發展研究計劃——生活改善專業訓練課程發展之研究》，行政院農業委員會科技研究計劃之研究報告，臺北：臺灣師範大學人類發展與家庭學系，2003年。
〔註41〕陳秀卿：《現階段家政推廣重點工作方向》，《農業推廣文匯》，2005年，第50輯，第109～114頁。

至 2008 年底，臺灣基層農會有家政班 4966 個，班員人數高達 122424 人，各農會根據政策目標及班員需求，確定推廣教育研習計劃，〔註 42〕成爲提升農村婦女素質、改善農家生活質量的重要組織形式。

　　臺灣農村家政推廣工作是貫徹落實農業政策的重要渠道，更是農村婦女重要的學習來源，對鄉村建設及農家生活貢獻巨大。根據臺灣農業「生產、生活、生態」的發展主軸，家政推廣工作也逐步確立了「生活」及「生計」兩個主要的發展方向。〔註 43〕生活方面是依靠教育與行政資源的支持來關注農家生活，提升農民社會福利；生計方面則是通過開發家政相關產業，教育、訓練和培養農民及農家婦女的第二專長來增進農家經濟，改善農村經濟發展。五十多年來，農村家政推廣教育工作隨著社會與經濟環境的變遷不斷調整自己的推廣工作重點，尤其是與家庭生活有關的家政研習訓練課程從未間斷並逐漸多元化，來適應農村社會、政治、經濟、文化、家庭結構及農家婦女不斷變化的需求，實現了提升農村婦女素質、改善農家生活的目的。2001 年起爲應對加入 WTO 後農業環境的改變，順應農家經濟自身發展需求，農村家政推廣工作也轉型向多元化發展，把加強專業技能訓練及輔導營農婦女開創副業作爲家政工作的重要課題。〔註 44〕2006 年後，爲配合農委會推動的「新農業運動」，農村家政推廣工作又進行策略調整，把工作重點轉向「活力農民」及「魅力農村」兩大層面。同時，家政推廣工作不斷適應環境，調整和轉變策略，從以「婦女」爲主要對象，擴展到關注「老人」；從早期著重家庭「物質」和「環境」改善到近年的「健康生活」爲重點；倡導並鼓勵已經實現「自助」的農村婦女通過「助人」，投入志願服務行列回饋鄉里；除了通過「教育」協助預防外，還通過「諮詢」、「信息提供」或「資源連結」協助農家解決多元而複雜的現實問題。〔註 45〕以求通過推廣工作更好的爲農業發展和鄉村建設服務。

〔註 42〕曾玉惠：《家政技能教育促進農家生活改善成傚之研究：以高高屏地區爲例》，《農業推廣文匯》，2011 年，第 56 輯，第 111 頁。

〔註 43〕林如萍：《臺灣農家「家務管理訓練方案」之發展與執行研究》，《農業推廣文匯》，2009 年，第 54 輯，第 87～88 頁。

〔註 44〕曾玉惠：《農村婦女成功創業之個案研究》，《農業推廣文匯》，2007 年，第 52 輯，第 117～133 頁。

〔註 45〕阮素芬、楊宏瑛：《農村家政推廣工作執行成果》，《農政與農情》，2008 年，第 188 期，第 48～53 頁。

（三）四健會功能及其運作

　　鄉村青少年的培育工作，除了正規的學校義務教育外，還有許多校外的非正式教育工作，雖然名稱各異，但是內容與目標大都類似，其中以源自美國的四健會流傳最廣、組織最普遍。四健會自 1952 年農復會前主任委員蔣夢麟先生積極倡導辦理已有 60 多年歷史。推行初期，學校和鄉村四健會均由農復會主辦，負責技術和經費援助。1955 年開始，農復會改為輔導機關，學校四健會改由教育廳主辦，各學校具體操作執行；鄉村四健會則由農林廳主辦，各級地方農會具體執行。由於四健會教育方法新穎獨特，效果迅速明顯，內容詳實實用，組織簡潔高效，自實施以來，廣大農村青年興趣濃厚，意願高漲，工作人員熱忱勤奮，親歷親為，四健會受到了臺灣民眾普遍的讚譽和支持。

　　四健會也叫四健推廣，是一個「組織國際化、活動地方化」，強調從工作中學習並唯一落實到基層的青少年組織。主要是輔導 9 歲至 24 歲鄉村男女青年的一種推廣組織。其目標是訓練青年們手、腦、身、心做充分的利用，教育和引導鄉村青年喜歡、尊重農業和農村，把從事農業生產作為一種有尊嚴的職業目標和人生規劃來定位，以求達到社會各階層、各行業人口分佈的平衡。四健會大都是通過多樣化的活動設計，採用寓教於樂的工作方式，與實踐密切結合，培養農村青少年終生學習的習慣，發揮四健推廣工作教育本質的功能。

　　臺灣第一個農會四健推廣班於 1952 年成立後，其推廣教育工作就隨著組織的建立而逐漸發展，現已遍及臺灣鄉村各地。四健會除執行鄉村四健推廣教育外，還辦理輔導農村青年創業工作，自 1979 年起至 1985 年底累計輔導農村創業青年 5249 人。同時，為了培養未來優秀農民，四健會還於 1984 年 7 月 1 日起至 1985 年底出資保送 100 名優秀農家子弟就讀高級農業職業學校，這些農家子弟畢業後大多返回各自家庭所在地，為當地農業發展和農村經濟繁榮做出了巨大貢獻。四健會在做好島內推廣教育工作的同時還積極參與國際性活動，努力擴大對外交流與合作。在世界各國人民追求更加美好的生活時，臺灣農村青年推廣工作作為政府與人民共同推動的具有教育性和自願性的計劃，被視為一種介紹臺灣農村生活新思想、訓練領導者與未來公民的方法，於是從 1959 年開始，四健會陸續選派 344 名優秀農村青年作為草根大使遠赴國外交流學習、傳播營農經驗。

隨著農業產業結構調整與社會多元化發展，早期以培育基層農業建設人才為主要目的，以農業生產為主要內容的四健推廣已無法滿足會員多元化需求。為了開創四健工作新局面，充實四健教育活動內容，培養四建會員終身學習的態度，提高他們對農業的認識水平和參與程度，促進農業和鄉村發展，滿足農業、農村和農民會多元化需求，各級農會四健會推動實施了多項活動，取得了顯著成效。

1. 1998 年各基層農會通過辦理「四健青年領袖營」讓四健會員體認到四健會可以帶給他們豐富多彩的生活，同時也讓參與四健工作的同仁切實感受到了農業推廣活動的高質量和教育意義；

2. 2000 年以「健康飲食」、「社區關懷」、「社區文化」、「認識農村」及「水資源保育與利用」為主題，通過輔導基層農會加強辦理四健推廣教育，讓青少年認識從工作中學習的真諦和重要性，瞭解自然資源及社區的重要性；

3. 根據農村青少年需求，配合環境生態主題和地方產業與文化特色，輔導基層農會實施「營造農村新形象計劃」，擴展他們的知識領域，培養他們營農的興趣和創造能力；

4. 實施草根大使計劃，推動國際農村青年交換訪問工作，加強農業和文化交流，拓展四健人員的國際觀；

5. 發行「四健青年」刊物，辦理「四健傑出獎章」選拔，宣傳知識性及生活性的生活理念，弘揚積極向上、自我充實的四建工作精神。2009 年，臺灣地區農會共辦理農事推廣產銷輔導班 7487 班次，辦理四健推廣 5543 個，家政推廣 6657 個。農民第二專長訓練人數達 5536 人次，農村副業技能訓練 38526 人。〔註46〕

六十年來，雖然四健會的發展隨著社會經濟結構的變遷而由盛到衰，但是，其運作理念與實踐精神，在培育農村新生的民主精神、積極參與和發展自我潛能等方面仍然扮演重要角色。同時它還逐步完成了由生產邁向生活化，由職業素養邁向生活情趣的培養，由培養優秀農業生產者向培養身心健康，手腦並用的健康人的演變，讓世代以土地為生的傳統農民對農業生產經營產生了濃厚興趣，更對實現現代化農業充滿了信心。農業推廣深入農村，培育了大批掌握豐富知識技能的農村青年留村從事農業生產，改變著農村落後面貌，成就了經濟發展的基石。

〔註46〕臺灣區各級農會年報，臺灣省農會編，2010 年。

三、其他教育推廣機構的職能及運作

臺灣的農業推廣教育，素有「多頭馬車」之稱，隨著農業和科技進步，農業推廣體系也逐步走向多元化。吳聰賢教授曾將農業推廣組織成立的基礎劃分為三類，一是以農業推廣類別為基礎，二是以地理環境為基礎，三是以農民指導對象為基礎。〔註 47〕依據這個分類方法，臺灣農業教育推廣除了農會教育推廣外，還包括政府農業推廣、農業科研教育推廣、公營及其他教育推廣等體系。除此以外，還有為達成其組織特定目標而推動的農業推廣工作，特別是根據作物對象而劃分的工作單位，如臺糖公司的甘蔗生產方面的推廣工作；糧食局辦理與糧食有關作物的推廣；臺灣省煙酒公司的煙草生產推廣工作；青果合作社的香蕉等一些特定作物的耕作技術指導；黃麻、高粱等特種用途農作物生產相關的各項指導工作等，也都承擔籌措經費，雇用人員，辦理與其本身業務有關的教育推廣工作。

（一）政府農業推廣系統

第二次世界大戰期間，臺灣農業深受戰爭影響和破壞，田園荒蕪，生產銳減，光復後，政府為重建農村和農業，積極推行各種增產措施，全力推動有關農事指導，辦理農業推廣業務。政府系統農業推廣機構主要包括農委會、省政府農林廳和各縣、市政府農業局，其農業推廣工作大多與農會輔導、鄉村建設統一來推動。

農復會於 1957 年成立農業推廣組負責推動臺灣農業推廣教育和農會輔導的工作；農復會改制為農業發展委員會後，農業推廣組隨即更名為農民輔導處，下設推廣、運銷和食品加工三個組；農業發展委員會與經濟部農業局合併改制為農業委員會後，農民輔導處下設農業推廣、農產運銷、農民組織和農業金融四科。目前農民輔導處下設農業推廣、農民福利、農民組織、休閒產業等四科，其在農村建設經費和人力的投入，遠高於農民教育的推廣工作。〔註48〕

1947 年省政府在農林處下面成立農業推廣委員會，1951 年省政府農林處改制為農林廳。省政府農林廳是臺灣農業行政、試驗和推廣工作的總樞紐，

〔註 47〕吳聰賢：《臺灣農業推廣教育制度難題之產生原因及解決原則》，《農業推廣文匯》，1969 年，第 14 輯，第 39～56 頁。

〔註 48〕嚴淑玲、鄭政宗：《臺灣農業推廣制度變革芻議》，《臺灣農業推廣發展趨勢研討會會議實錄》，2008 年 2 月，第 124 頁。

在農會沒辦理推廣教育工作以前是這樣，推行後更是如此。1963 年農林廳成立農業推廣教育室，1968 年改稱農業推廣科，1973 年更名爲農民輔導科，負責全省農業推廣教育工作的規劃與管理。農林廳除設有農業推廣科，輔導作爲執行機關的省農會從事農業推廣教育工作外，還設有農產、特產、畜牧、植物保護和農業經濟等科，分別辦理有關普通作物、特種作物、畜牧、植物保護和農業經濟等的行政及推廣工作。除上述科室外，農林廳還轄有農業、林業、水產、畜產、家畜及衛生等五個試驗所，七個區域農業、茶葉、蠶業改良場及種苗繁殖場等機構，負責辦理各種試驗研究和農業推廣工作。〔註49〕雖然農林廳各科都有自己的推廣計劃，但是在基層，依然會通過鄉鎮農會推廣教育人員來完成他們的推廣計劃，同時，農林廳的農民組織科也會經常參與督導基層農會業務管理等。

縣、市政府所對應的單位中，農會輔導課的業務主要以農會業務、會務的輔導爲主，農業推廣教育業務的推行多係兼辦。近年來臺灣當局非常重視農村社區建設和休閒農業發展，而這些工作又是通過農會的輔導課來推動和執行的，因此，導致人員配置嚴重不足，而像農會一樣遍佈臺灣各地的鄉鎮區公所農業課，更缺少專職的農業推廣教育人員，再加上精省後，相關單位重新整合兼併，目前下面並沒有專門的行政機構來執行推廣教育工作。

另外，臺灣省政府爲了便於農業行政與推廣工作，將林業、漁業和邊際山坡地方面的行政、教育與推廣工作分別交給所屬的林務局、漁業局和農牧局來負責辦理，山地農業的推廣教育則由民政廳透過各鄉鎮公所來辦理。

政府所屬的農業推廣系統，除農林廳外，還有糧食局每年都管理著龐大經費與人員來負責糧食的增產與管理。臺灣的糧食主要是水稻，因此糧食局就掌握了水稻及其他糧食作物的生產與運銷，根據業務需要，糧食局的推廣教育工作主要是增產與管理方面，與農業推廣工作有關的糧食增產項目主要包括米穀、甘薯、小麥、花生、大豆以及玉米等，同時還包括獎勵生豬生產。雖然糧食局的業務比較多，但是各地除了糧食分所外，並沒有鄉鎮基層組織或機構，而且各地糧食分所也大多數只辦理倉儲和供運業務，也沒有專門人員，因此，糧食局在鄉鎮村裏的業務，也都需要委託鄉鎮農會來辦理。

〔註49〕劉清榕：《臺灣農業推廣機構間的功能聯繫》，《農業推廣學報》，創刊號，臺灣大學農學院農業推廣學研究所編印，1975 年 3 月，第 60～61 頁。

從以上可以看出，政府推廣教育系統中農林廳、糧食局及農會推廣系統業務中，有很多重複設置和業務劃分不清的。因此，應繼續調整釐清體制，明確職責和業務劃分，更好的履行教育推廣職能，推動農業產業和農村經濟快速發展。

（二）農業科研教育推廣系統

根據「公立農學海洋院校設置農漁業推廣教授協助農漁業推廣工作實施要點」的相關規定，為了建立教學、科研與推廣的完整制度，相關院校須成立農業推廣委員會，設立推廣教授併兼任相關試驗改良場研究員，定期與改良場召開協調會議，研究確定本轄區內有關教育推廣方面的問題。截止2015 年底臺灣共有九所學校設有十個農業推廣委員會（或農業推廣中心），〔註50〕每校設專任職員約 1 至 4 人，推廣教授 4 至 6 人，經費來源為教育部年度補助 80 萬元（實際數額由學校統籌處理）和農委會項目計劃補助約 100 萬元。〔註51〕

農業推廣教授制度主要在於整合農業研究、教育與推廣體系，吸收最新農業研究改良成果，以充實教學內容，與推廣機構和農業改良場建立長期合作關係，充分利用已有推廣系統，為農業推廣人員提供最新科技知識與技能，協助地方解決問題。主要方法包括示範鄉鎮、田間指導、共同研究以及編制推廣教材等。雖然，推廣委員會與農業改良場兩者之間理論上可以優勢互補，互相支持，但實際上，各個院校通常自行辦理教育訓練、刊物出版、技術諮詢服務等，內容多側重於生產技術面的指導，缺少社會經濟面的推廣教育功能。同時，由於部分學校編制未落實，推廣教授定位與績效認定困難，推廣教授與試驗改良場關係不明確，致使教授參與教育推廣工作意願也不高。

臺灣農業改良場在早期並沒有農業教育推廣職能，但是為了適應當時以技術改良和推薦新品種為主要內容的農業推廣工作，改良場於 1961 年開始增設農業推廣課，1991 年成立農業推廣中心。2000 年頒佈的「農業推廣實施辦法」正式確定改良場為農業推廣機構，負責本地區農業科技傳播、農業產銷、

〔註50〕臺灣大學農業推廣委員會網站（http://www.bioagri.ntu.edu.tw/extcom/sub_title/ research/research_02.html）。

〔註51〕嚴淑玲、鄭政宗：《臺灣農業推廣制度變革芻議》，《臺灣農業推廣發展趨勢研討會會議實錄》，2008 年 2 月，第 123 頁。

農地利用規劃、農民組織輔導、農業資源維護、農業經營改善、農村綜合發展、農業信息化、家政推廣與社會教育、農民生活改善及農業試驗研究成果推廣等工作。

農委會、教育部和國科會於 2004 年 12 月 7 日聯合頒佈的「農業研究教育及合作辦法」規定，中央主管機關為確保並提升農業競爭優勢，建構農業研究、教育及推廣合作制度，應會同中央教育及科技主管機關確定農業實驗研究機構與農業相關院校間，農業推廣機關及農業試驗研究機構間的實驗、教育、訓練及推廣等業務的聯繫、協調及合作機制。

儘管歷經多次改變，農業改良場依靠其技術資源和專門的推廣力量，承擔了過去大量政府項目計劃，與基層農會和農民班組建立起緊密互動關係，形成了地區性的教育推廣樞紐。但是，由於區域性限制，加上農業改良場沒有直接下屬機構，教育推廣工作大都需要通過地方農民團體如農會等來協助執行。

（三）公營及其他教育推廣系統

農會教育推廣系統、政府農業推廣系統和農業科研教育推廣系統都不是以營利為目的的教育推廣機構，它們主要是為實現某種既定農業政策或整體戰略規劃的需要而參與教育推廣工作，屬目的性教育推廣機構。與此相反，某些公營或私營農業企業為了自身利益或者業務發展需要，也從事與其業務有關的農業推廣工作，如臺糖公司、煙酒公賣局、物資局、青果合作社、菠蘿公司、農林公司等等。本書以臺糖和煙酒公賣局為例來說明這些公私營機構從事教育推廣工作的過程。

1.臺灣糖業公司

臺灣糖業公司作為一個企業組織，生產經營目的就是為追求最大利潤。糖業公司主要原料甘蔗，有 70%至 80%來自農民的合同蔗園。因此，甘蔗產量和品質就嚴重影響公司生產和效益。故其推廣目標就是增加甘蔗種植面積，提高甘蔗產量和品質。公司專門成立農務處負責推廣設計考核和原料推廣事宜，設立專門的甘蔗改良推廣委員會、農業督導處和農務課等，依靠糖業試驗所、種畜場以及各甘蔗改良場所獲得的技術和優良成果，經推廣委員會各有關技術小組，各糖廠農務課和原料區推廣人員直接指導農民，或由鄉鎮農會來負責指導農民，辦理甘蔗推廣事宜，為蔗農提供增產技術指導和其他有關的技術服務。

2.臺灣省煙酒公賣局

　　煙酒公賣局的推廣工作同樣以追求利潤為目的。以煙草和原材料如高粱、葡萄以及大麥等酒水原料為主要對象。煙酒公賣局第七科負責各項推廣工作，並在臺中、嘉義、屏東、花蓮等煙草產區設有煙葉廠，各煙葉廠再分設若干輔導區，負責種煙技術輔導工作。煙酒公賣局所屬煙葉實驗所和示範場負責煙草種植的研究實驗與示範工作。

　　在臺灣公、私營的農業企業中，除了臺糖公司及煙酒公賣局設有專人辦理與其業務有關的推廣工作外，其他還有物資局、農林公司和青果合作社分別辦理黃麻種植、茶葉生產和香蕉、柑桔等青果的種植與收購等農業推廣工作。雖然各企業機構所辦理的推廣項目不同，但其從事推廣工作的目的是相同的，那就是要保障其生產所需的優質原材料，並在其能力範圍內保障合同農戶的利益，提高他們的教育水平，確保農民長期穩定的原材料供應，從而實現企業長久的利潤。

　　由上面分析可知，目前辦理農業推廣工作的機構繁多，推廣理念和內容也各不相同，但是，它們都按照自身需要或職責來辦理各種推廣業務，且其推廣對象都是農民，再加上臺灣農業經營的多面性和資源的局限性，從而導致作物種植和農業生產的衝突，引起農民的困惑，使推廣的效果大打折扣。另外，由於絕大多數基層農業推廣業務都是由相關部門委託鄉鎮農會的農業推廣人員來推行，就必然導致鄉鎮農會推廣人員受多家上級推廣機構的影響，而降低推廣工作的效率。

第三節　培養農民接近和適應市場的能力

　　臺灣農會尤其是各級農會教育推廣機構，在提高農民文化水平和農業先進理念、培養農民逐步接近市場、走向市場的能力，提高他們不斷適應快速發展變化的市場的能力等方面發揮了顯著作用。

一、經濟社會發展呼喚市場和市場意識

　　農業生產經營活動的主體是廣大農民和農業從業者，因此，農民及農業從業者的素質和理念就決定了農業發展的水平和貢獻。農民和農業從業人員的素質與理念包含知識水平、學習能力、市場能力和應變能力等方面。知識水平和學習能力主要指農民和農業從業人員在農業生產和加工領域所要具備

的知識、技術、方法、思想和理念等方面的本領，用以更好的實現改良農民家庭、改善農村生活質量、美化農村環境衛生、促進鄉村建設運動、豐富農村樂育活動、提高公民訓練水平等建設目標；市場能力和應變能力則主要是指農民和農業從業人員在農業經營活動和市場環節所必需的對市場，尤其是對農產品的供銷、運銷、倉儲和交換等市場經營行為方面的理念、知識和技能。

臺灣加入 WTO 後，隨著經濟全球化的逐步深入和島內市場發展需求，結合整個農業產業架構的整合提升，對農業從業人員素質進行轉型調整，鼓勵推廣人員強化自身知識技能學習，開闊宏觀視野，培養業務創新能力的同時，大力培養農民接近市場的能力，強化農民市場意識，積極教育和引導農民參與市場競爭也就成為破解臺灣農業發展和鄉村建設難題的關鍵。

市場經濟要求資源配置和一切生產經營活動都必須遵循「優勝劣汰、市場調節」的原則。農業產業的生產經營活動，處於全球市場大循環的基礎地位和關鍵環節，直接影響到工商、金融、社會服務等其他產業的發展穩定。因此，掌握先進農業知識技能，又具有敏銳市場意識的農民必定具有良好的市場競爭能力，具有良好市場競爭力的農民也是保證農業產業健康、穩定發展的重要基礎。健康穩定發展的農業產業必將促進和帶動整個經濟平穩發展、促進農村經濟繁榮、有利於優秀傳統文化復興和社會和諧進步，為農民成長進步和素質提升營造良好氛圍。

二、農會與農民市場意識培養

農業是國民經濟和社會發展的基礎產業。農業生產活動的主體是農民及廣大農業從業人員，具有豐富農業科技知識和良好市場能力的農民及農業從業者，則是保證農業發展的核心要素。在早期農業推廣機構和其他推廣機構的共同努力下，經過若干時期發展，臺灣農民首先從佃農變為自耕農，完成了自身的徹底解放，隨後又從自耕農逐步變成「小地主」，變成知識經濟時代具有豐富科技知識和市場適應能力的新時代農民。在這個過程中，農會始終陪伴在農民身邊，教育和引導農民掌握先進知識技能和生產方法，培養農民接近和適應市場的能力，對臺灣農業發展和農村經濟繁榮做出了無可替代的重大貢獻。

根據其自身特點和社會需求，農業產業可以分為生產加工和市場營銷兩

種存在形態。前者主要指依靠農民先進的農業知識、生產技能、操作方法和耕作理念等，加上必要的作物品種、氣候條件、自然環境、農業設施等農業生產的基本要素，實現農業生產從無到有、從劣到優、從小產量到大規模的全過程，它是確保農業產業參與市場營銷活動和農產品穩定增產，持續增收的前提。爲了讓農民得到農業發展帶來的更多實惠和成果，在確保第一階段生產過程完成的前提下，必須重視農產品的市場和運銷機制，調節供求平衡，穩定農產品價格，建立良好的市場秩序和營銷環境，切實保證農民持續穩定的收益，確保農業發展和鄉村建設的人力資源和資金投入，促進經濟和社會健康穩定發展。農產品的市場營銷過程充分體現並檢驗著農民的市場營銷能力，是經濟全球化和自由化時代農民的基本素質之一，是農業相關領域產品實現價值轉換和品質提升的重要平臺，它不但決定著農業產業發展的命運，也是影響農業發展水平和鄉村經濟繁榮的核心因素。

當社會經濟發展達到一定水平，農業就不再僅僅是農民、地主和政府之間的問題了，農業生產的本質也會發生改變。農民成爲從事農業生產活動的專家，農家也由早期自給自足的狀態轉變爲高度商業化的狀態，農民所需要的生產用品也由於性能或品質的複雜和社會分工的需要，必須由專門企業提供；另一方面，人口大量湧入都市，生產者和消費者距離延長，交通網絡的日益發達等社會經濟結構的變化，使大量農產品必須經過加工、長距離運輸、倉儲等過程才能最終到達消費者手中。這一龐雜繁瑣的過程也逐步由專門的運銷行業取代，而農民則成爲農產品的原始供應者。專門提供生產用品和運銷功能的人員都是脫離土地的農民，他們根據社會分工和市場需求，逐步從農業生產而轉向市場營銷，開始了農業生產過程的第二階段，這也正是農業快速發展和農村繁榮進步的源泉。所謂農業發展，其實就是農業現代化的過程。農業現代化，從生產方面看，就是指農業生產力的不斷提高，而從產品運銷市場方面看，則是指農產品的高度商業化。農業生產力的提高，其實就是上述的第一階段生產加工過程必須依靠新的生產要素的不斷出現和持續供應而生產出大量、優質農產品；農產品的高度商業化，其實就是實現農產品市場穩定、有序和自由的流動，這首先要依賴於較高的農業生產水平，確保足夠的優質農產品投放市場；其次，還要建立一定數量的、高素質的運銷隊伍；第三，需要依靠政策法律層面和農民組織系統強有力的約束和保證，以實現農產品交易市場的自由和有序運行。

　　農業生產的快速增長和農產運銷的不斷壯大爲臺灣帶來豐碩成果，早期臺灣 90% 以上的外匯收入都是來源於農產品的生產及加工出口，這些外匯收入被分別投入到工業建設和鄉村電氣化建設中，又帶動了農業生產所需的化肥、農藥、飼料和生產工具等製造業的發展。〔註 52〕同時，良好的市場推動能力擴大各種農作物的種植面積，大幅度提升了農作物產量，促進了農業與對外貿易、農業與肥料及農用器材工業的密切配合，帶動了整個農業產業發展及農業技術提升，同時也有力促進了鄉村經濟的發展和繁榮。

三、近年來農會培養農民市場能力的主要貢獻

　　隨著社會發展、科技進步和市場環境的優化提升，許多新思想、新技術、新產品被廣泛用於農業及農村生活各個領域，使之成爲廣大農民應對挑戰，發展事業的堅強後盾。爲應對國際貿易自由化及全球化趨勢，確保臺灣農業永續發展，行政院於 2009 年 5 月 7 日頒佈了「精緻農業健康卓越方案」，通過健康、卓越、樂活三大農業創新方向，依靠技術研發創新或新市場的開發增加產品競爭力；以樂活農業爲發展目標建設和運營自然生態農場；結合精緻農業實施新契機開創休閒農業和觀光農業新局面。農業和農村建設方面的主要成就有：整合鄉村社區發展，活化鄉村青少年組織，營造農村健康生活及生產支持體系；創新訓練體系，強化農民市場意識，推動終身學習，建立專業技能提升和諮詢輔導體系，提升農業發展潛力；實施漂鳥計劃，建立漂鳥體驗營，引導漂鳥築巢，輔導漂鳥圓夢項目，吸引大批優秀人員從事農業生產；充分利用地方特色和多元化優勢，積極開拓新的農產品市場，聯合促銷，創造利潤，降低經營成本等等。

　　根據行政院農業委員會計劃，2001 年各級農會組織開始實施鼓勵農村家政班婦女以六人一組，申請「農村婦女開創副業獎助輔導計劃」，經營「田媽媽班」〔註53〕，至 2007 年成功舉辦 152 個班次，以餐飲服務居多，年營業額約 2000 萬新臺幣，利潤約 800 萬新臺幣。〔註54〕同時還通過創新農業經營組

〔註52〕沈宗瀚：《臺灣農業四年計劃》，收入黃俊傑編著，《沈宗瀚先生年譜》，臺北：巨流出版社，1990 年增訂再版，第 470～476 頁。

〔註53〕陳秀卿：《農村婦女開創副業獎助輔導要點》，行政院農業委員會訂定家政推廣重點工作實施方法，2001 年。

〔註54〕曾玉惠：《農村婦女成功創業之個案研究》，《高雄區農業改良場計劃研究報告》，屏東，高雄區農業改良場，2006 年。

織，依據市場需求，在現有農業環境中，通過融和文化因素，讓農產品更具有故事及獨特性，增加農產品的市場競爭力，提高經濟效益。

農業產銷班在農業轉型經營過程中扮演重要角色，各級農業推廣人員承擔輔導產銷班的重要工作。為強化農會推廣人員輔導產銷班企業化經營能力，提升經營效率，達成良好推廣目標，2010 年度各級農會辦理「農推人員輔導產銷班培訓初階班」和「農推人員輔導產銷班培訓進階班」，強化充實第一線農業推廣人員對於企業經營、市場營銷、適應環境和規劃創新等能力的理解掌握，切實發揮好農業推廣組織的服務和保障等功能，落實農業永續發展和永續鄉村建設。

近年來，臺灣農會組織先後通過強化和創新推廣教育體系，將「農業技術交換暨經驗發表競賽」改為「農業經營管理競賽」，希望能將以往注重生產的管理方式，朝著重於生產、運銷、市場及銷售等多面向的農業經營管理模式。實施「農業漂鳥計劃」、「創業圓夢計劃」、「飛雁項目」和籌建農民學院等多種形式，積極開展兩岸交流合作，先後舉辦「臺灣湖北周」、「臺灣江蘇周」、「海峽論談」、「兩岸鄉村座談」、「中國西部國際博覽會」、「海峽兩岸茶業博覽會」、「上海國際食品展」、「海峽兩岸（江蘇）名優農產品展銷會」等活動，更好地為新經濟時代農村創業者提供支持和幫助，培養他們勇敢接近市場，走向市場，樹立市場經濟條件下的宏觀視野和經營意識，並在市場經濟浪潮中，堅持學習、進步，學會自立、創業，為爭取獨立，創造就業機會，推動市場經濟發展，服務鄉村建設做出應有貢獻。

第三章　促進臺灣特色農業的轉型升級

推動農業發展，加快培育臺灣特色的農業產銷合作組織，促進臺灣特色的農業轉型升級始終是臺灣農會組織的首要任務之一。臺灣農會組織始終圍繞培育和促進供銷合作事業發展，構建完善的農業產運銷服務體系，加快政府委託業務發展，推動農會自營業務不斷增長，實現農會自身發展，推動臺灣農業不斷轉型升級，從最初自給自足的落後農業，發展到農業培養工業時期，再到現階段的優質休閒和觀光農業。

第一節　農會與臺灣農業發展

一、農業發展的歷史階段

在土地改革後的 1952 年至 1968 年，臺灣農業增長率平均每年高達 5.4%，〔註1〕為早期農業發展和原始資本積累奠定了堅實基礎。同時，在農業快速發展的基礎上，政府大力推行「以農業培養工業」政策，帶動了臺灣工業自上世紀 50 年代中期開始的快速發展。工業的快速發展和城鎮化步伐的加快，使得農業生產成本快速增加，許多地方開始出現農村青壯年農民大量遷移到城市務工，農村勞動力嚴重不足的局面，加上農產品價格的長期在低價位徘徊，農民所得與非農民所得差距越來越大，導致農業發展緩慢。針對上

〔註1〕 沈宗翰：《臺灣農業發展政策之蛻變》，余玉賢主編《臺灣農業發展論文集》，臺北：聯經出版事業公司，1975 年，第 122 頁。

述情況，政府開始採取若干有利於農業增產的新措施，通過降低農業生產成本及控制供運銷成本，積極推行農業機械化，提高農業勞動生產率，實現臺灣農業新一輪的快速發展和騰飛，這是臺灣農業發展政策的一個重要轉折點。隨後臺灣農業還陸續經歷了經濟全球化和貿易自由化衝擊，重視保護自然環境和生態系統的國際趨勢，以及發展優質高效農業和休閒觀光農業的世界潮流等時期，因此，臺灣農業政策加快了調整步伐，以快速適應不斷發展變化的世界農業發展現狀和民眾現實需求。在整個農業發展過程中，各級農會組織始終扮演著政府推動農業政策和鄉村建設的「政策工具」和「政府夥伴」，承擔著政治、經濟、教育、社會和文化等多種目標功能。

臺灣農業發展大致經歷了以下幾個主要歷史階段：

（一）光復初期自給自足階段（1945 年至 1953 年）

這一時期臺灣剛剛脫離日本殖民統治，農村還處於非常貧窮落後的狀態，再加上國民黨在國共內戰中潰敗，大量國民黨軍公教人員和眷屬退守臺灣，導致島內糧食和生活用品等的需求量激增。因此，促進農業快速發展，提供充足的糧食成為這一時期政府和各級農會組織的首要任務。由於這一時期政府財政收入較少，國外援助額度也極為有限，無力承擔購買大量糧食及生活用品的費用，所以解決大量激增人員的糧食和生活用品需求必須依靠自力更生，實現自給自足，以求人民安居和社會安定。為了迅速實現糧食增產，就必須加快建設和修復農田水利設施、提供優良農作物品種、改進耕作技術並增加肥料和農藥供應。同時，自 1949 年開始政府在農復會具體運作和指導下，依靠各級農會組織著手實施土地改革，通過實施「三七五減租」、「公地放領」和「耕者有其田」策略培養和造就大批自耕農階層，調動起廣大農民的生產積極性，使糧食等農副產品產量得以大幅度提高，基本滿足了島內居民生產和生活需要，保持了臺灣農村社會的安定。

（二）實施農業培養工業時期（1954 年至 1967 年）

臺灣光復後，政府和各級農會組織攜手努力，通過實施自給自足的糧食生產政策，不但滿足了島內居民基本的生產和生活需要，也奠定了早期臺灣農業基礎。經過土地改革培養和造就大量自耕農階層並奠定堅實的農業基礎後，臺灣開始推動全面的經濟建設計劃，自 1953 年開始連續推動了五期「四年經濟建設計劃」。這一時期，通過一系列農業政策的改善和調整，臺灣農業

生產基本滿足了島內居民糧食和生活用品需求，大量隱藏性的農村失業人口得以參與農業生產，成為促進農業發展和經濟繁榮的生力軍。依靠農業培育起來的臺灣工業部門迅速發展壯大，逐步建立起了食品加工、紡織工業、肥料生產和農藥產業等門類齊全的臺灣輕工業體系。

　　這一時期臺灣的農業政策，一方面注重加強糧食增產的具體舉措，另一方面又通過制定相關政策措施確保把農業部門積累的資金快速轉移到工業和其他部門，加快培育和完善臺灣的工業體系。在加強糧食增產的舉措方面，臺灣當局先後頒佈「農牧綜合發展計劃」，推動農業和畜牧業綜合協調發展，確保糧食和肉、禽、蛋、奶等農副產品的穩定足量供應；推行「綜合性養豬計劃」，實現生豬的規模化飼養和科學養殖，在保證臺灣島內生豬供應的同時，大量增加生豬出口創匯，以支持臺灣工業發展；創辦「統一農貸計劃」，依靠各級農會信用部門龐大的網點和政策優勢，實現農業生產和生活領域各種小額貸款和生產所需資金的全面覆蓋和合理分配；發佈「農業推廣實施辦法」，通過發展農村社會事務，開展農事推廣、家政推廣和四健推廣活動，切實承擔起教育和組織農民，提高農民知識技能，增加農民生產收益的重任。同時政府還通過實施「肥料換穀制度」、「田賦徵收實物條例」及「隨賦收購稻穀辦法」等政策確保農業生產的剩餘可以由政府統一調配並最大限度的轉化為培育和支持工業發展的資金。臺灣農業快速發展，生產總值從 1953 年的 103.9 億新臺幣增至 1968 年的 488.8 億新臺幣，增長 3.7 倍；稻米產量則從 164.2 萬噸增到 251.8 萬噸；農業生產年平均增長 5.5%，土地生產力年平均增長 4.6%。〔註 2〕農業高速發展帶動了工業的快速成長，也使得臺灣整體經濟的成長率由 1954 年的 7%快速增加到 10%。同時，臺灣工業產值也首次超過農業產值而成為此後相當長時期內臺灣經濟和社會發展的巨大引擎。

（三）農業與工業並重，攜手發展階段（1968 年至 1983 年）

　　隨著土地改革的基本完成和農業培育工業策略的實施，臺灣經濟建設取得巨大成就。這一時期，臺灣經濟出現巨大轉折，工業產值迅速增加，超過農業產值，工商業逐漸成為臺灣經濟騰飛的重要支柱產業而受到更加的重視。而農業則是事關國民安全與社會安定的基礎性和戰略性產業，農業生產和糧食安全決定著國家命脈，對整個經濟發展和社會繁榮有著舉足輕重的作

〔註 2〕　中國臺灣網（http://www.taiwan.cn/jm/ny/dnnygk/200703/t20070322_358313. htm）。

用。爲此，當局實施農業與工業並重，攜手發展的重大策略。這一階段政府農業政策的重心也逐步由早期的促進農業生產、增加糧食和農副產品產量、提高農業科技水平並加速推動農業機械化等具體策略如「農業生產改進措施」和「加速農業機械化方案」等轉向對農民進行合理補償和對鄉村建設的逐步加強，如隨後實施的「稻米保證價格收購制度」和「提高農民所得加強農村建設方案」等具體措施。同時，爲了確保農業和工業的共同發展，一方面滿足和保證居民糧食和農副產品需求，另一方面也依靠工商業的快速發展，進一步支持臺灣地區農業現代化，增加農民生產收益，發展農村經濟，推動農村建設，臺灣當局於 1973 年制定「農業發展條例」，以全面指導和規範臺灣地區農業發展各項政策、措施和具體事務，爲以後臺灣農業進一步改革調整，爲臺灣地區發展優質高效農業和休閒觀光農業發展奠定基礎。

（四）加快調整和整頓時期（1984 年至 1990 年）

到上世紀 80 年代中期，經歷光復後近 40 年的快速發展，各級政府和農會大力推動和輔導各項具體農業措施，帶動了臺灣農業快速發展，農業生產水平和生產效率得到前所未有的提高，尤其是稻米、雞、魚、肉、蛋、奶等糧食和農副產品產量大增，不但滿足了人口日益增長的需求，而且隨著臺灣由傳統農業社會型態逐步向工商業社會型態的過渡，民眾的糧食及農產品消費結構也隨之發生變化，再加上政府逐步放開國外農產品進口，導致更加嚴重的農產品和糧食剩餘，也讓臺灣農產品產銷結構暴露出更大弊端。因此，加快調整農業產銷結構，實現農業產、供、銷的合理匹配就成爲這一時期的重要任務。這一時期各級農會組織在政府和民眾的大力支持下，加快實施第二階段農地改革，實現農業生產規模化和產業化發展，全面推動農業機械化，鼓勵各中小型農場推行聯合委託與合作經營。通過推動稻田轉作計劃和實施「農產運銷改進方案」來實施農業產銷結構改革，以確保農業生產和農副產品的產供銷平衡。

（五）發展優質高效農業，實現農業永續發展（1991 年至 2001 年）

上世紀 90 年代以來，隨著經濟全球化和貿易自由化進程加快，臺灣農業發展面臨新一輪巨大衝擊和挑戰。隨著島外農產品大量進口及重視自然環境和生態保護潮流的興起，農業產業結構出現嚴重弊端。因此，政府於 1991 年實施「農業綜合調整方案」，著手調整農業產業結構。同時，爲了增強農業競

爭力，保護自然環境和生態，實現人與自然和諧相處，促進農業永續發展，當局於 1998 年頒佈實施「跨世紀農業建設方案」，依靠國際化視野、前瞻性的理念和全域性的思維，加速農業品種改良，發展優質高效的現代化農業，重視農業生產、農村生態和農民生活三位一體的綜合發展，以實現臺灣農業的全面、協調、可持續發展。

（六）發展特色休閒農業建設富麗鄉村（2002 年至現在）

上世紀 80 年代末期以來，隨著臺灣經濟快速穩步發展，居民收入持續增加，生活水平和質量得到快速提升。1998 年臺灣實施隔周休二日的新政策後更是極大增加了民眾用於休閒的時間。2002 年臺灣介入 WTO 後，隨著農業環境的變化，加上農業轉型發展的迫切要求，以及民眾對自然生態旅遊及農業體驗的現實需求使得休閒農業成為農業經營的主要型態之一，也成為提升農業經營品質的最佳途徑，於是休閒產業在臺灣地區快速發展起來。同時，隨著上世紀 80 年代末期開始的都市化和工業化等外部環境衝擊，以及農村社會內部機構演變的雙重影響，臺灣農村發展前景越來越暗淡，進入新世紀，尤其是加入 WTO 以後，農村人口大量外流、農村基本設施不足和發展缺乏動力，導致農村生活與既有的地方文化特色、自然環境及景觀風貌等特色逐漸喪失，經濟和社會發展無序而緩慢，農村勞動力就業機會缺乏，鄉村逐漸失去魅力及吸引力。為此，臺灣當局先後頒佈實施「休閒農業區設置管理辦法」，「21 世紀臺灣發展觀光新戰略」和「休閒農業輔導管理辦法」等措施，通過策略聯盟方式，集中力量發展農業園區，結合社區總體營造策略，帶動鄉村社區整體發展，增加園區居民的收益，促進當地經濟繁榮與社會發展，以實現建設富麗鄉村，確保農民生活尊嚴的長久目標。

二、農會與農業發展政策

（一）光復初期多元變動時期（1945～1953）的農會與農業發展

光復初期政府為了讓農會更有活力，更加民主，於 1946 年採用民主選舉理監事的辦法並將農會與合作社分立。到了 1949 年，由於考慮到農會推廣和金融等事業的緊密關係又將二者合併，使農會成為了具有農業推廣、供銷和信用業務的綜合性農民組織。這期間，由於臺灣剛剛脫離日本殖民統治，加上國共內戰後，國民黨大批軍公教人員及眷屬退臺，使島內人口激增，糧食和農副產品供應遭遇嚴重危機。為了應對上述問題，政府通過各級農會組織

首先實施土地改革，培養大批自耕農基層，再把農業新品種和農業新技術通過農會推廣部門介紹給自耕農，充分調動他們的農業生產積極性，為早期臺灣糧食和農副產品的自給自足做出了貢獻。然而，由於臺灣農業比較落後，農業的商品化程度較低，大部分農產品基本處於自給自足狀態，沒有多餘的農副產品和合適的市場可供交易。因此，這一時期各級農會的主要功能就以推廣政府農業政策、傳播農業技術和推銷農業新品種等的推廣工作為重要使命，而供銷業務則基本處於停滯狀態。

光復初期政府財政吃緊，各項事業百廢待興，政府用於農業等基礎產業部門的公共投資大大減少，1941年至1950年間政府用於水利設施方面的投資僅是1921年至1930年間的三分之一。〔註3〕而同時期由於民間儲蓄率大大降低，原本依靠地主富農等投資興建的農業基礎設施等，也幾乎陷於停頓狀態。剛剛擺脫日本殖民統治和國共內戰的臺灣農民依舊處於貧窮落後，生產力水平較低，儲蓄和消費水平不高的困境中，農會信用業務也就不能正常發揮作用。與此同時，光復初期臺灣農村的社會結構存在嚴重問題，地主和佃農由於利益衝突而長期對立，地主階層由於擁有大量土地及錢財，部分還接受過較好的教育，而成為農會中必然的領導階層，他們控制和把持著各級農會組織，把農會變成為地主階層利益服務的工具。廣大佃農沒有土地，要受地主階層的層層盤剝，生活在社會最底層，也被排除在農會領導層和管理層之外，缺乏對農會組織的向心力。在這種畸形的農村二元架構下，社會政治極不安定，物價不穩，通貨膨脹嚴重，面臨崩潰的農村金融體系，地主和農民的嚴重對立，僵化混亂的農會組織架構等都使得農會組織無法有效開展業務，也嚴重阻礙了農業發展和農村社會進步。

（二）改組後至《農會法》頒佈前（1954～1974）

針對光復初期，臺灣農村畸形的二元結構和僵化混亂的農會組織架構嚴重阻礙農會業務開展和農村社會進步的情形，政府於1952年8月頒佈「改進臺灣省各級農會暫行辦法」開始對農會實行改組，至1954年2月改組基本完成，臺灣農會進入新的發展階段。與此相呼應，政府自1949年開始進行土地改革，至1953年基本完成。由於土地改革而造就的大批自耕農階層的社會地位大大提高，同時，由於農會改組，使得自耕農階層參加農會組織，參與農

〔註3〕Rada E.L. and Lee, T.H.: *Irrigation Investment in Taiwan*, Taipei, 1963, P37.

會監督管理的積極性也大大增加，由此一來，農會各項業務呈現出勃勃生機，進入全新的發展階段。

通過結合政府土地改革政策和農會自身改組措施，臺灣農業發展逐步走上正軌，於是政府從 1953 年開始實施「四年經濟建設計劃」，有計劃地推動經濟發展，這一時期，農會組織積極配合政府各項農業政策，使得農業生產和農會各項事業得到快速發展。隨著農業產量的增加，農產品市場不斷擴大，市場化程度也不斷提高，農業生產結構和資本投入也在逐步調整。1952 年臺灣農作物和畜產品產值占農業總產值分別為 68.6%和 15.8%，而到 1962 年這一比率則變為 64.6%和 21.5%。〔註4〕與此同時，肥料、農藥和飼料行業生產投入則大幅度增加。〔註5〕這期間臺灣工商業也在農業的培育和支持下快速發展，工業產品出口額逐年增加，但仍遠低於農產品及農產加工品出口比率，因此，這一時期臺灣工業還處在起步階段，農業部門仍然是臺灣經濟發展的領導部門，農業也是經濟建設的重中之重。各級農會組織作為執行政府農業政策的最基層單位，也必然會得到政府的全力輔導和推動，使其組織更健全，業務更齊全，以更加有利於臺灣農業發展。農業部門的發展，不但可以提供足夠的糧食和農副產品，確保島內居民的日常生活，增加就業機會、提高生活水平，還可以賺取大量外匯轉移到工商業部門，支持工商部門快速發展。

經過近三期「四年經濟建設計劃」和農工平衡發展策略的執行，1962 年臺灣工業出口總額超過農業出口總額，1963 年工商業總產值也首次超過農業，國民儲蓄則迅速超過 10%而達到 12.7%。〔註6〕這些數據充分表明自 1963 年開始臺灣已經從農業為主的經濟轉變成為工業為主的經濟，成為臺灣經濟發展的重大轉折點。這期間，雖然臺灣農業與工業部門的相對地位發生了改變，但是，在政府和農會組織積極推動下，農民把更多的農藥、肥料和生產積極性投入到農業生產中，使農業生產依然保持較高的增長勢頭，農業及相關產業商品化和市場化程度逐步提高。上述農業生產結構和投入要素的調整直接推動了農會的政府委託業務和供銷業務快速增長，政府委託和供銷業務的增長必然帶動農民資金需求和融通的增加，農會信用業務也隨之逐步發展

〔註4〕　臺灣省農林廳：《臺灣農業年報》。
〔註5〕　王友釗：《臺灣之農業發展》，收於張國爲編《臺灣經濟發展》，臺北，1967年。
〔註6〕　CIECD: *Taiwan Statistical Data Book*, 1970.

壯大。同時，農會為了適應農業結構調整和畜產品產值的快速增加，也開始增加家畜保險業務。由此可見，這一時期，由於政府推行土地改革和農會改組，造就了大批自耕農階層，極大調動了農民生產積極性，使得農業產值迅速增加，農產結構和資本投入也隨之調整，帶動了農會各項業務，尤其是供銷和信用業務的快速增長。推廣業務則由於具備一定基礎，加上業務經費不足而處於相對平穩的發展階段。表 3-1 列出了本期臺灣農會發展階段與農業發展之間的關係。從這一時期臺灣農會供銷、信用和推廣各部門的經營業績數據可以看出，1962 年前後農會各項事業均出現較大跳躍性增長，〔註7〕因此，1962 年就成為臺灣農會業務的分水嶺。

表 3-1　臺灣農會發展階段與農業發展關係

項目＼階段	農會組織型態與業務發展	農業政策目標手段	農業結構特徵
第一階段（1954～1961）	1.嚴格規定會員資格，業務經營走向正規，符合農民利益 2.增辦政府委託業務 3.增辦家畜保險業務 4.農民對農會建立信心	目標：發展農業，以農業培養工業 手段：土地改革（耕者有其田），農會改組，改進技術，增加農業投資，強化農村金融	1.農民生產積極性增加 2.農業增產，糧食豐收 3.社會安定，經濟發展 4.工業部門產值低於農業部門
第二階段（1962～1974）	1.農業推廣業務遲緩 2.信用業務快速發展 3.供銷部門政府委託業務快速增長 4.供銷部門自營業務增長遲緩 5.農會信用業務正式納入金融體系 6.農會法正式頒佈，確立農會信用法律地位	目標：農業發展（工業支持農業），加速農村現代化，繁榮農村經濟 手段：發展農村金融，加強技術改進，推動農業機械化，提高農業生產率，設立糧食平準基金，購買農民餘糧	1.農業生產和投入增加 2.農工爭奪勞動力資源 3.工業部門產值超過農業部門 4.農業投資和農民所得偏低 5.結束農業培養工業，邁向持續發展階段

資料來源：作者自行整理。

　　上世紀 60 年代末期至 70 年代初期，臺灣農業發展趨於緩慢，甚至出現衰退的跡象。農村人口大量外流，農村基礎設施不足，發展缺乏動力。為了解決農業和農村發展問題，臺灣當局開始改變農業政策，於 1972 年頒佈了光

〔註7〕李登輝：《臺灣農業之基本問題及其對策》，臺北：油印本，1971 年，第 178 頁。

復後臺灣最重要的農業政策——「加速農村建設九項重要措施」，主要包括廢除肥料換穀，放寬農貸條件，改革農產運銷制度，加速推廣綜合技術栽培以及加強農業實驗研究與推廣工作等。為了配合農業政策的調整，更加有效推動農村建設方案，臺灣當局決定於 1974 年頒佈實施《農會法》進一步加強和規範農會各項功能。農會法規定農會除原有的農業推廣和供運銷外，增加農畜批發市場，保險部和信用部，成立共同經營機構負責辦理農會各項業務，取消農會股金制，提取不少於 60%的農會總盈餘用於發展農業推廣及文化福利事業。農會法還從制度上確立了農會的法律地位，基本確立了基本沿用至今的推廣、供銷、信用和保險四大業務體系，它們彼此分工協作，作為臺灣農會的有機組成部分，在相當長的時期內對推動臺灣農業復蘇、加速農村建設、繁榮農村經濟和促進社會進步做出了不朽貢獻。

（三）實施新《農會法》階段（1975～2001）

農會法頒佈後，農會組織即在新的業務體系下，積極推動農村建設各項措施，擴大農業貸款範圍和額度，改革農產運銷體系，促進畜禽產品的供運銷，加速推廣綜合技術栽培以及農業實驗研究與推廣工作，較好推動了農村各項建設工作，減緩了臺灣農業衰退速度。同時，為了促進基層農村金融業務的快速發展，進一步規範農村金融市場秩序和農會信用部經營管理，1975年臺灣當局頒佈實施「農會信用部業務管理辦法」，明確規定農會信用部的法源為「農會法」和「銀行法」，同時確立農會信用部的目的事業主管機關為臺灣金融主管機關。

上世紀 70 年代末期以來，隨著工業化快速發展和經濟全球化的影響，臺灣農業發展和鄉村建設遭受前所未有的嚴重困難和挑戰。為此，臺灣當局於 1981、1985、1988、1991、1994、1999、2000 和 2001 年連續八次對農會法進行修正，配合政府同期頒佈實施的「農業發展條例」、「六年經濟建計劃」、「第二期提高農民所得加強農村建設方案」和「八萬農業建設大軍之遴選和組織要點」等各項農業政策，切實解決農業發展所面臨的日益嚴重的困難和問題，並著手改變過去臺灣農業擠壓式的「發展榨取」的思路，而逐漸轉向農業和工商業的平衡發展，在各級農會組織和廣大農民共同努力下，臺灣農業得到持續穩定發展，農業公共投資也得到加強，農民收入逐步增加，農業科技和農業推廣得到快速發展。工商業也為農業發展提供了大量的農業科技、農業機械、肥料和農藥等，反過來又有力促進了臺灣農業的發展。

1991 年當局頒佈實施《農業綜合調整方案》，臺灣農業開始全面轉型升級，走向發展優質高效農業和永續農業。農會作為影響力最大、與農業關係最緊密的基層農民組織，更是積極配合政府推動農業轉型升級，發展優質高效農業，實現農業脫胎換骨的飛躍。

（四）實施《農業金融法》時期（2002～2015）

新世紀以來，尤其是加入 WTO 後，臺灣面臨的農業形勢更加嚴峻，傳統農業更是遭遇巨大挑戰。農會組織多項具體業務也因為傳統農業的退化以及鄉村社會缺乏吸引力而出現下滑甚至停滯，尤其許多農會信用部經營效率下降，部分信用部甚至無法經營。為此，民進黨當局決定全面啟動對農會信用部的改革重組，然而，民進黨的相關改革措施受到廣大農漁民的強烈反對，在 2002 年 11 月 23 日爆發了臺灣歷史上規模最大的農民運動——「1123 與農共生」農、漁民團結自救大遊行，要求政府順應民眾需求，完善農村金融管理體制。臺灣當局於是在 2002 年 11 月 30 日召開「全國農業金融會議」，達成實施農業金融監管一元化領導等五項共識，隨後於 2004 年 1 月 30 日正式頒佈實施「農業金融法」，並著手推行「以金融支持農業的正常發展，以農業維持金融的穩定成長」的政策。

隨著優質高效農業快速發展和臺灣居民對休閒農業需求不斷加大，各級農會組織因勢利導，引導部分民眾經營的農業果園轉型成為觀光農園並朝休閒農業轉型發展。為了鼓勵和扶持休閒農業發展，推動傳統農業轉型升級，當局先後頒佈實施了「休閒農業區設置管理辦法」，「21 世紀臺灣發展觀光新戰略」和「休閒農業輔導管理辦法」等措施，配合農村金融機構管理體制改革和農業金融法頒佈實施，依靠策略聯盟方式，發展休閒農業園區並結合農村社區總體營造策略，推動農業轉型升級和永續發展，建設富麗鄉村，確保農民生活尊嚴。

三、農會對農業發展的貢獻

自光復以來近 70 年的發展歷程中，臺灣農會始終以「增進農民利益、提高農民知識技能、增加生產、改善農民生活、發展農村經濟」為宗旨，依靠推廣教育、經濟事業、金融事業和保險事業等多種業務體系，共同承擔起政治、經濟、教育、社會和文化的多目標綜合性功能。對推動臺灣經濟社會發展尤其是農業發展和鄉村建設做出了不可替代的巨大貢獻，成為推動臺灣農

業和鄉村現代化、生態化和永續發展，實現「以臺灣為主、對人民有利」的總體農業政策，發展「健康‧效率‧永續經營」的全民農業的重要支柱。

光復初期，農會承擔著培養早期農村安定及領導人才的重任。光復初期及農會改組前夕，臺灣農村的實際領導人物基本上是地主階層或其代言人，但是土地改革後尤其是 1954 年的農會改組完成後，培養和造就了大批自耕農階層，從地主手中奪過農村基層村里長和農會組織的領導權，成為農村新時代的領導人物，帶領廣大農民會員，積極發展生產，保障糧食供給，不但保證了早期農村社會安定，實現了農業自給自足，而且還通過農會組織的教育推廣、選舉選聘及各種訓練班、產銷班等為農會和農村社區培養了新型領導人才，推動著臺灣農業和鄉村社會快速發展，為日後臺灣工業發展奠定了堅實的物質基礎和人才儲備。〔註8〕

臺灣農會對農業和經濟發展做出了巨大貢獻。光復初期，臺灣農業基礎非常薄弱，農業生產和服務體系幾乎空白，隨著政府土地改革政策和改組農會措施的逐步落實，1953 年經濟基本上恢復到二戰以前的水平。在此基礎上，政府繼續依靠各基層農會組織大力推動多期四年經濟建設計劃，實現了農業快速發展，糧食和農產品穩步增產，同時，完善農會農產運銷體系建設，在確保糧食和農副產品穩定增產，足量供應的前提下，擴大出口創匯，積累資金，用於支持臺灣工業起步和發展。從 1954 年到 1968 年的 15 年間，農會在農業推廣方面的支出費用，平均每年高達近 7000 萬元。農會信用部放款平均每年高達 14.8 億元，平均年增 26%以上。〔註9〕上述政策措施不但促進了優良品種的推廣種植，提高了農民知識技能，帶動了農業增產，農民增收，還實現了農場資源的合理利用，保證了經濟和外銷作物的種植。由此可見，無論是實現農業增產、農產品外銷、農場企業化經營和農產品商品化還是實現農業資金融通、積累資本促進工商業發展都離不開各級農會組織的密切配合與巨大推動，因此，農會不僅僅是對臺灣農業，更是對整個臺灣經濟發展做出了巨大貢獻。

協助政府推動各項糧食和農業政策，扮演政府政策夥伴的角色是農會組織對臺灣農業發展的又一重要貢獻。政府是各項糧食和農業政策的制定者，

〔註8〕 Kwoh, Min-Hsioh: *Farmers' Associations and Their Contributions Toward Agricultural and Rural Development in Taiwan*, Bangkok, P74~75, 1967.

〔註9〕 邱茂英：《臺灣農會與經濟發展》，收於於宗先總主編，余玉賢主編：《臺灣農業發展論文集》，臺北：聯經出版事業公司，1975 年初版，第 13 頁。

政府有義務保護農民生產積極性和必要的收益，為此，農會組織經常深入基層和農戶宣傳並推動政府糧食和農業政策，使政府各項政策措施得以順利執行，以穩定糧食和農副產品市場的產量和價格，同時，農會也接受政府及相關部門如糧食局、公賣局、煙酒公司等的委託，辦理田賦徵收、代辦肥料換穀、稻穀儲存和加工、農業貸款和物資配銷等各項業務，以謀取一定收益，實現農會自身的良性發展。

　　發展優質高效和休閒農業，推動農業永續發展，實現鄉村社區總體營造，建設富麗鄉村是新世紀農會組織面臨的重要任務。為推動傳統農業實現轉型升級，臺灣各級農會組織積極推動發展農業科技，實現農業品種的優勝劣汰，推動農業機械的升級換代；培育和建設果蔬和花卉等農村專業市場，擴大農產供運銷範圍，開辦農民購物中心和活力超市；提高農會服務水平，強化社會保障體系，推動農民健康保險和全民健康保險全面覆蓋；實現鄉村社會自然生態、環境衛生和基礎設施建設的良性互動，加快農村基礎設施建設；大力推動休閒農業區建設，發展都市農業，推動市民農園建設。1981 年至 2001 年的 20 年間各級農會先後輔導多個鄉鎮市設置完成包括楊桃、蓮霧、番石榴、百香果及蝴蝶蘭等在內的多種觀光果園。同時，農會組織自 1995 年以來積極推動都市農業發展，輔導設置市民農園、花卉公園、教育農園等，對具有發展休閒農業潛力地區進行休閒農、漁業公共設施建設。到目前為止，臺灣共劃定休閒農業區 78 處，休閒農場 320 家。〔註10〕截止 2015 年底，臺灣各級農會共開辦門市部、超市、調配處理中心和農民購物中心共計 594 處，營業總額超過 133 億元，收益近 22 億元。農民健康保險、全民健康保險和老年農民福利津貼參保人數近 380 萬人，〔註11〕同時，臺灣農會還注重休閒農業的信息服務，輔導籌辦觀光農園信息服務室和全省觀光農園班長聯誼會、臺灣農業策略聯盟協會、臺灣休閒農業發展協會以及臺灣省觀光農園發展協會等休閒行業的協會組織，共同為臺灣休閒和觀光農業提供支持和服務。面對新的發展機遇和挑戰，各級農會組織始終堅持農會宗旨，通過發展和完善符合「三生」概念的特色和休閒農業，推動農村社會服務和保障體系建設，實現農業轉型升級和鄉村活化再生。

〔註10〕臺灣休閒農業發展協會網站（www.taiwanfarm.org.tw/org/），休閒農業區和休閒農場數據分別截止到 2017 年 6 月和 2016 年 10 月。

〔註11〕臺灣地區各級農會年報，中華民國農會編，2016 年，第 18、19、38、45、46、50 頁。

第二節　培育農業合作組織

合作組織，簡單說就是以合作行為或合作功能為目的的人類組織體，其主要性質是組織中的每個人都處於平等地位，沒有壓迫或被壓迫等不平等情況的存在，每個人參與組織的目的都是相同的。合作組織具有經濟性和社會性兩大主要功能，經濟性是指其包含了生產、供銷、運銷和消費等一系列過程的經濟行為；社會性則是指組織中各行為個體之間互相幫助、互相依賴、互相配合的社會行為，以及他們賴以存在和表現的社會角色。一般來說，合作組織都可以分為動態和靜態兩種形態。動態的合作組織主要包括合作方式等的組織、協調和運作過程，指組織體內有合作關係的許多人（合作成員）與人之間的人事安排、合作互動的過程；靜態的合作組織是指合作性的組織體，比如生產合作組織、供銷合作組織、運銷合作組織和消費合作組織等。

歷史經驗告訴我們，大多數注重農業及農村發展的政府，都非常注重發展農民基層組織，尤其是基層的農民合作組織。基層農民合作組織是將行政系統下最基層的村、裏農民的一部分或全部通過一定的組織形式聯合起來，使之成為一個具有特定目標或功能的組織體，主要目的是通過團體的活動更加有效改善農業生產和農村生活。在一個商業化社會中，農業生產必須配合內銷和外銷市場需要，才能使農產品達到產銷平衡、供需穩定、價格合理，最終使農民收益提高。任何市場機能都是建立在良好的產銷和供需體系基礎上的。因此，建立穩定有序的農產品供給和運銷體系不但可以把握市場需要，做好生產計劃，而且還可以配合生產和供給的需要而調整運銷計劃，從而達到長期穩定的產銷和供需的平衡，保持農業生產的穩定增長和農村經濟的持續繁榮。

臺灣的合作事業起源於 1911 年的農村信用合作社，自成立以來，尤其是1945 年光復後歷經多次變革調整，基本形成了現階段的合作事業模式。1949年政府將合作社與農會合併後，由於經營規模不大，經濟力量薄弱，因此一直不能發揮積極的作用；鑒於推行農業合作組織，可以擴大農業經營規模、改善農業生產結構，政府於 1970 年和 1974 年先後頒佈了「現階段農村經濟建設綱領」和「農業發展條例」，將農業合作列為重要的施政措施；隨後，行政院農業委員會又分別核定了「輔導農業合作社場改善經營管理計劃」、「輔導合作農場推行合作經營計劃」和「輔導農業合作社場加強經營管理計劃」

等來加速輔導農業合作社場拓展業務，解決農業經營面臨的許多困境和問題，希望農業合作事業再現勃勃生機；1980年，在相關農業機關共同輔導下，依據農民的共同需求與意願，地方各級農會組織紛紛辦理農業生產資料供給、農產品生產加工與運銷、農業機械設備利用等業務，建立農業合作體系，增進農業經營效益和農村家庭收益，使其成為基層農業生產、供給、運銷和消費等重要的農業合作組織。

多年來，在鄉鎮層次推行的促進農業發展和農村生活改善的一系列政策措施大都是以鄉鎮農會為主。農會在基層具有推廣、信用、供銷和保險四大主要職能，承擔著與農業生產、農村繁榮和農民生活息息相關的幾乎所有業務。為有效推動農業發展，繁榮農村經濟，改善農家生活，各基層農會都在本轄區內各村、裏組成了多種基層農民合作組織，包括農事研究班、家政改進班、四健會、農場共同經營班、蔬菜共同運銷班及鮮果共同運銷班等來共同推動農村地區各項農業生產、農產加工、倉儲保鮮和供運銷等事業發展。農會供銷部門的業務範圍和名目繁多，目前大概可以分為農用品供銷、農產品運銷和政府委託業務三部分。〔註12〕

一、培育和促進供銷合作事業發展

供銷合作事業作為供運銷體系中的重要組成部分，是農業發展進步、農村經濟繁榮和農民生活改善的重要環節，也是各級農會組織參與農業發展與鄉村建設的重要推動力量。為了提高農業和畜產品收益，減少農村家庭支出，各級農會組織依法辦理供銷合作事業，它屬於供銷部範圍的經濟業務，主要是通過開辦生產資料門市部、生活用品超市、調配處理中心和農民購物中心等經營服務場所，銷售農業生產資料、農用裝備設施和日常生活用品等，為農民提供價格低廉、便利實用的生產與生活的服務。根據農會法第4條規定，農會系統供銷業務主要包括第八款：農畜產品的運銷、倉儲、加工、製造、輸出入及批發、零售等市場經營；第九款：農業生產資材進出口、加工、製造、配售及會員生活用品的供銷。其中農業生產資料（如種子、農藥、肥料和農機具等）的進出口、製造、銷售，日常生活用品的供給以及購物中心、超市及零售市場的經營等都屬於供銷合作事業範疇。另外，第十款：農業倉庫及會員共同利用事業；第十四款：農村合作及社會服務事業；第十五款：

〔註12〕臺灣省農林廳編印：《農會業務經營要覽》，供銷業務，第三冊（第四篇）。

農村副業及農村工業的倡導；第十六款：農村文化、衛生、福利及救濟事業；第十七款：農地利用改善等部分業務也都屬於供銷業務範疇。

　　臺灣農會供銷業務承襲了日本殖民時期產業組合的購買、販賣、利用及倉庫等活動內容。各基層農會大多在本會所在地或所屬辦事處設有門市部或分支機搆來辦理供銷業務，供應會員生活及生產用品。供銷合作事業經營項目大概分為以下兩大類：①農業生產資料，主要包括肥料、農藥、種子、飼料、農機具及其他；②日用消費品：主要包括米、麵、油、鹽、衣物、布料等日用品，家用電器、電子產品、化學製品、公賣品及其他消費類用品。1982年起，在臺灣省政府大力支持及幫助下，許多供給及消費門市部逐步擴大經營規模和業務種類紛紛轉變成綜合性的「農民購物中心」，綜合性農民購物中心給鄉村地區廣大農民的日常生活和農業生產帶來了極大便利，受到越來越多農村居民的喜愛和歡迎。截至 2015 年底，臺灣共設置綜合性農民購物中心共計 169 處，營業總額超過 30 億元，收益超過 5 億元。〔註13〕表 3-2 是臺灣農會組織近年來供銷事業及發展成就一覽表。

表 3-2　臺灣農會供銷事業分類及成就一覽表　　　　　單位：新臺幣 / 千元

內容 年度	門市部			超　市			調配處理中心			農民購物中心		
	處	營業額	收益	處	營業額	收益	處	營業額	收益	處	營業額	收益
2006	273	4782798	569933	120	4703197	642346	9	973565	131328	161	2068372	272503
2007	295	4931135	595279	114	4494166	805934	9	1024394	138416	153	2227979	328043
2008	289	5205029	633164	118	4523179	659873	9	1045050	143214	150	2169118	302926
2009	285	4567400	606260	107	4356284	623241	9	1004936	145175	161	2366236	404131
2010	286	4414009	623534	111	4310245	652808	12	1328069	166188	155	2424710	384465
2011	296	5209596	693722	175	4237330	627749	9	947463	141532	164	2506425	415306
2012	280	5322757	783826	104	4018815	626134	12	1053021	156470	161	2624314	434283
2013	308	5467801	795459	100	4324500	614864	11	866739	131231	154	2647414	459518
2014	301	5604442	838804	105	3981529	627609	13	1044321	162190	168	2986450	509287
2015	314	5715276	882763	100	3952882	604364	11	521111	109044	169	3084206	531332
平均	293	5122024	702274	115	4290213	648492	10	980867	142479	160	2510522	404179

資料來源：臺灣地區各級農會年報，中華民國農會主編（2007～2016）。

〔註13〕臺灣地區各級農會年報，中華民國農會編，2016 年，第 18、19 頁。

　　臺灣早期肥料主要分為自給肥料和販賣肥料兩類，自給肥料主要是指農村家庭自己生產的綠肥、堆肥、廄肥和人類糞尿等有機肥料，販賣肥料主要是指經過生產加工的化學肥料。臺灣施用化學肥料最初始於日本殖民時期的1901 年，當時由日本政府輸入並免費提供給蔗農使用。光復後政府開始逐步建立自己的化學肥料配售體系，最初的肥料配售方式規定，稻穀生產用肥料由農民自由選擇用現金購買或用稻穀進行交換，其他作物用肥料則必須通過現金購買。內戰失敗後大批國民黨軍公教人員撤退來臺，島內人口激增導致糧食和生產物資供應驟然緊張。為了更好控制臺灣糧食生產和分配，確保軍公教人員糧食的穩定充足供應，從1948 年第二期稻穀生產開始，省政府將稻穀生產用肥料的配售改為一律都用稻穀進行交換，正式確立了「肥料換穀」制度，直到1972 年正式廢除，這一制度在臺灣連續實行了24 年。「肥料換穀」制在一定程度上保證了農民用於稻穀生產所需化學肥料的供應，為政府控制糧食資源，從而保障最主要糧食作物稻穀的生產和市場供應做出了巨大貢獻。同時，政府所配售的化學肥料已成為農業生產必不可少的因素，對促進農業生產，降低生產成本發揮了重要作用。1949 年後臺灣肥料運銷單位實行改組，絕大多數化學肥料的配售都必須通過基層農會統一辦理，這就使得農會供銷部門成為農業生產和農民日常生活最主要的參與力量。上世紀70 年代末期，隨著農業科技不斷進步和生產投入進一步加大，化學肥料的產量逐年增加而價格卻逐漸下降，化學肥料開始迅速取代產量嚴重不足的自給肥料而成為農業生產的主要肥源，各級農會組織的供銷合作事業也隨之快速發展壯大，由此而成為臺灣農業生產和鄉村建設的重要推動力量。

　　臺灣農藥的使用始於20 世紀，遠比使用化學肥料的歷史短，所使用的農藥包括自製和進口兩種，主要包括殺蟲劑、除草劑和植物生產調節劑等。農藥的配售主要依靠遍佈全省各鄉鎮的基層農會供銷部及所屬供銷超市，通過批發或零售方式等來供應廣大農戶使用。

　　農業機械在臺灣的發展較為遲緩，這主要是因為早期的臺灣，包括中國大陸，農業科技欠發達，製造業水平較低。「中國農業機械公司」是臺灣最早的農業機械生產企業，它自1944 年創立就逐步開始設計、生產甘蔗收割機、各型牽引機、聯合收割機、插秧機、播種機、抽水機和噴灌機等各種農業生產機械，為早期農業生產和鄉村建設提供了必要的農業機械和生產設備，有力地促進了臺灣農業機械化發展和鄉村地區基礎設施建設步伐。1948 年5 月

「行政院善後事業委員會臺灣機械農墾管理處」成立後，開始著手在臺灣推動農業機械化，到 1971 年底，全省就已經成立 41 個鄉鎮農業機械化推廣中心，這一時期，臺灣農業機械化水平已經進入了較高的發展階段。

飼料是指飼養家禽、家畜及水產類生物所用食物的總稱，主要包括植物性飼料、動物性飼料、礦物性飼料和飼料添加劑四大類，其來源一般包括自產和購買。隨著農業不斷發展和飼養規模逐步擴大，自產飼料不能滿足日益增長的需求，因此，購買就成為養殖業解決飼料問題的重要渠道。根據 1972 年頒佈的「臺灣省飼料管理規則」，臺灣省地方各級農會通過委託加工銷售、自產自銷和代客加工等多種方式為臺灣一般家庭用戶、家禽養殖場、家畜養殖場和水產養殖廠等飼料需求大戶，提供合格和充足的飼料供應。

為了擴大農會供銷業務功能，服務廣大農會會員，在許多都市型的地方農會，供銷業務的對象逐漸擴大到了讚助會員，農會通過特定的教育推廣工作使讚助會員成為觀賞園藝、屋頂花園、家庭菜園、食品衛生、儲藏和鄉村休閒品等農業生產資料的潛在消費者，進一步擴大了化肥、農藥、種子、特定農產設備和蔬菜清洗設備等的市場需求，為基層農會供銷市場提供支持。農會供銷業務的產品購銷方式主要通過①由農會視各地方個別需要，自行採購；②通過和廠商的合同，代銷家用電器等產品；③農會組織系統自行供應；④與合作機構通過共同計算，供應所需生產資材等四種方式來實現農產品和農業生產資料等的流動和轉移，為臺灣農業生產、農村經濟發展和農民生活提供服務。

隨著經濟發展水平的提高和農業生產技術的進步，人們的生活水平得到提升和改善，日常所需消費品也隨之大幅增加，用於農業目的的生產資料和農業設施也逐漸增加。為了更好地統籌農業生產資料，降低農會會員的生產和生活成本，各基層農會通過組織小型會員合作組織或者超級市場等方式來進一步擴大辦理農業生產資料和日常生活用品的供給，這些方式不但可以讓廣大農會會員得到實惠，而且還能促進農會經濟事業發展。

進入新世紀，隨著臺灣加入 WTO 和經濟全球化步伐的加快，農民素質和觀念不斷提升，農會組織結構功能也經歷了不斷調整和轉變，農會供銷部所經營的供銷合作事業也迎來了更大的發展和提升空間，供銷合作事業辦理的業務範圍也進一步擴大，為農業生產和農民日常生活提供更加低廉、便捷的產品與服務。2001 年以來，為了適應臺灣加入 WTO 的需要，提升臺灣農村

婦女的經濟能力和農村家庭整體生活質量，農委會通過各區農業改良場，充分發揮團隊經營力量，有效利用周圍地區的農業資源，全面激發基層家政婦女輔導班經營本地特色農業和休閒農業等的潛能，大力實施「農村婦女開創副業獎助輔導計劃」，重點獎勵簡易傳統農產品加工、傳統米食餐點、本地農特產品直銷和送餐服務等有關創業計劃，有力地促進了基層農會供銷事業的發展和繁榮，從而帶動了整個臺灣農業和鄉村地區的發展、進步。2003 年，增加獎助內容，辦理農會轉型經營田媽媽班，積極發展和促銷地方農特產品，增加農民收入來源。2001 至 2004 年全臺灣共有 107 個班次申請了「田媽媽」獎助計劃。〔註14〕同時，還通過建立 CI 系統而導入整合效益，為田媽媽經營班的產品尋找有力的空間資源。這一系列政策措施都實實在在增進了農民所得，提高了農業發展水平，促進了農村經濟的繁榮與發展。

二、構建完善的農產運銷體系

農產運銷就是將農民生產的農產品，在一定的時間和地點，通過適當的方式，以消費者所能接受的特定價格，轉移到消費者手中的商業過程，它既是農產品和生活必需品的一個轉移過程，也是一種生活品質的輸送過程。農產運銷是農業發展的一個重要環節，隨著經濟全球化步伐的加快和臺灣農業的快速發展，農產運銷已經從早期支持農業的角色逐步演變成現階段的自主和主導農業發展的角色。

在自給自足的傳統農業社會，具有農產運銷功能的商戶如糧商、菜商、肉商和日用品商等就已經存在，但是他們真正發展成為市場化經營的運銷企業是在農業的商業化之後。政府作為一種經濟策略有計劃、有目的推動運銷業的發展則是在上世紀 60 年代以後的事。1953 年土地改革的「耕者有其田」完成後，接著又開始實施了連續六期的經濟建設四年計劃，使農業迅速發展，開始由自給自足的經營而轉為商業化經營，農產運銷業才逐步興起。在1970 年「改進農產運銷方案」頒佈前，政府有關農產運銷方面的政策主要針對個別農產品的市場管理，如 1951 年修訂的「臺灣省家畜市場管理規則」和「臺灣省漁市場管理規則」，1955 年公佈的「蔬菜批發市場管理規則」等都屬於市場管理範圍。1966 年上述三個市場管理規則合併修訂為「臺灣省農產品

〔註14〕陳秀卿：《農村婦女開創副業獎助輔導要點》，行政院農委會訂定家政推廣重點工作實施方法，2001 年。

批發市場管理規則」後，基本形成了政府有關農產品運銷的統一法令，得以通過各地農、漁會共同努力，集中並運送各產地農產品至消費者手中，從而縮短了運銷過程，奠定了現代化的農產運銷基礎。

臺灣的運銷組織是依託農會逐步建立起來的，臺灣光復後於 1948 年修正了「農會法」，逐步確立了農會的三級體制，並在最基層的村、裏成立「農事小組」，組織、引導農民進行農業生產。自 20 世紀 50 年代以後各基層農會普遍設立小區域、小範圍的農事研究班，作爲一支重要力量而活躍在農產運銷體系中，在組織農業生產，提高產品質量，建立基層農業產銷組織等方面做出了巨大貢獻。同時，隨著全球化進程的加快，爲提高農產品運銷效率，推動整個零售業的現代化，農會在鄉村地區逐步設置適應現代生活的農產品超市並逐步形成網絡。

共同運銷是臺灣農會供銷業務的重要一環，各級農會的運銷業務主要辦理基層農民的稻米、生豬、蔬菜和青果等農產品的共同運銷。

稻米運銷在整個農產運銷市場中佔有極爲重要的地位，政府對稻米運銷的參與程度很高。稻米根據流通路線不同分爲政府米（也叫公糧）和自由市場米兩類。公糧是由政府糧食局掌握，在整個稻米市場中佔有支配地位的部分，主要來自公地租穀、肥料換穀、收購稻穀、地價穀和貸款折還稻穀等。上世紀 50 至 80 年代，臺灣糧食產量逐年增加，公糧所佔比例也基本穩定在總產量的 25%～30%之間。〔註 15〕自由市場米的運銷一般也是在政府劃定的糧區範圍內，通過在當地政府登記申請的大量糧商來實現稻米的自由流通，這樣可以確保政府掌握各糧區內糧食生產動態，建立有序的運銷體系。

臺灣自 1950 年 11 月開始由農會辦理生豬共同運銷，1979 年以後，隨著交易方式和價格的日趨合理，生豬共同運銷的數量快速增加。1968 年農會系統生豬共同運銷數量 146585 頭，占市場總交易量的 12.9%，1982 年農會系統生豬共同運銷數量 2244407 頭，占市場總交易量的 47.7%，而到 1987 年，由於省農聯社也參與辦理生豬共同運銷，但農會系統辦理生豬共同運銷數量依然達到 3937503 頭，占市場總交易量的 44.8%。〔註 16〕這一時期農會作爲臺灣生豬共同運銷的主要力量，對於改善農民生活，服務農業發展做出了巨大

〔註 15〕張研田：《農企業的發展》，臺北：聯經出版事業公司，1982 年，第 195 頁。
〔註 16〕黃欽榮：《農民組織如何發揮產銷調節功能》，中國農村經濟學會和中國農業推廣學會編，《農民組織制度與功能之探討會論文資料》，第 45 頁。

貢獻。

　　農會系統辦理蔬菜共同運銷工作始於 1974 年，是所有共同運銷組織中最早的。光復初期，臺灣果菜市場管理由地方財政機關負責，至 1974 年省政府頒佈「臺灣省公有市場管理規則」後開始在公有市場進行蔬菜批發交易。果菜批發市場是農產運銷系統的重要組成部分，具有集中、分配和調節果菜供需，穩定農產品市場的功能。經營方式一般分爲政府經營、政府與農會聯合經營、政府委託當地農會經營三種模式，通過拍賣和議價兩種方式完成市場交易。

　　臺灣青果合作運銷早在 1915 年就已開始，成立之初主要以外銷香蕉爲主，後來逐步增加了柑桔等作物。上世紀八、九十年代農會組織辦理青果共同運銷量占全部青果運銷的比例每年都維持在 60%左右。即使是在偏遠地區的農會，會員共同運銷業務的收入也占到了供銷部總收入的 35%左右。〔註17〕

　　上述分析充分說明基層農會的農業產銷組織作爲農會組織下的一個次級組織，實際上已經成爲「政府」行政體制下進行農產品產銷的基層組織。農產品運銷是指把農產品從產地運輸銷售至消費者手中的一切經濟活動。農產品的商業化和運銷效率是現代農業發展的目標，也是提高農民所得的重要途徑，更成爲臺灣當局農業政策關注的焦點。

　　農會作爲具有多功能目標的農有、農治、農享的最具影響的臺灣農民團體，以保障農民權益，提高農民生活技能，促進農業現代化，增加生產受益，改善農民生活，發展農村作爲最高宗旨而存在和運作。這種多功能目標的運作體系不但可以避免業務重複，利益衝突，減少社區糾紛，還可以切實增加農民收益。臺灣農會同時也是一個具有企業性、科學性、互相依賴性和普遍性的綜合經營體。它按照合理的標準，通過計算盈虧，以最低的成本，控制和改善各項業務運營體系，同時在基層的鄉鎮、村裏辦理推廣、供銷、信用、保險等四位一體，彼此具有連環性的業務，從事高利潤、高回報的業務經營。這樣不但可以避免農民同時參加各種不同合作組織，造成時間、金錢和經歷的浪費，而且可使農會爲各會員提供有計劃的、全面的、高效的優質服務。

─────────────

〔註17〕廖正宏、鄭建雄：《臺灣偏遠地區農會業務營運之研究》，行政院農業委員會補助研究計劃（76農建－8.1－輔－39），1987年9月，第40頁。

　　臺灣屬於典型的小規模農業經營體制，島內農場面積狹小，農民的生產所需及產品數量均較少，同一地區在資源有限情況下很難維持數量較多的單營組織的存在。這就要求農業經濟中大批的小農經濟成分，需要通過集體的形式來實現產銷的社會化經營。於是廣大農民便根據自身需要，借助基層農會的農事研究班等，進行生產、運輸、銷售、技術改進等方面的小範圍合作。臺灣當局也充分認識到了產銷社會化經營的重要性，1970 年 11 月行政院核定實施「改進農產品運銷方案」，該方案由於考慮到人力、財力和機構上的種種限制，其對象仍然局限於蔬菜和豬肉兩項，並以內銷爲主要目的。主要措施包括：①改進範圍暫時限於生豬、豬肉及蔬菜運銷，預定四年內新建及擴建產地果菜集貨市場 10 處；②興建臺北、臺中和高雄等大都市果菜批發市場；③改善蔬菜分級包裝和運輸，試辦超級市場；④加強農會生豬共同運銷，確立大都市肉品加工供應制度，推行肉品冷藏銷售；⑤加快培養運銷人才，推進運銷作業技術的現代化；⑥整合相關法令，確立行政輔導機構，加強運銷調查研究。同時，經濟部於 1971 年 3 月成立「農產運銷改進小組」負責推進上述改進工作。1973 年頒佈的「農業發展條例」中還專門對農產運銷與價格體系進行了規範和保護，在政策和實踐上對農產運銷體系加以引導扶持。以上措施後來被納入「加速農村建設九大措施」項目下的重要內容，在培養農產運銷人才、促進早期農產品運銷現代化和市場穩定等方面爲農業發展和鄉村建設，爲提高農民整體收入方面做出了應有的貢獻。1973 年和 1974年連續兩年爲配合臺灣北區生豬機械化屠宰而加強輔導農會辦理生豬共同運銷，同時還通過輔導新莊農會辦理蔬菜分級包裝、運銷提高了農民收益。據省農林廳「臺灣農產品批發市場年報」顯示，截至 1970 年，臺灣已有農產品批發市場 219 處，其中果菜市場 71 處，交易量達 84 萬噸，交易額 18 億元；家畜市場 41 處，交易量 138 萬頭，交易額 24.57 億；漁業市場 107 處，交易量 42 萬噸，交易額 358.7 萬元。〔註18〕臺灣農產運銷業在 1965 年到 1975 年得到了快速的發展。在這期間，省農林廳於 1973 年 11 月成立了農產運銷科，專門負責農產運銷業務。1974 年 8 月在中興新村成立了農產品行情導中心，以求迅速傳達生產、消費信息，調節供需和價格。同年還在中興大學農學院設立農產運銷學系，負責培養農產運銷專門人才。由此可知，到上世紀 70 年代，臺灣的主要農產品的共同運銷已經有了非常可觀的發展。

〔註18〕張研田：《農企業的發展》，臺北：聯經出版事業公司，1982 年，第 193 頁。

為了應對市場需求和消費者對產品品質的要求，運銷工作也做出了及時調整，從原來的運銷體制改為行銷體制，包括了農產品的品質、包裝、運輸、加工和推銷等幾個層面的過程。上世紀八、九十年代，隨著工業化步伐的加快和農業科技水平的提升，農業結構不合理和供需矛盾日漸顯現，農產品在產銷和供需上出現失衡，農產運銷成本（包括運銷費用、運銷損耗和運銷商利潤等）依然偏高，同時，農產品的供給與需求缺乏彈性，導致農產品價格時常出現暴漲和暴跌，使農民預期利潤受到嚴重損害。為解決這一時期農產品運銷過程中出現的諸多困難，實現農產品整體運銷制度靈活、高效的運作，確保臺灣整個農產品運銷市場在農會主導下繼續向前發展。1982 年 6 月，臺灣農業會議提出了「如何建立完整產銷體系以提高農民所得」的議題，重點討論了六項有關農產運銷體系的問題和措施。①如何加強鄉鎮機構辦理農產運銷工作；②農民團體應如何加強聯繫及辦理共同運銷；③如何加強實施農產品分級包裝工作；④各級政府及農民團體如何配合實施農產品交易法；⑤如何鼓勵各地區農會辦理特產品銷售；⑥如何提高共同運銷農產品在大都市批發市場的佔有率。上述措施在短期內改善了產銷和供需結構，維護了農民權益，為政府在農產品產銷方面制定政策、方案提供了支持，以有效的策略，挽救了農產品產銷、供需上的失衡，為農民帶來了較好的收益。

針對多年來農業產銷組織名稱紛亂，職責劃分不清等問題，行政院農業委員會於 1992 年 10 月 9 日又頒佈了臺灣「農業產銷經營組織整合實施要點」，為農業產銷組織的培育、發展、規範和壯大奠定了政策基礎。「農業產銷經營組織整合實施要點」首先選定蔬菜、花卉、肉雞、蛋雞、果樹、生豬、水產養殖等七項產業進行整合與輔導工作。1993 年再次對「農業產銷經營組織整合實施要點」進行修正，進一步明確了農業產銷的功能、定位及組織架構，進一步規範、整合現有班、隊組織，統稱為「農業產銷班」。擴大農業產銷班的訓練和輔導範圍，使它們由早期的教育型、勞力結合型與綜合型的共同經營團體，逐步轉化成為綜合性、專業性和企業化的農產運銷組織，形成高效、順暢的農產品營銷管道，有效提升其農產品質量，因應農產品全球化、國際化的競爭壓力。

早期臺灣農業發展策略以增產為主要目的，農業發展至現代化階段後農產運銷的重要性逐漸顯現。通過運銷體系，可將農產品從價格低的地方流向價格高的地方，增加農產品的地域效用；從價格低的季節流向價格高的季節，

提高時間效用；將產品形式改爲消費者所需要的形式，增加形式效用；把產品從不需要的人轉移至需要的人，增加佔有效用。因此，健全的運銷政策可以通過①改善市場結構，使農業交易更有利於農民；②穩定市場和價格，增加農民收入，提高農民從農意願；③提高運銷效率等方式來解決農業生產過程中的困難，提高農業資源利用率，增加農業收益和農民收入。〔註19〕

　　新世紀以來，尤其是加入 WTO 後，農業產銷工作受到島內外經濟、社會環境和政策因素等的影響越來越大。2000 年 1 月，修正通過的臺灣「農業發展條例」對農產運銷體系、價格水平及貿易市場做出了詳細規定。其中涉及到農產運銷的主要內容有：設置平準基金，平抑農產品物價；對農產品的共同供銷和運銷，免徵印花稅及營業稅；實行原料分區採購；政府協調，建立良好的外銷秩序；設置救助基金，避免進口衝擊以及實施其他農產品進口保護措施等。截至 2015 年 12 月，臺灣共有各類產銷班 6218 個，產銷班成員 129742 人，其中農作類產銷班 5691 個，占 91.5%，產銷班成員 119838 人，占總人數的 92.4%；畜牧類產銷班 441 個，占 7.1%，產銷班成員 7086 人，占總人數的 5.5%；其他產銷班 86 個，占 1.4%，產銷班成員 1018 人，占總人數的 2.1%。產銷班基本涵蓋了蔬菜、水果、糧食、畜禽飼養和觀光農業等各個方面。〔註20〕農業產銷班在農業轉型經營過程中扮演著極爲重要的角色。臺灣各試驗改良場及各級農會所屬農業推廣人員擔負著輔導農業產銷班的重要工作。近年來，各地農業推廣人員通過建立輔導產銷班企業化經營課程的架構與內容規劃，先後辦理了產銷班培訓初階、進階、高階班，實務教學技巧養成班，農業經營管理專家顧問專長回訓班和課程主辦專家訓練班等，系統培訓農會推廣人員輔導產銷班企業化經營管理的技能，擔任產銷班經營、輔導的助理顧問師，扮演經營顧問師與農民之間的溝通管道，協助輔導農民進行經營轉型及技術提升，落實臺灣農業永續發展的規劃。

　　經過六十多年的持續經營，臺灣農會的基層運銷組織已經形成了規範化、高效率的網絡體系，實現了農產品生產在商業領域的延伸，推進了農業企業的現代經營管理水平。農產運銷體系作爲實現生產價值的重要一環，一方面爲農民爭取到更好的經濟利益，另一方面通過農會的運銷服務，讓農民

〔註19〕 熊中果：《農業發展策略》，臺北：聯經出版事業公司，1984 年，第 113～114 頁。

〔註20〕 農業產銷班組織體系資料服務系統（http://agrpmg.afa.gov.tw/agr-Sed/agrJsp/main.jsp?page=00）。

有更多的時間從事田間農業生產和休閒娛樂工作，爲農業生產水平的提高、鄉村經濟的繁榮和農民幸福指數的提升做出了積極貢獻。

三、加快委託及自營業務增長

基層農會供銷部所經營的經濟合作事業，主要是指業務中的工商業部門，主要包括農民生產及生活必需品的供應，農產品的運銷以及加工、儲藏設備的共同利用等，目的是爲了降低農民生產成本，增加農民生產收益。除上述供運銷合作事業外，一般農會的經濟合作事業還包括政府委託事業和市場業務等，這些業務是農會經濟合作事業的重要組成部分，也是對供銷、運銷合作事業的重要補充，對農業生產的提升、農民生活的改善和農村的建設與發展都做出了重要貢獻。

委託業務是指農會本身不承擔盈虧的職責，只是通過代理公私機關的收付、買賣、保管或加工等業務來收取一定數量的手續費或者管理費的業務形式。委託業務主要包括政府委託業務和其他部門委託業務。政府委託業務是指政府通過委託基層農會系統辦理肥料配售、稻穀承碾及經收、倉儲加工、農產品收購、軍公教人員大米的配送、代銷食鹽及代購雜糧等項目，而基層農會系統則配合政府農業政策來收取一定數量的手續費，來完成政府委託辦理的農政事務。其他部門的委託業務主要是指農會可接受政府機關外的其他公私團體部門委託項目，辦理相關經濟事業範圍的委託業務，除了可以收取一定數量的手續費外，還可以由於自身良好的經營管理水平而獲取經濟利益。如配售肥料的節餘、代收稻穀及碾製糙米的盈餘、農業倉庫及會員農產品加工項目等的收益。

市場業務也指自營業務，主要是指農產品的市場業務，是指在主要農產品生產地區，由農會籌建農產品批發市場，作爲農產品運銷樞紐，供農民進行市場交易，通過配置產品集散，形成均衡、合理的價格體系，促進市場的公平交易。這些農產品批發市場主要包括果菜市場、花卉市場、家畜市場等。同時，各農會結合自身特色、優勢，根據當地經濟環境及農民所需等實際情況，開辦食品加工廠、飼料加工廠、肥料加工廠、農藥廠、牛奶廠等加工類企業，以及醫院（診所）、休閒農場、加油站等以滿足廣大農民生產、生活的便利和需要。

1954 到 1968 年間，臺灣各級農會供銷部委託業務收入從約 3300 萬元

快速增加到 2 億多元。而同期供銷部的自營收入也從 7500 多萬元快速增加
到 7.8 億元。〔註21〕這充分表明，農會改組完成後自營業務和政府委託業務
經營都取得了較大的進步，但是在這期間，農會依然非常依賴政府的委託
業務。

　　上世紀 80 年代後期，隨著第二階段農地改革和一系列促進農業發展，擴
大農場經營面積等策略的實行，農業經營結構得到極大改善，農業機械化更
加普及，農會接受政府委託業務數量也有所增加，尤其是「小地主大佃農」
策略擴大了農業經營規模，推動了農業專業經營方式，使農會市場業務配合
農業轉型升級和富麗鄉村建設而得到迅速發展。農會經濟事業也逐步由早期
以接受政府委託業務為主，到後來的政府委託業務和自營業務平衡發展，再
到現階段以自營業務為主要業務方向，政府委託業務作為補充的格局。自營
業務作為現階段各級農會組織最重要的業務之一，不僅承擔著為農業生產提
供必要的生產資料和農業器械，為廣大農民提供日常生活用品的職能，而且
還充分發揮市場調節作用，依靠農會自身直接性和靈活性的特點，敢於創新
和實踐，積極參與到創新農業產銷組織、休閒農業發展、社會服務保障體系
建設、農民教育和學習體系、生態自然保護和整合性鄉村建設等一系列實踐
活動中，配合農會推廣、金融、保險和社會事業，為實現臺灣創力農業、魅
力農村和活力農民做出了巨大貢獻。

第三節　發展臺灣特色農業

　　自光復至第五期「四年經濟建設計劃」基本結束的近三十年時間內，臺
灣農業經歷了恢復、發展、繁榮、停滯和轉型等多個階段，為工業和整個經
濟發展做出了巨大貢獻和犧牲。70 年代中期以後，隨著臺灣工商業快速發展
和城鎮化進程的加快，農業卻因政府長期實行的「擠壓式」發展策略而陷入
困境，暴露出巨大發展難題，廣大農村也出現勞動力流失、發展遲緩、環境
惡劣、秩序混亂等現象。為此，政府先後頒佈實施了「農業政策檢討綱要」、
「現階段農村經濟建設綱領」、「社區發展十年計劃」、「加速農村建設重要措
施」、「農業發展條例」等一系列促進農業和農村發展的政策措施，期望推動
農業和農村再次騰飛。應該說，以「加速農村建設重要措施」為代表的農業

〔註21〕根據臺灣地區農會業務統計年報計算得出（1954～1968 年）。

和農村發展政策在 70 年代中期以後的短時期內對於改善農業農村的發展環境和現狀，促進農業和鄉村建設還是起到了一定的作用。正是在各級農會組織的帶領下，依靠執行政府各項發展政策，臺灣農業和農村實現了短期內的低度發展，但是始終未能再續臺灣農業的輝煌，更沒能帶領臺灣農業依靠提升競爭力而走向永續發展。

為了更好應對整體經濟轉型和農業發展面臨的困境，臺灣當局堅持實施整體性的農業發展策略，大力發展臺灣特色的現代化農業，追求「效率」和「安定」的統一、協調發展，同時，積極調整農業產業結構，加速促進農業升級轉型，推動優質高效和休閒農業發展，由過去重視「量」的增長轉向更加重視「質」的提升，同時把臺灣農業發展和農民生活水平的提高以及農村環境改善有機結合，力求實現「生產、生活、生態」的良性循環和發展，實現農業總體競爭力快速提升。

一、發展優質農業加速產業升級

進入新世紀，隨著經濟全球化、貿易自由化不斷發展以及臺灣加入 WTO，兩岸交流也日趨活躍，臺灣農業除了自身發展發展困境外，還面對更加激烈的外部競爭和衝擊，主要包括，農產貿易更加自由化，糧食安全受到國際社會高度重視，農產品消費型態急劇轉變，維護生態環境刻不容緩，農民福利需求日益迫切和兩岸農業交流蓬勃發展等，上述現象引起了各級政府、農會組織和廣大農民的高度重視。臺灣當局更是積極謀劃，大力發展優質高效的有機農業和精緻農業，加速推動農業產業升級，提升臺灣農業總體競爭力。

有機農業作為一種對環境和資源都比較友善的耕作方式，是指遵守自然資源的循環和永續利用原則，不使用化學肥料，強調水土資源保護和生態平衡，以實現生產安全農產品的農業。有機農業不但可以生產出優質、安全的農產品供應消費者，而且還可以大大降低農業生產對自然環境和生態的污染。臺灣有機農業發展從上世紀 80 年代中期的可行性評估開始，逐步發展到政府及相關農業改良場著手輔導並發放有機農產品驗證資質，再到後來多家機構經「農委會」認可並擔任驗證單位，有機農業的發展基本走向成熟。

臺灣當局積極輔導和推動農民從事有機農產品生產，針對稻米、蔬菜、

水果、茶葉等農作物生產製定了「有機農產品生產基準」。1987 年臺灣成立「有機農業可行性研究」計劃，1990 年起推動「有機農業先驅計劃」，有機作物栽培面積不到 10 公頃。1995 年臺灣省政府農林廳推動「有機農業經營試作示範計劃」，開始辦理水稻、蔬菜、果樹及茶葉等的有機栽培試驗及推廣，由各區農業改良場驗證並發放有機農產品標誌，最初有 130 戶，約 100 公頃土地參與示範，截至 1998 年從事水稻栽培的農民有 330 人，果樹栽培的有 231 人，蔬菜栽培的有 231 人，茶葉栽培的有 49 人，栽培面積總計約 500 公頃。到 2001 年有機栽培水稻、果樹、蔬菜和茶葉分別達到 944、157、170 和 21 公頃，總面積則迅速達到 1292 公頃。〔註22〕現階段除了少數宗教團體如臺中市的佛法山，部分企業如統一集團和長榮集團等以及個別農民如小瓢蟲農場等各自分別進行有機栽培外，絕大多數參與有機栽培的農民都是通過各有機農業協會來進行管理和運營並統一辦理各項農產品的認證等工作。1999 年農委會公佈「有機農產品生產基準」、「有機農產品驗證機構輔導要點」和「有機農產品驗證輔導小組設置要點」等有機農業發展具體細則。2000 年公佈「有機農產品驗證機構申請及審查作業程序」，補助宜蘭技術學院設置「有機農業全球信息網」，提供有機農業的相關信息。同年，「國際美育自然生態基金會」成立，隨後，「慈心有機農業發展基金會」、「臺灣省有機農業生產協會」和「臺灣寶島有機農業發展協會」等相繼成立，並在農委會授權下於 2001 年起接手原由各農業改良場承辦的驗證及標誌發放工作。2003 年 9 月農委會修訂「有機農產品管理作業要點」、「有機農產品驗證機構資格作業程序」及「有機農產品生產規範——作物」。2003 年 10 月公佈「有機農產品生產規範——畜產」，將臺灣有機農業領域擴大到畜產業。2004 年制定「優良農產品證明標誌認證及驗證作業辦法」，實施 CAS 優質農產品統一認證。2007 年公佈實施「農產品生產及驗證管理法」，隨後公佈實施「農產品生產及驗證管理法實施細則」、「有機農產品及農產加工品驗證管理辦法」、「有機農產品及農產加工品標示辦法」、「進口有機農產品及農產加工品管理辦法」、「有機農產品及農產加工品驗證基準」及「農產品驗證機構管理辦法」等一系列法律法規。

　　為了切實提高農業綜合競爭力，促進臺灣傳統農業實現轉型和升級並進

〔註22〕陳榮五：《臺灣地區有機農業產業發展現況與趨勢》，收錄於《臺灣地區有機農業產業發展研討會專刊》，行政院農業委員會編，2003 年，第 9～10 頁。

一步朝向現代化的優質農業發展，2009 年 5 月「行政院」第 3143 次會議通過「精緻農業健康卓越方案」。方案明確規定臺灣農業應逐步擺脫農業發展困境，改變臺灣傳統農業發展方向，逐步實現整體農業的轉型升級並朝向優質高效的精緻農業和健康樂活的休閒農業發展。政府和各級農會組織通過協調臺糖公司和退伍軍人輔導會農場等建立有機農業生產專業區，利用連續休耕田或小地主大佃農機制，擴大經營規模面積，建立有機集團栽培區，大力推動有機農業發展。到 2012 年底，分別在雲林縣斗六、嘉義縣六腳、臺南市太康、臺南市大洲、高雄市橋頭及杉林、屏東縣長治等八處臺糖土地以及花蓮縣玉里、臺東縣鹿野、知本、池上、東河等五處退輔會土地總計約 510 公頃土地規劃並設立有機農業生產專區十三處。輔導成立宜蘭縣三星鄉行健村作物有機集團栽培區等九處，面積約 298 公頃。〔註 23〕

　　積極拓展有機農產品市場推廣，加大有機農產品交易和物流中心建設，是促進臺灣有機農業快速發展的重要手段和支撐。同時，積極鼓勵並支持有機農產品網站和網絡交易渠道建設，在大型超市設立有機農產品專櫃，舉辦各種有機農產品知識講座，引導廣大居民瞭解並積極消費有機農產品，推廣校園及科學園區等大型企業團購活動，建立起臺灣有機農產品快捷、穩定的供運銷體系。

　　提高有機農產品驗證機構技術及管理水平，強化有機農產品質量監測，是推動有機農業發展，提高臺灣農業總體競爭力的重要保障。如表 3-3 所示，截止 2016 年 8 月底，經「農委會」認證的有機農產品驗證機構已達 12 家，全部具備有機農糧產品和有機農糧加工產品驗證資質，有機水產品驗證機構 1 家，有機水產加工品驗證機構 2 家。〔註 24〕這些驗證機構有效提高了有機農產品的質量，維護了有機農業生產秩序，確保了廣大居民的食品安全和健康福祉。2015 年底，臺灣通過有機農產品驗證機構驗證的有機農產品種植面積共計約 6490 公頃，合格農戶 2598 戶，產品類別包括水稻、蔬菜、果蔬、茶樹及其他作物。表 3-4 是近年來臺灣有機農業種類及種植面積一覽表。

〔註 23〕 林銘洲：《臺灣有機農業推動成果》，《農政與農情》，2013 年 3 月，第 249 期，第 45 頁。

〔註 24〕 行政院農業委員會農糧署網站（http://www.afa.gov.tw/organicAgriculture.aspx?CatID=245）。

表 3-3　臺灣有機農業認證機構及類別一覽表

種類＼機構	財團法人國際美育自然生態基金會 MOA	慈心有機驗證股份有限公司 TOC	臺灣省有機農業生產協會 TOPA	臺灣寶島有機農業發展協會 FOA	暐凱國際檢驗科技股份公司 FSI	國立成功大學 N	國立中興大學 NCHU	採園生態驗證有限公司	朝陽科技大學	環球國際驗證公司 UCS	中華驗證有限公司 ZHCERT	財團法人和諧有機農業基金會 HOA
有機農糧產品	✓	✓	✓	✓ 個別	✓ 個別	✓	✓	✓ 個別	✓ 個別	✓	✓	✓ 個別
有機農糧加工品	✓ 個別	✓ 個別	✓ 個別	✓ 個別	✓ 個別	✓ 個別	✓ 個別	✓ 個別	✓ 個別	✓ 個別	✓ 個別	✓ 個別
有機水產品								✓ 個別				
有機水產加工品		✓ 個別						✓ 個別				

資料來源：行政院農業委員會農糧署網站（http://www.afa.gov.tw/organicAgriculture.aspx?CatID=245）。

表 3-4　臺灣有機農業類別及種植面積一覽表　　　　　單位：公頃

年　度	水　稻	蔬　菜	果　樹	茶　樹	其　它	總　計
2006	704	379	207	71	348	1709
2007	843	438	258	125	349	2013
2008	949	518	296	140	453	2356
2009	971	613	322	150	440	2960
2010	1120	955	325	171	511	3082
2011	1654	1692	613	263	794	5016
2012	2007	1785	713	408	937	5850
2013	2059	1957	833	447	640	5936
2014	1929	2133	925	454	630	6071
2015	1780	2439	1206	343	723	6491

資料來源：有機農業全球信息網
（http://info.organic.org.tw/supergood/front/bin/ptlist.phtml?Category=105937）。

　　近年來臺灣各有關高校、農業科研機構和農業改良場充分發揮自身優勢，加大科技投入和研發力量，在栽培管理、土壤管理、病蟲害防治和農業機械等方面取得了豐碩成果，有力推動了農業產業升級，進一步提高了農業綜合競爭力。栽培管理技術方面，先後辦理「優質安全有機稻米生產技術」和「水稻有機栽培育苗技術」等技術轉化；全面推廣小胡瓜有機栽培技術，

土壤診斷施肥和綜合管理技術，提升其質量和產量；開發有機葉菜的育苗移植設施栽培技術，大大縮短了葉菜生長周期，節約人力成本，每年推廣栽培面積 1000 公頃以上；開發設施苗菜有機栽培技術，增加有機蔬菜產品多樣化。土壤肥質培養與管理技術方面，開發有機質肥料配方和蔬菜育介質，實施「胡瓜專用栽培介質配方」和「蔬菜有機栽培育苗之研發技術」等專利技術的轉化推廣；利用豆餅、殘餘果菜和過期牛奶等開發葉類蔬菜的有機液體肥料，推廣「有機高效肥作配方」、「胡瓜有機養液配方」及「功能性肥料配方」等；實施長期有機農業試驗田土壤及作物生產檢測和理化分析，合理配置化學及有機肥料，進行堆肥技術研發及轉化，開發完成根瘤菌、溶磷菌等生物肥料製作技術並實施技術轉化。病蟲害防治技術方面，先後實施「夜蛾類費洛蒙之劑型配方研究」、「微生物農藥開發及商品化技術轉移」、「真菌孢子分離濃縮裝置」和「生產設備改良及菌株培養條件」等科技攻關計劃，開發了植物萃取物等多種非農藥製劑進行病蟲害防治，在高效消滅農業病蟲害的同時，大大降低了農村環境污染。在農業機械方面，先後研製開發了「連續式溫湯消毒機」、「LED 誘蟲器」和「多功能植物殘枝粉碎機」等多種農業器具，極大地提高了農業生產效率和農業機械化水平，爲臺灣有機農業發展提供了物資保障。

二、推動農業轉型發展休閒農業

發展休閒農業是推動臺灣農業轉型升級的重要舉措。休閒農業主要是利用農村地區優秀的自然和生態環境，結合農業生產及農村文化等資源從而形成良好的經營模式來吸引廣大居民觀光、遊玩，是結合農業生產、農民生活和農村生態三生一體，把自然資源與休閒活動完美結合，並且具有最原始的鄉土性與草根性的特色農業。「休閒農業」這一詞匯最早出現在 1989 年「行政院」農業委員會委託臺灣大學農業推廣學系召開的「發展休閒農業研討會」上。這次會議在綜合分析世界其他國家休閒農業發展經驗和臺灣休閒農業經營模式基礎上，正式確立了臺灣休閒農業的概念，即休閒農業是指利用田園景觀、自然生態及環境資源，結合農、林、牧、漁生產、農業經營活動、農村文化及農家生活，爲民眾提供休閒服務，從而增進其對農業及農村體驗爲目的的農業經營活動。〔註25〕

〔註25〕鄭政宗：《休閒農業行銷策略分析》，《農業推廣文匯》，1998 年，第 43 輯，第

　　上世紀 70 年代末，臺灣人均年收入達到中等小康水平，人們的生活和消費方式也逐步由勞動型轉向休閒型。隨著農業消費型態的改變和農業自由貿易的開放，許多農民爲了應對傳統農業發展面臨的困難和挑戰，逐步適應市場和遊客需求，開始嘗試開放成熟期的果園進行促銷，進而逐步發展成觀光果園。1983 年農業部門頒佈「發展觀光農業示範計劃」，1986 年後陸續出現了彰化縣的東勢林場、臺南縣的走馬瀨農場等以各級農會爲主，包括退伍軍人輔導委員會和土地銀行等多種經營形式的休閒農場、森林牧場以及自助式耕種農園。1990 年農委會頒佈實施「發展休閒農業計劃」，正式開創臺灣農業發展新的經營方向；1992 年臺灣第一部休閒農業法規──「休閒農業區設置管理辦法」頒佈實施；1996 年「休閒農業區設置管理辦法」修訂爲「休閒農業輔導辦法」；1998 年後臺灣開始實施隔周休二日的新政策，進一步增加了民眾用於休閒的時間。由於農業轉型和發展的迫切需要，以及民眾對自然生態旅遊及農業體驗的現實需求使全社會都積極投入休閒農業。

　　2000 年臺灣當局修正「農業發展條例」，將休閒農業正式列入臺灣重要農業發展政策，將「休閒農業輔導辦法」修訂爲「休閒農業輔導管理辦法」，同年 12 月頒佈實施「新世紀國家建設計劃書」，把發展休閒農業，推動觀光旅遊發展作爲重要工作內容，隨後相關部門頒佈「國內旅遊發展方案」和「21世紀臺灣發展觀光新戰略」，決定發展生態和健康旅遊，使休閒農業與觀光旅遊相結合，以此來推動傳統的特色農業產業發展，帶動農業轉型和鄉村活化再生。2001 年起推動「休閒農業園區計劃」。該計劃要求集中力量發展農業園區，爲遊客提供旅遊消費，促進鄉村社區整體發展，增加居民收益，帶動當地經濟的繁榮。2002 年，臺灣觀光局發佈「民宿管理辦法」，把民宿納入到休閒農業範圍，進一步擴大了休閒農業的生存和發展空間。這一時期，臺灣休閒農場總數達到 1021 家，〔註26〕這些休閒農場有力促進了臺灣休閒農業發展和農業的永續經營。2004 年和 2006 年「休閒農業輔導管理辦法」歷經三次修訂，逐步把休閒農業發展重點轉向品質的提升，力求實現休閒農業和旅遊產業的協調發展。2006 年後，開始逐步輔導休閒農場進行設立登記，實施休閒農業和休閒農場的等級評定和品質認證制度，實現農場合法化經營。

181～182 頁。

〔註26〕段兆麟：《臺灣休閒農業發展的回顧與未來發展策略》，《農政與農情》，2007年 3 月，第 177 期，第 64 頁。

同時，大力推進創意開發，積極參加國際交流合作，帶動服務質量提升，促進具有國際觀光水平的休閒農業區的規劃建設，實現休閒農業的健康和永續發展。

1981 年至 2011 年間，各級農會先後輔導辦理多個鄉鎮市設置完成包括柑桔、楊桃、葡萄、梨、荔枝、龍眼、桃、李、蓮霧、番石榴、百香果、草莓、茶及蝴蝶蘭等在內的多種觀光果園。截止到目前，共劃定休閒農業區 78 處，休閒農場 320 家，網絡和布點遍佈臺灣全島，為使社會大眾通過體驗農業、瞭解農業進而支持農業發展做出了巨大貢獻。農會組織還積極發展和輔導都市農業，自 1995 年以來先後設置市民農園、花卉公園、教育農園等超過 100 處，辦理多個地區性休閒農、漁業整體發展調查規劃工作，對具有發展休閒農業潛力地區進行休閒農、漁業公共設施建設；建設完善休閒農業表示牌坊、解說設施、道路標誌、停車場、涼亭和公廁等相關公共設施；實施水土保持、生態保育和環境美化工程。農會還注重加強提供觀光農園的信息服務，輔導籌辦觀光農園信息服務室，成立全省觀光農園班長聯誼會、臺灣農業策略聯盟協會、臺灣休閒農業發展協會和臺灣省觀光農園發展協會等行業協會組織，共同為臺灣休閒和觀光農業提供支持和服務。

新世紀以來，由於受到世界經濟不景氣的影響，臺灣也遭遇嚴重的經濟衰退和失業率增加等問題。都市人口快速成長，使得公園綠地等休閒活動空間與設施更加不足。隨著國民收入增加和消費水平的提高，消費結構不斷改變，民眾對觀光旅遊需求逐年增加，使得休閒農業發展更加緊迫。為此，農業部門從臺灣農業轉型和增加農漁村就業人口著手，進一步整合農漁業資源，輔導農漁民產業轉型，創造農漁村就業機會。作為 21 世紀的黃金產業，休閒農業通過規劃籌設觀光農場和休閒農、漁業園區等方式開發農業觀光資源，改變傳統農業經營方式，縮短生產者與消費者距離，為廣大民眾提供參與農業生產的新領域，不但減少了臺灣加入世界貿易組織後對農業及農民的衝擊，推動了整個臺灣農業發展，而且為人們提供農業休閒服務，帶給國人「好山、好水、好農村」的度假休閒好去處，讓國人在農業生產之餘盡情享受田園樂趣，欣賞鄉村風光。

2001 年開始推行的「休閒農漁園區計劃」，以改變過去平均分配資源的方式，集中力量發展農漁園區，增加園區內軟、硬件建設，充分整合園區內農場、農園、牧場等景點和民宿等設施，逐步形成休閒農場、農業及民俗等相

關產業統一納入休閒農業園區建設中協調發展的嶄新格局，尤其是 2002 年修訂後的「發展觀光條例」正式將民宿納入輔導觀光的範疇，使偏遠地區及休閒農業區內農舍及休閒農場得以轉型經營民宿，確立了臺灣休閒農業發展的基本框架。休閒農漁園區是一個主要依靠其特有的鄉土文化、鄉土生活和鄉土民情，更加注重農業經營、解說教育、體驗活動、產業與民俗文化活動，而建立在鄉村性、地方性、生態性與體驗性等產業特性與休閒價值基礎之上的，在整個觀光、休閒的空間系統中具有獨特風貌與特色的綜合園區，是實現農業永續經營和發展的重要載體。

　　加入 WTO 以來，各級農會先後組織實施了一系列計劃措施來因應外部環境變化、推動休閒農漁園區的建設和發展，取得了較好的效果。首先，通過強化休閒農業策略聯盟運作，使休閒農業除了農村傳統文化的延續外，更能引進新的思維及非傳統的生活形式，促使觀光資源呈現多樣性面貌，使農業之美，成爲臺灣的重要觀光資源，吸引更多觀光旅遊人潮；其次，通過提升休閒農場策略聯盟營運的競爭力和經營能力，進行行業資源整合，提高服務質量，建立觀光農園策略聯盟營銷機制，實現信息、資源等的共享，加強聯合營銷，改善與強化休閒農漁園區營運管理交流站的運用及功能，增進城鄉交流並發揮社會觀光功能；第三，實施農村套裝旅遊推動計劃，讓遊客深入瞭解地方農業特色、人文景觀、農村風貌及農業生產、生活、生態等產業在生態環境中的重要作用；第四，通過培訓各級農會經營和指導休閒農業的幹部，以策略聯盟方式結合基層農會的四健、家政、推廣及供銷等資源，綜合開發休閒農業系列商品；第五，辦理休閒農場生態體驗示範研習營及中日國際休閒農業研討會，讓學生瞭解生態環境的內涵，建立生態體驗旅遊模式；瞭解日本休閒農業發展趨勢，交換雙方發展經驗，促進島內休閒農業發展；經由對外交流提升休閒農場知名度，指引島內未來休閒農業發展方向。

三、促進臺灣農業永續發展

　　20 世紀 70 年代初期，部分學者先後在經濟學、工程學、生態學和社會學等多個領域提出了「永續發展」這一嶄新的概念。在 1992 年 6 月召開的聯合國環境與發展大會上，「永續發展」成爲世界各國在新世紀的重要發展目標。永續農業，也稱爲永續農業發展，是一種整合的科學農業經營制度，希望可

以妥善使用水土資源，減少對非再生資源的使用和依賴，減少破壞生活和生態環境，維持自然生態平衡，爲子孫保留能持續獲利的生產和自然環境。臺灣在 1991 年公佈的《農業綜合調整方案》中明確「確保農業資源永續利用，調整農業與環境關係，維護農業生態環境」，自此，永續農業政策就成爲臺灣農業發展的基本方針和策略。20 世紀 90 年代，臺灣農業建設秉持「發展農業，建設農村，照顧農民」的理念，重視農業人才培養和農業土地規劃，健全產銷制度，創新農業技術，強化農民組織，調整漁業結構，加強農民福利和加強生態保育，基本實現了農業生產企業化、農民生活現代化和農村生態自然化的目標。

進入新世紀，臺灣當局始終堅持實施農業整體性發展策略，在兼顧發展農業、建設鄉村及照顧農民的前提下，追求「效率」與「安定」的統一，大力發展臺灣特色的現代化農業。「效率」和「安定」同爲現代化農業的兩大核心，農業發展既要注重提高產品質量和價值，又要避免自然災害和人爲因素，強調農產品價格和農民收入的穩定，確保二者協調發展。

農會作爲臺灣最重要的基層群眾性農民組織，是永續農業發展最重要和最持久的推動力量。依靠各級農會組織大力發展具有競爭優勢的農林牧漁產業，提升臺灣產業綜合競爭力。近年來，臺灣充分利用本地優勢農業資源，積極發展市場潛力大、產品附加值高、競爭能力強的農業相關產業及具有鮮明地方特色的優質農產品，實現農業生產的市場化、合理化和機械化，眞正做到因地制宜、因需生產和高效節能，逐步淘汰傳統農業中生產效率低、成本高和環境污染嚴重的產業。同時，綜合規劃和合理佈局種苗、水產、畜牧和其他相關行業發展，切實發揮相關產業的比較優勢，提升總體競爭力；建立服務優良、高效快捷的產供銷體系，切實服務農民和農業發展，是實現農業永續發展的重要基礎。現階段農業發展受自由化和全球化影響，使得各級政府、農會組織和廣大農民必須更加重視市場、信息和運營能力的培養，重要農產品產銷班的輔導培育以及農村金融的健全普及。只有這樣，才能夠依靠掌握先進經營理念、信息和技能的農民建立起具有市場競爭力的農業產銷組織、供運銷體系和農村金融體系來實現農業資源整合、提高供運銷和金融服務效率，擴大市場和服務範圍，積極推動優質和高效農業發展，實現農業生產市場化、科技化與機械化，造福廣大民眾，服務臺灣農業發展。

穩定的農業發展政策和經營環境是永續農業發展的重要保障。各級政府

和農會組織不斷調整農業科技研發方向以適應不斷變化的農業政策，通過各農業改良場及既有農業推廣體系，實現農業技術、生態保育、育種育苗、農業機械化、病蟲害防治、供運銷及農村金融體系等科技成果的快速循環轉化，切實提升農業總體競爭力和發展水平、維護生態環境。同時，建立各種災害和產銷預警機制、價格監督機制、產品信息發佈平臺和基金救助體系等以最大限度減少農業生產不確定性，降低風險，穩定農業生產和經營環境，切實保護農民利益，穩定農業發展。

實現農業資源合理開發與利用，是實現農業永續發展的重要前提。農業、水土資源以及自然和生態環境屬於有限物質，必須做到開發利用與涵養保護兼顧，才能實現其永續發展。臺灣各級農會組織積極配合國土綜合規劃和農地釋出方案，實施坡地水土保持與山洪防治，控制漁業養殖的地下水使用量，建立農業水資源轉用補償制度，加強野生動植物保護及自然景觀維護，促進農業污染防治和廢棄資源有效利用，推動有機肥料、生物肥料、綠色肥料及非農藥技術等的利用，合理施用化學肥料及農藥，真正實現農林牧漁生產、水資源利用與涵養、土地資源開發利用以及自然與生態環境保護等的協調發展。

經濟和農業發展的全球化趨勢使得所有農業體系都成為全球農業發展鏈條中的一環，因此，加強國際農業合作，推動兩岸農業交流也是實現臺灣農業永續發展必不可少的重要舉措。臺灣農業政策以宏觀的角度、國際化的觀點和以建立地球村的觀念進行規劃，積極應對農業國際化的發展趨勢，積極參加「亞太經合組織」和「亞洲農村復興組織」等區域性農業國際組織和國際大氣環境污染防控工作，持續推動與東南亞、非洲及南美洲等有關國家的農業國際合作與農業科技交流，在互惠互利和優勢互補的原則下，推動兩岸農業科技人才、技術及優良品種的交流與合作，與大陸及其他國家地區開展農業及漁業資源的共同開發利用，建立海峽兩岸農業合作與貿易新模式，實現共同發展。

農業在臺灣經濟轉型過程中扮演過重要角色，21 世紀隨著農業發展全球化和自由化趨勢逐步增強，各級政府和農會組織以務實的態度、實幹的作風、創新的策略和強烈的自信直面困難和競爭，通過提升農業產品競爭力，不但實現了農業資源的合理開發與永續利用，而且實現了自然與環境生態的協調發展。

第四章　推動永續繁榮的現代化鄉村建設

　　光復後，農會逐步成為推動臺灣鄉村建設的「政府夥伴」，通過構建普惠型農村金融體系和健全的農村社會服務保障體系，大力傳承和弘揚農村優秀文化，加強農村自然景觀和生態環境保護，不斷強化政府與民眾的溝通交流來促進民眾的社會和政治參與意識，通過推動農村社區人文發展計劃和鄉村青少年發展計劃，建構農村優質生活及健康照護體系，實現農村高齡者生活改善等一系列措施，大力實施臺灣鄉村社區的總體營造策略，推動臺灣永續繁榮的現代化鄉村建設。

第一節　整合性富麗鄉村建設

一、整合性鄉村建設及其理論

　　鄉村是農民賴以生存、發展和進步的重要載體。整合性鄉村建設是建立在整個社會發展基礎之上，具有綜合性、系統性和永續性的鄉村發展形式，是鄉村發展過程中的重要內容和直接表現形式，也是某一特定歷史階段鄉村社會發展重要成就的真實反映。實施鄉村整合性發展是農業發展和農民進步的要求，也是經濟發展、社會進步和文化繁榮的不竭動力。在臺灣這樣一個人口眾多，土地資源有限，以農立本，依靠農業推動經濟起飛的傳統海島型地區實現鄉村整合發展，就更加緊迫，更有必要。各級農會組織作為實施農業政策、推動農村建設和增加農民收入的「政府夥伴」，總是能對政府的一系

列政策措施迅速做出回應，並積極投入到推動臺灣整合性的鄉村建設中，為推動農業發展和農民進步做出應有的努力。

（一）鄉村建設的基本概念

鄉村建設又稱鄉村發展（Rural Development），其定義有很多種，但基本意思大致相同。世界銀行認為，鄉村發展是通過消滅貧窮和不公，提升鄉村中最下層團體的生活價值和品質，來改變鄉村貧窮人民社會經濟生活的一種策略，其目標是增加生產、提高生產力、增加就業、動員可用的土地、勞力和資本。Inayatullah 認為鄉村發展就是在傳統鄉村社會中人們通過接觸外界而產生新技術、新思想、新文化和新體制等的複雜過程。〔註1〕David A. M. Lea 和 D. P. Chaudhri 則認為鄉村應該通過提倡地方自主性的發展計劃，減少傳統生活方式的干擾；提高鄉村地區生產力水平，拉近與其他部門的互惠關係，改善鄉村大眾生活水準，保障其基本安全及對衣、食、住、就業等的基本需求等策略實現鄉村的整合發展。〔註2〕

鄉村建設主要是通過在相對偏遠的村落和集鎮地區推行政治、經濟、教育、社會、文化、宗教、娛樂、醫療和福利等發展計劃，來實現鄉村社會持續、穩定的進步。鄉村地區的社會經濟條件相對落後，非常需要依靠有針對性的發展計劃改善人民生活水平與人性的公平與尊嚴，推動整個農村地區社會、經濟快速發展。

（二）整合性鄉村建設策略

整合性鄉村建設即整合性鄉村發展（Integrated Rural Development），是指鄉村朝向「均衡、全面和自我」方向的發展。均衡指農業和工業，城市和鄉村，物質和精神共同協調發展；全面是指將過去分散的方式組合成一個統一架構，發揮其整體效應，向各個層面用力，以達到鄉村重建的目的；自我則包括自立、自信和自助，是整合性鄉村發展的重要內容，也是以人的行為改變為中心的整合因素。教育是促進人類發展的重要手段，從傳統文化的再生出發，教育和培養農民參與公共事務的興趣和能力，可以使他們自由、自尊並自信地參與鄉村建設，追求鄉村生活機會的均等。這種整合性鄉村發展思

〔註1〕 Inayatullah ed, 1979. Approaches to Rural Development Some Asian Experiences, Asian and Pacific Development Administration Center, Kuala Lumpur, Malysia.

〔註2〕 Lea, David A. M. and Chaudhri D. P. ed. Rural Development and the State, Methuen, London and New York, 1983, P12~13.

想既是鄉村發展工作的需要，也是爲了應對鄉村問題的多元性和關聯性，滿足農民生活和社會政治穩定的需要。

　　鄉村是由生產環境、生活環境、自然環境和歷史社會所構成的，供農民生存並從事政治、經濟、社會、文化等活動的空間領域。農業、農村和農民三位一體的整合性鄉村發展，具有以下幾個原則：①現代化鄉村發展必須建立整合性的總體架構；②培育現代化農民，樹立農村新氣象；③加強農村基層建設，提高農民所得，開創農村建設新局面。〔註3〕

　　現行社會體制中，提出及推行各種發展目標的單位不同，其立場和主張也就不同。目前臺灣政府組織中農委會和經建會是最有責任和有能力承擔鄉村發展整合工作的單位，而農會組織則成爲非政府體系中最有責任和能力推動鄉村建設的主要部門。鄉村社會的整合發展必須做到農業發展與其他政治性、經濟性、社會性、文化性、教育性、宗教性、娛樂性的目標縱橫相接，相互關聯，整合各目標之間的互補性，消除衝突因素，才能有效達成鄉村發展的整合。在臺灣，鄉村的整合型發展是指農業、農村、農民及社會、生態等縱橫連接，密切配合。同時，農業政策與其他鄉村發展政策相互關聯，密切協作。

（三）農會與整合性鄉村建設

　　整合性鄉村發展的主要內容包括農業科技與政策、行政與地方資源、市場活動與安排、推廣服務及非正式教育訓練、金融事業、衛生與社會服務、土地改革與改良、農村能源與工業化、住宅及基礎設施建設、農村文化與傳承、宗教及信仰自由等。各級農會組織通過對上述各項政策目標的研究和系統規劃，實現資源和策略的聯合，最終實現整合性鄉村發展的目標。

　　農會作爲一個農有、農治、農享的農民自治團體，自成立以來，尤其是臺灣光復後，積極投身到臺灣的農業發展、鄉村建設和農民的教育、組織中，成爲整合性鄉村現代化建設的重要推動力量。

　　臺灣農會組織自 1987 年至 1997 年間組織實施了山坡地和平地農漁村社區整體規劃，實施農漁村和山村社區環境提升改善，先後完成了宜蘭縣多山鄉中山村等 76 個山坡地和全臺 298 個平地社區的整體規劃，建設若干鄉村步道、涼亭、觀景臺和噴水池等景觀設施以及示範農舍、蓄水池、停車場和垃

〔註3〕　林淵煌：《現代化農村發展之研究》，行政院農業委員會，油印本，1982 年 8
　　　　月，第 96～102 頁。

圾處理等生活設施；進行排水、路燈、家庭衛生和道路安全設施等的改造；完善鄉村集貨場、加工廠、曬穀場和農產品分級包裝等農業生產設施；改善原住民的農業生產及農村生活設施，促進原住民的農業生產、生活和生態同步發展。

進入新世紀，由於人口外流、基本設施不足和發展緩慢，農村生活與既有的地方文化特色、自然生態及景觀風貌等特色逐漸喪失，經濟發展受阻，就業機會缺乏，鄉村逐漸喪失魅力及吸引力。為了應對農村上述變化，行政院農業委員會水土保持局在 2008 年提出「農村再生條例」，主要目的是通過由下而上的在地居民自主行動，促進農村永續發展及農村活化再生、改善基礎生產條件、維護農村生態及文化、提升農村生活質量、建設富麗的農村，強調農村產業、自然生態與生活環境的整體規劃，創造一個符合三生概念（生產、生活、生態）與農村 5R 美好價值（遠離塵囂 Retreat、土地儲備 Reserve、資源生產 Resource、休憩娛樂 Recreation、身心安頓 Relaxation）的富麗農村。農會作為基層農民組織，直接服務於臺灣農業發展目標，確保糧食和工業原料等的穩定供給。同時，農會組織還作為農民權利和利益的代表，監督和協調工業部門生產農業部門所需的肥料、農藥及飼料等，保障了農業生產的有序進行。上世紀 60 年代開始，農會通過大力支持農村地區的「綠色革命」，培育高產量作物品種，使用殺蟲劑、除草劑和化學肥料等大大提高了農業產量，推動了農業科技發展。

農業推廣作為非正式教育訓練項目協助普及農業新知識，新觀念和新的耕作技術，指導農民有效運用行政和地方資源，傳承農村優秀文化，提倡並鼓勵宗教信仰自由，為實現人的成長、進步，帶動農村文化產業發展，為整合性鄉村發展提供人才和智力支持。農會組織還通過培育農村農產運銷組織，輔導農業產銷班市場化經營等，來引導農民走向市場，參與市場競爭，培育優秀市場經營和管理人才，壯大農村市場隊伍。

信用和保險系統則為鄉村建設提供強大資金支持、生命和財產保障，幫助農民籌集富餘資金，再放貸給基層有貸款需求的會員，行使基層商業性農村金融的職能，為臺灣土地改革與改良、基層能源建設及鄉村工業化、住宅及基礎設施建設等事關農業發展、農村經濟繁榮和農民安居樂業的重大項目提供了資金支持。保險部通過接受政府委託辦理家畜保險、產物保險、農作物保險、農民健康保險和老農津貼等領域的業務，進行農業生產領域的作物

及農產品預防損失和分散風險操作及農業生產過程中災害的防治及救濟，確保農民經濟收益最大化，提升農民生活水平和農村生活品質。

農會作為服務農業、農村和農民的基層群眾性組織，在不同發展階段通過不同方式和手段，依靠推廣、供銷、信用和保險等業務部門，發揮其政治性、經濟性、社會性、教育性和文化性等功能為臺灣農業發展，農民安居樂業，尤其是為農業、農村和農民三位一體的整合性鄉村發展，做出了巨大貢獻。

二、實施鄉村社區總體營造策略

（一）社區協力政策和社區總體營造策略

社區是由英文「Community」翻譯而來，確切的說，Community 有「社群」和「社區」兩種意思，其中社群沒有地理空間的概念，只要是彼此間有共同興趣和愛好，形成共同的認同感的就可以成為社群，最典型的社群就是各種社團組織，如時下流行的各種聊天群和博客群等；社區則是指彼此間形成生命共同體，而且在地理上集聚並生活在一起的一群人。美國社區營造專家 Mattessich，P.認為社區是居住在地理上可以清楚界定的一群人，他們互相之間，以及他們與其生活之間形成的社會和心理的聯繫。〔註4〕從上述定義我們知道，「社區」指的應該是「有社區感的聚落」，這種感覺是被營造出來的，不會因為毗鄰就自然形成。

「社區協力政策」是一種通過提供特定資源以鼓勵社區營造的策略。這種策略配合社區營造的獨特性，由政府部門擬定一套能夠貼近社區需求、啟發社區創意和擴大資源投入的推動方式，不需要主動制定計劃內容、也不需要選定執行對象和方式，而只是提示鼓勵的方向，完全開放給社區組織提案，再根據提案創造性與可行性來決定補助的對象與規模。這就如同政府和社區共同騎一輛協力車，由最瞭解社區需求的社區組織擔任前座的騎士，掌握方向；而政府部門則在後座配合前者的步調並適當地出力協助，形成一種既分工又合作的「夥伴關係」。〔註5〕臺灣最早的「社區協力政策」是 1994 年

〔註4〕 Mattessich, P. & Monsey, B. 1997, Community Building: What Makes it Work, Amherst H. Foundation，《社區營造成功之道》，曾旭正等譯（2005 年）（未出版）。

〔註5〕 曾旭正：《臺灣的社區營造》，臺北：遠足文化事業股份有限公司，2007 年，第 48 頁。

文建會推出的「社區總體營造」計劃,以及同年臺北市政府的「地區環境改造計劃」。

「社區總體營造」的政策由臺灣文建會 1994 年首次提出,是臺灣歷史上最普及、最溫和、最基層,影響也最深遠的「社區營造」的社會運動,它不僅是要營造優質環境,更要培養社區成員對社區事務的參與意識。這場運動不但喚醒了人們對土地和家鄉的感情,拉近了鄰里之間關係,而且把對生活環境和空間的主控權交還給人民,成為一個自下而上、聲勢浩大的家園再造工程。

社區營造,也就是「營造社區的感覺」,是一項非常具有挑戰性的「社會工程」。就是要讓彼此陌生的居民通過溝通和交流,彼此熟悉,建立互信並願意在共同需求和關注的相關議題上採取統一行動。社區營造主要通過產業發展、生態環境、社保醫療、人文教育和社區治安等一系列行動來增進社區中人與人之間、人與環境之間的瞭解和適應,逐步建立或者喚回原有的社區感。

「社區總體營造」的概念最早於 1993 年由文建會提出,具體的政策形成則是在 1994 年。最初是以「社區空間改造」為主題的「輔導美化地方傳統文化建築空間計劃」和臺北市都市發展局的「地區環境改造計劃」。1995 年 11 月,文建會通過「社區總體營造獎助辦法」,對參與社區營造的團體進行獎勵和補助。1997 年環保署又推出「生活環境總體改造計劃」,鼓勵社區動員義工從「清淨家園」做起。1998 年臺灣省政府文化處推動「校園我的家」計劃,則以校園為對象,強調「參與」的精神與做法。1998 年經建會為配合擴大內需政策而下撥 100 億元新臺幣專項資金,擬定「擴大國內需求方案——創造城鄉新風貌計劃」,開始實質性建設。1999 年「921 大地震」後,文建會特別提出「921 永續家園社區再造方案」鼓勵社區組織參與提案行動;「教育部」則通過「新校園運動」來推動災區校園重建和社區參與,期盼學校在重建的同時也發揮社區動員的作用。2001 年,行政院通過「創造臺灣城鄉風貌示範計劃」,鼓勵各基層政府通過推廣「社區規劃師」制度,培養更多可以協助社區的優秀人才。〔註6〕

2000 年民進黨執政後,對社區協力政策表現出特別關注,並在「替代役」

〔註 6〕 曾旭正:《臺灣的社區營造》,臺北:遠足文化事業股份有限公司,2007 年,第 48~51 頁。

中特別編列「社區營造替代役」，爲社區營造提供更多人力支持。同時成立跨部會「社區總體營造委員會」以求促進各部會在社區營造策略方面的整合。2002 年，由行政院六部門聯合提出「挑戰 2008——國家發展重點計劃」。至此，社區協力政策的規模達到歷史最大。2003 年底新成立「新故鄉社區營造計劃推動辦公室」，進一步整合社區營造策略，促進部門合作，發揮社區協力功能。2004 年爲了更好地指導各地社區總體營造行動，出版「新故鄉社區營造計劃政策說明書」並開通了「社區通」網站，同時，促成部會聯繫審查制度等的實施。2005 年 2 月，謝長廷接任行政院長，將「新故鄉社區營造計劃」整合爲「臺灣健康社區六星計劃」。主要從產業發展、人文教育、環保生態、社保醫療、小區治安與環境景觀等六個層面進行總體營造。〔註7〕

臺灣社區營造運動強調自發的共同參與和由下而上總體推動的理念，是追求自主參與和集體改善生活的社會潮流，也是人類民主發展進程中的嶄新的階段。

（二）臺灣社區發展歷程及總體營造成果

臺灣社區發展從早期傳統聚落，到日本佔領時期的保甲，到光復初期的村裏，再到後來的社區，綿延不斷，歷經世代更迭和滄桑巨變，從原始走向現代，從傳統走向開放，從髒亂走向環保，從散居走向整合，從落後走向文明，書寫了臺灣社會發展史上壯麗的篇章。

三百多年前鄭成功來到臺灣後，從大陸引進屯田制，促成了臺灣平原上許多村落的形成，這些早期農業聚落僅有十餘代的歷史，但是它們與中國內地村落一樣，基本上都是居民自治式的。臺灣早期傳統聚落地理範圍清楚，居民彼此間形成緊密關係，屬於社區的典型代表。臺灣早期社會中，南北聚落區別明顯，南部聚落規模較大，彼此相距較遠；北部聚落則規模較小，零星分佈，彼此相隔較近，屬於典型的散居形態。在這些傳統聚落中，一般分爲由同姓人群構成的血緣村和無血緣關係的地緣村。血緣村因爲血緣關係，加上共有祖先和祖產的基礎，而具有很強的內聚力。地緣村雖然內聚力較弱，但由於聚居關係產生的許多共同事務，也形成一定內聚力。〔註8〕由此看出，早期臺灣傳統聚落中，不論是血緣村還是地緣村，其內聚力都是自發而

〔註 7〕 曾旭正：《臺灣的社區營造》，臺北：遠足文化事業股份有限公司，2007 年，第 52～55 頁。
〔註 8〕 戴炎輝：《清代臺灣之鄉治》，臺北：聯經出版事業公司，1979 年。

非受外界約束的，這應算是臺灣早期最典型的社區營造。

　　1895 年日本佔領臺灣後，爲了加強治安管理、便於徵稅並控制人口，臺灣開始實施「保甲制度」，規定十戶爲一甲，每甲設甲長，十甲爲一保，每保設保正，分別由各戶選舉並經地方長官認可後上任，任期兩年，是沒有報酬的名譽職位。這一時期由於配合警察制的嚴密控制，保甲制度落實較好，村里程度被削弱。

　　1945 年臺灣光復後，國民政府設立行政長官公署，從事接管地方行政及籌劃地方組織的相關工作。在地方行政方面，設縣和省轄市，並在縣以下設立鄉鎮，鄉鎮以下設村裏作爲行政組織的末梢。上世紀 60 年代中期，爲了提升臺灣社會自治能力，在聯合國專家的協助下，美國將「社區發展」〔註9〕概念引入臺灣。聯合國還進一步提出了社區發展的十項基本原則：尊重居民需求、擬定多目標計劃、自發精神的培養、鼓勵居民參與、培養小區領導人才、建立青年與婦女組織、支持小區自助計劃、重視人才培訓、運用在地組織、整合相關計劃等。1965 年行政院將「社區發展」列爲臺灣社會建設工作重點之一。1968 年，內政部提出具體的「社區發展工作綱要」，臺灣省也配合推動「社區發展八年計劃」（後擴展爲「十年計劃」）。這一時期的社區發展工作主要是由政府全面主導，政府通過政策誘導社區發展協會成爲地方公共建設的主力軍，由上而下推動「公共設施建設」、「生產福利建設」和「精神倫理建設」等社區建設工作。社區發展協會也成爲村裏辦公室之外，純樸的鄉村社會與政治部門聯繫的又一窗口。70 年代也因此成爲臺灣社區發展的鼎盛時期。

　　上世紀 80 年代初期，隨著民主化思潮不斷湧動，臺灣開始出現社區形式的社會集體行動。這些社區運動分爲因應「危機」而生和爲「改善環境」而動員起來的社區運動兩種。前者主要是針對如何挽救曾經存在的、有價值的文化形式，或者反對政府或民間在社區設置變電所、加油站、停車塔、垃圾焚化爐、色情行業等。後者則是爲了改良和提升社區環境品質，如兒童活動

〔註 9〕根據聯合國經濟社會理事會的定義，社區發展，是指一種過程。即人民通過自己的努力，與政府共同改善社區的經濟、社會和文化環境，把社區與整個國家的生活相結合，對國家進步做出最大的貢獻。此過程包括兩種基本要素：即人民通過自己的參與，並盡可能靠自己創造，努力改善生活水平；政府通過技術或其他服務，發揮更有效的自助、自發與互助功能。社區發展強調居民自助和社區自治，以及與政府的合作關係。

空間不足、公園設計不合理、生活環境不佳等，期望創造更安全、舒適的小區環境。上述生存和認同的危機以及環境問題早在上世界 80 年代以前就已存在，是在特定歷史階段由於政府貶抑本土和忽略地方文化，再加上城鄉規劃不合理、空間體制不健全和城鄉發展不平衡等的產物。

不同類型的危機對社區運動所發揮的動員能量和社區意識的促成也不盡相同。生存危機具有很強的快速動員能力，可以吸引更多階層的居民參與，環境不滿與認同危機所引發的社區動員能力則相對較弱。

臺灣民主化以後，政治與社會各層面得以「鬆綁」，民主、開放與本土性意識的進一步加強，為各種社區集體運動提供了抗爭和變革的空間，也為臺灣社區營造提供了肥沃的土壤和自由的空氣，在政府政策鼓舞下，成為 20 世紀末期以來臺灣不可阻擋的歷史潮流。

經過近 20 年的政策支持和共同努力，臺灣社區營造在理論宣傳和實踐成果方面都取得了巨大成就。在這期間，針對各地社區營造經驗，臺灣官方與民間組織成立了專門網站並編輯出版了許多出版品，分別介紹了許多案例。如文建會設立的「臺灣社區網」，成為臺灣社區營造的官方網站和重要交流平臺，具有十分豐富的信息信息。出版物如文建會委託時報文教基金會出版的「社區總體營造的一步一腳印」叢書；《新故鄉雜誌》；青年社區成長基金會（UCOM）出版的《閱讀社區——臺灣 24 個社區營造故事》及《閱讀社區——在地生命力的顯影》；九二一重建委員會出版的《地動的花蕊》；新故鄉文教基金會出版的《臺灣生態社區的故事》；這些印刷品通過精美的文字和圖片介紹了臺灣社區營造的故事和歷程，不但可以作為社區營造工作的參考，激發人們參與社區營造的熱情，還可以促進更多優秀社區營造成果的出現。

實踐成果方面，分別湧現出了都市化衝擊下的社區營造、中型鄉鎮社區營造和農、漁村社區營造等許多優秀的社區營造範例。

都市社區營造主要以社區文藝活動、社區歷史文化資源的挖掘和環境改造等公共服務為主要目標，如臺北市的北投和芝山社區、臺中市的中達和楓樹社區、臺南市的金華和大港社區以及高雄市的振興和哈瑪星社區等，分別通過社區公園建設、改善社區環境、拓展文化和社會福利、實施人的動員和行動創意、營造健康和福祉社區等一系列舉措，在注重社區環境營造的基礎上加大社會福利、產業發展、社區文化活動和歷史文化資源的保護

工作。

　　中型鄉鎮的社區作為本地區政治、經濟、社會和文化中心，其營造對整個社區營造工作具有非常重要的示範和引領作用。如新莊、大溪、三峽、埔里、草屯、鳳山、澎湖、白米、新港等社區居民依然保持著共同的生活記憶和家鄉認同，在新港文教基金、淡水文化基金、牛碼頭文化協進會等的具體資助和指導下，通過實施文化危機中的集體行動、確立社區產業和產業組織運作、尋找社區特色和社區空間營造等多層次的措施，積極參與並推動本地社區的總體營造。

　　農、漁村社區營造是臺灣社區營造的重點和難點，也是臺灣社區營造的重要組成部分。農、漁村社區營造分別通過生態保育、自力營造、特色產業和災後重建等不同主題加以推進。如嘉義縣阿里山鄉的山美社區，通過實施「傳統公共建築恢復」、「公共空間美化」和「公共藝術家居設置」三個方面來進行社區營造工作，具體通過設置竹屋、涼亭、瞭望臺等設施，進行擋土牆面藝術創作和美化、古步道整理、傳統技藝研習、設置藝術地標和公共桌椅等具體工作營造出一處處實用而富有特色的公共活動空間；臺南縣後壁鄉的土溝社區則是從實施鄉村環境衛生整治開，接著又自力營造了鄉村的「中央公園」和「水牛公園」，實施鄉村環境美化，把創意融入到農家生活的每一角落，通過創意美化生活環境，提高農民生活質量；埔里鎮桃米社區作為災後重建的典範，於 1999 年的「921 大地震」後開始起步，主要通過對桃米災區自然資源等的綜合分析，決定推行包括竹橋、蜻蜓流龍、涼亭、茅埔坑濕地、草湳濕地等多項帶有濃厚的生態特性和實驗色彩的步道、機集會施和人工濕地等的營造工作，因地制宜的營造了美好的生態家園，使桃米成為生態旅遊的最佳地點之一。

　　近年來，臺灣各級政府部門更加注重農村社區經營輔導和農業營銷能力建設，推動社區產業發展以活絡農村經濟、提高農村居民所得、增加農村就業機會並吸引年輕人回鄉工作及生活，實現農村再生及永續發展。2016 年 1月 25 日農委會水保局發佈「農村小區企業經營輔導作業要點」，選擇具有潛力的優質農業生產或經營主體，提供資金補助與專業輔導、培訓，培育具有良好企業經營能力的青年農民並引導農村社區企業積極回饋社會，服務社區居民，從而維繫或吸引人才回流農村，為農村注入源頭活水，實現了農村社區的永續發展與活化再生。

三、弘揚和傳承優秀農村文化

　　農村文化是鄉村建設的重要內容之一，弘揚和傳承優秀農村文化可以有力促進經濟和社會發展，爲廣大農民提供寶貴的精神財富。作爲組織最完善、功能最龐大、網絡最發達的基層農民組織，各級農會始終是農業發展和鄉村建設的重要推動力量，也是最積極的參與者。因此，弘揚和傳承優秀農村文化，也就必然成爲各級農會的重要任務。優秀農村文化建設應該遵從與自然環境相結合、與農村產業活動及生活型態相結合以及與傳統和現代相結合的原則，逐步實現先進的農村產業科技、優質的農村物質生活和豐富的精神生活，從而實現農村社會道德水平的提升，維護良好的社會秩序，積累和弘揚人類文明成果，穩定鄉村社會發展。

（一）臺灣農村文化及其變遷

　　自 1945 年光復後，臺灣所經歷的文化變遷是中國文化史上極爲波瀾壯闊的一段歷史經驗，它涉及了人類文化的方方面面，影響深遠。臺灣農村文化作爲中華傳統文化的組成部分和最重要的承載之一，先後經歷了傳統文化與現代文化的碰撞、臺灣本土化與國際化的抗衡以及中國文化與世界文化的融合等三個不同階段，基層農會和廣大農民作爲最重要的推動力量和主要參與者，親身經歷了農村文化變遷的全過程。在這一史無前例的文化變遷過程中，各級農會組織和廣大農民群眾始終圍繞著如何實現現代化，怎樣建立農村文化的獨特風格和如何追求農村文化的認同等三個方面來發展農村文化，傳承農村文明。〔註10〕

　　文化是社會關係與活動的基礎及產物，包含知識、技能、道德、法律、藝術、風俗、信仰及其他由社會中的人所表現的能力及習慣。文化也是一種組織現象，包括行動、事物、觀念、心態以及符號性的運作等。文化是集合社會中多數個體所獲得或培育出來的思想、行爲、知識、藝術、社會觀念及制度規範等，它是引導連續性行爲的重要因素，也成爲社會個體信仰或順應的目標。人類文化一般分爲物質和非物質文化兩類，物質文化指人類所創造及使用的各種物資、工具和設施等，是有形的，主要包括各種服飾、食物、住宅、交通運輸工具、生產設備、娛樂設施、生活器皿、書籍和技

〔註10〕黃俊傑：《戰後臺灣的轉型及其展望》，臺灣大學出版中心，2006 年 11 月，第17 頁。

術製品等；非物質文化是指一種無法觀看或者觸摸的概念或主張，屬於精神的或無形的範疇，主要包括思想、意識、語言、知識、藝術、觀念、信仰、價值、禮節、民俗、人格、制度、規則、生活方式、行為模式和法律等。〔註11〕

　　臺灣農村文化具有非常典型的特色和豐富的內容，無論是各種服飾、食物、住宅、交通運輸工具、生產設備、娛樂設施、生活器皿、書籍和技術製品等物質文化，還是思想、意識、語言、知識、藝術、觀念、信仰、價值、禮節、民俗、人格、制度、規則、生活方式、行為模式和法律等精神文化，都在傳承與創新上表現了相當獨特的格調，對都市居民而言，這些文化是過去自己或先輩生活的寶貴體驗的總結。同時，臺灣農村中還有許多精緻豐富的民俗文化活動，如豐年祭、捕魚祭、猴祭、飛魚祭、車鼓陣、犁牛陣、放天燈、賞花燈、舞龍、舞獅子、皮影戲、歌仔戲、木偶戲、划龍舟、山歌對唱、說古書、雕刻、繪畫和泥塑等，許多產業文化，如茶藝文化、水稻文化和金棗文化等，以及許多兒童娛樂活動，如玩陀螺、竹蜻蜓、捏麵人、玩大車輪、打水槍、打水井、推石磨、踩水車、駕牛車、灌蟋蟀、捉泥鰍、垂釣、釣青蛙、撈魚蝦、踩鐵罐、辦家家酒、騎馬打仗、跳屋子、放風箏、踩高蹺和玩泥巴等都得到了較好的傳承和延續，成為一代又一代臺灣人最珍貴的童年記憶。

　　文化與社會關係及活動密切相關，通常具有共通性、差異性、累積性、傳遞性和變遷性等社會特質。其中變遷性是文化的重要屬性，也是社會學者和文化學者所關注和討論的重要課題。文化變遷是社會發展的重要內容之一，因此，研究臺灣農村文化變遷，就必須從研究臺灣農村社會發展開始，也是研究臺灣農村發展的重要內容。

　　早期臺灣農村文化屬於典型的中國傳統農耕文化形態。光復以來，歷經60多年工業化、都市化、國際化和教育化的發展，臺灣鄉村文化性質發生了巨大改變。隨著傳統農業地位的減弱和工業化水平的不斷提高，傳統鄉村地區的工作和生活方式受到嚴重衝擊，在鄉村文化層面，不僅影響農民收入水平和消費型態，而且觸及到了農民的心理態度、風俗習慣和生活觀念。都市化是臺灣經濟和社會發展的必然要求和重要成果。都市化加速了鄉村居民模

〔註11〕蔡宏進：《鄉村社會學》，臺北：三民書局股份有限公司，1989年，第195～187頁。

仿都市居民生活習慣的步伐，促使其心理態度和行為觀念也逐漸接近都市人的方式和標準，被都市文化所同化而迅速轉向都市生活行列。國際化和國民教育水平的提升，使得外部先進理念和信息迅速傳入島內，使得鄉村居民受教育程度和出國機會得到極大提升，從而很大程度上影響和改變了臺灣鄉村的文化性質，使得臺灣鄉村文化通過都市地區影響而迅速國際化。同時，國民教育水平的整體提升也大大影響了臺灣鄉村居民在技術層面和觀念態度等方面整體文化素質的培養。

隨著上述各文化變遷影響因素的發展和逐步變化，臺灣農村文化變遷的範圍和程度也隨之增加。農村文化變遷主要體現在有形的物質變遷和無形的精神變遷兩個層面。有形物質的變遷方面，主要體現在生產設備逐步機械化，生產方法更加自動化，生活物質更加充裕。農業技術改進不僅改良了農民的物質生活，也一定會對鄉村社會，對農民非物質生活有深遠影響。從高級文明的觀點看，對農民非物質生活的影響要重於物質生活的影響。〔註 12〕隨著經濟發展水平的提高和農業科技的不斷創新，許多大型農業播種機、收割機、動力噴霧機、動力脫粒機和大型運輸等工具、設備被陸續運用於農業生產活動中，臺灣鄉村居民從事農業及相關生產活動的設備逐步機械化，操作的自動化程度也越來越高，這不但大大提高了農業生產率，同時，也有效帶動了農村加工製造業等相關產業的發展。隨著農業等相關產業的快速發展，農業效率不斷提高，糧食和作物產量大大增加，農民在衣、食、住、行、娛等方面的需求和供給逐年增加，涉及農民物質和文化生活層面的民生需求日益強大，農民對工作環境和生活品質的要求逐步提高，反過來又有力推動了臺灣農村的經濟和社會發展。

在無形的精神變遷層面，近年來則出現了諸如鄉村農民中逐步出現對土地價值認識的改變、農村傳統技藝的消失和凋零、貪圖物質享受和功利心理、家庭個體權利趨於平均、宗教活動和偏差性文化興之不衰等許多新的變化。

在臺灣農業和農村發展進程中，土地一直都是農民賴以生存和發展的基礎，也是農業和農村文化的重心。然而近年來，隨著臺灣都市化、工業化和國際化步伐的加快，農村經濟和工商經濟巨大的差異和變遷影響使得土地在

〔註12〕楊懋春：《農業技術改變對鄉村社會的影響》，臺北：商務印書館，1968 年，第 2～3 頁。

農民心目中的價值發生了很大的變化。由於臺灣農業發展水平長期落後於工商經濟發展水平，政府對土地使用的管制政策又非常嚴格，使得農民依靠土地從事農業生產來謀生更加困難，農民對依賴土地生活的可信度降低；同時鄉村居民親眼目睹了由於位置原因導致的都市化和工業化過程中土地使用價格的飛漲，這就導致越來越多的農民和城市居民一樣對於土地價值的看法從注重其面積和土壤質量轉變爲更加注重土地的位置。

臺灣鄉村地區擁有豐富的傳統文化和技藝，這是千百年來臺灣農村和農民生活的沉澱和縮影，也是臺灣農村文化的傳承和延續。但是近年來，由於臺灣工業化和經濟全球化的快速發展，新的產品和製作技術不斷湧現，許多傳統技藝和創作手段被現代技術和思維所取代，導致了許多優秀鄉村文化和技藝，如家庭食品製作技藝、傳統建築修造技術、人力車等傳統交通工具及其製造技術、兒女人家學習裁縫的習俗、宗教及婚喪禮俗中的習俗、兒童玩具製作及自編歌謠、成人組織的詩社、樂社、戲班及其使用的道具物品等逐步走向消失和凋零。

臺灣農民受中國傳統文化和儒家思想影響，長期以來比城市居民更能安貧樂道，較少計較屬害得失。然而，隨著臺灣經濟快速發展，農業逐漸走向商業化，農民對於日常物質生活條件的要求也逐步提高，農民受教育機會和參與社交事務的機會也逐步提高，同時借助臺灣地區社會民主化進程，人們的平等意識越來越強烈，丈夫對於妻子和父母對於子女的約束力和管教程度逐步變低，家庭成員之間的關係變爲更平權化。同時，隨著社會崇尚經濟發展價值觀的影響，人們對功利得失也愈加看重，各種急功近利、貪圖享受、坑蒙拐騙等許多不良風氣和不良文化開始出現並逐步盛行，人與人之間多了猜忌、糾紛和欺騙，少了合作、互助和關愛，許多優秀傳統美德如鄰里間不計酬勞的互助合作、樂於助人的美好品德、同甘共苦的兄弟情義、童叟無欺的商業準則等等受到挑戰，甚至逐步消失。同時，許多具有濃厚宗教色彩的活動卻越來越興旺，許多人打著神靈的幌子鋪張浪費、招搖撞騙、搜刮錢財，讓許多農民蒙受精神和物質的雙重打擊。

（二）農會與臺灣農村文化傳承

文化是人類文明的靈魂和源泉，是一個民族智慧和希望的象徵，它深深的植根於民族的創造力、凝聚力和生命力之中，影響並指引著社會發展道路和前進方向，優秀的社會文化可以最大限度的促進社會發展和經濟建設。農

村文化是整個社會文化的基礎和重要組成部分，它對於凝聚和激發廣大農民群眾的智慧，致力於農業生產和農村建設具有重要的指導意義。鄉村文化的發展在於維持傳統文化與創新文化內容，其目標在於實現生活均衡、發展產業文化、建立人文的農村社會、農業資源的永續利用以及文化傳承與創新的契合。〔註13〕

　　農會作爲臺灣最重要的基層農民組織，始終承擔著教育、組織、引導和服務廣大農民群眾，弘揚和傳承優秀農村文化，促進農村基層文化建設，推動農業發展和鄉村建設等目標功能。農會自成立之初就一直致力於發展和傳承臺灣農村優秀文化，對於農村傳統文化傳承做出了重大貢獻。發展和傳承優秀農村文化是臺灣鄉村建設的主要內容之一，也是臺灣各級農會組織的重要職責和任務。

　　人類社會的演化從最初到處尋找水草的游牧生活方式，到後來由於人口及牲畜的增加，自然生長的植物不夠分配時，就產生了以固定土地來種植農業產品的生產和生活方式，人類歷經滄海桑田進行品種改良並發明簡單的農具及耕作方法，來增加農作物的收成及人口繁殖，生活形態隨之改變，農業文化也跟著進步，逐步形成了以農業爲主的社會組合體，這便是最初的農村社會型態。

　　臺灣光復後農會作爲推動農業發展，農業科技進步和繁榮農村文化的最重要的推動力量就一直活躍在臺灣廣大農村地區。從早期土地改革開始，農會就積極從事農業推廣，辦理各種農事研究班、家政改進班和四健會等，爲農民提供農業技術支持和農業生產等服務。有力塑造了農民當時農業意識的基本面貌，即農民對土地的強烈認同感和自願營農的心態，奠定了早期臺灣農村最基本的農業文化形態——「農本主義」。隨著社會不斷進步和農業科技發展，現代農村社會逐漸棄舊更新，邁向現代化社會，農村社會周圍工業化、都市化及商業化的社會環境，以及政府推動農業現代化、農業推廣教育、農村社區發展等的政策措施，促進了農村社會的變遷和發展，從而逐步改良農村的社會制度、結構和功能，農民的思想、觀念、意識、價值和性格等內在特性也會逐漸擺脫傳統的束縛而快速改變。

　　本土化與國際化的抗衡涉及到怎樣建立臺灣農村文化的獨特風格，戰後

〔註13〕蕭崑杉：《農村文化發展》，臺北：財團法人楊懋春貞德紀念基金會，1992年，第4～9頁。

臺灣文化變遷中本土化與國際化的抗衡表現在農村生活的方方面面，光復以來，隨著經濟不斷成長，臺灣的國際化性格日漸明顯，從日常生活層面到精神生活層面，各種各樣的外來文化都強有力的衝擊著臺灣本土文化，最有代表性的是臺灣宗教文化的發展變遷。從早期經濟發展起步階段以基督教和天主教等等為代表的西洋教派盛行到後來本土教派隨著經濟和社會的發展而日益繁榮。在這一變遷過程中，臺灣農會通過舉辦各種培訓班、資助寺廟建設和各種宗教活動、推動慈善和社會公益事業的發展，引導廣大農民堅持正確的宗教信仰，弘揚和發展了中國傳統宗教文化，使得臺灣文化的本土性更具特色。

經濟的快速成長不能與人們教育水平的提高、使用優秀傳統文化的意願與能力相匹配，就很容易產生拜金主義和暴發戶心態等粗俗低劣的文化形態，導致社會大眾逐漸凝聚出重功利的心態和強調實用的價值觀。同時教育體制中缺乏培養和鼓勵藝術欣賞的意願，就很容易導致創造和使用精緻文化、優秀傳統文化意願的萎縮，也就必然會使社會大眾的文化欣賞水平停滯不前。上述諸多現象引起了臺灣當局的高度重視，在 1979 年 7 月舉行的「國家建設」會中，臺灣「行政院」宣佈把開創發展超高精細的文化，作為政府今後施政的重點。

各級農會組織響應政府號召，積極參與政府主導的文化政策的推廣和實施，協助各基層縣市、鄉鎮成立文化中心，大力保護古蹟和文化遺產，支持和鼓勵社區舉辦各種文藝活動。為了更好地傳承和展示優秀傳統文化，許多農會創建了不同類型的博物館，收集並展示各類農業生產、農村生活及農業科技領域的實物，大力宣傳和弘揚中華民族的傳統農業文明。比如宜蘭縣羅東鎮農會，設有二十四節氣博物館，專門向廣大民眾尤其是農村青少年講述二十四節氣的來歷以及對農業生產的指導意義，既可以發揮教育推廣功能，又能夠很好的傳承優秀文化；新北市鶯歌區農會則建立了臺灣規模最大、檔次最高的陶瓷展覽館，不但向廣大訪客詳細介紹臺灣陶瓷工業發展的歷史、沿革和輝煌成就，同時還保存著不同時期臺灣陶瓷工業發展的代表作品和代表工藝，供大家參觀學習。還有一些鄉村地區農會每年都會組織開展各種不同類型的節慶活動，如芒果節、蓮花節、旗魚季等，在為人們提供慶祝豐收和歡樂舞臺的同時，也向年輕一帶充分展示了老一輩的生產場景和生活狀態，對傳承優秀農村傳統文化做出了積極貢獻。

　　各級農會還通過實施社區營造等一系列活動來培植和傳承優秀農村文化，教育和鼓勵年輕一代更好的繼承和發揚本地優秀農村文化。在社區營造的過程中，基層農會結合本地區的地域特點和文化傳承，因地制宜，新建和翻建了一大批文化古蹟、建築精品、寺廟宗祠、市民廣場、福利設施、旅遊景點、觀光亭榭、步道景觀、濕地公園等等，同時也組織力量，動員民眾在廣大農村社區挖掘、整理了許多優秀民間非物質文化，編輯出版了大批優秀文化書刊，創建了許多傳播優秀文化的網站和新媒體，如《新故鄉》、《地動的花蕊》、「臺灣社區通」網站等等爲農村文化的傳播和發展提供了指導和保障。

　　臺灣農會組織作爲教育、組織、服務和引導農民的最基層社會團體，不但承擔著協助政府推動農業現代化，加速農村社區發展，促進農村經濟繁榮的重任，而且還始終與農民的價值觀念，精神面貌，道德素養，文化生活，乃至整個社會的文化發展緊密聯繫在一起，積極承擔起傳承和發展農村傳統文化的重任。

四、切實保護自然和生態環境

　　人類對自然和生態環境保護的理念始於 19 世紀中期，美國爲了保存原始森林和優美的自然景觀於 1872 年 3 月 1 日成立全世界第一座國家公園——黃石公園。1972 年聯合國通過了被稱爲「綠色憲章」的「斯德哥爾摩宣言」後，保護自然和生態環境開始成爲世界各國共識。保護自然和生態環境主要是指對自然資源和環境的保存、保護、利用、培育和改良，對野生動植物的保護以及自然生態系統的平衡和維護，主要包括基本生態過程與生命支持系統、遺傳因子多樣性、物種與生態系統的可持續利用以及自然歷史景觀等四項指標體系。

　　隨著 20 世紀 60 年代後期臺灣工業和經濟飛速發展，都市化進程加快，人口迅速增加，對自然資源的掠奪和生態環境的破壞非常嚴重，水資源和空氣污染日益嚴重，環境質量迅速惡化，人民生活水平和質量遭受重大影響。80 年代中期以後，臺灣陸續出現了以經濟發展爲中心向經濟發展和環境保護協調發展、民眾環保意識的覺醒和環保運動的推動以及島內外環保力量的推動和介入等三股力量交織推動的多次自發性的保護自然和生態環境運動。其中比較有影響和代表意義的事件是，20 世紀 90 年代初期，臺灣從事犀牛角與

象牙的非法國際貿易而受到國際環保組織批評，並引起華盛頓公約組織的關注而受到美國的貿易制裁，這一事件迫使臺灣當局重新修訂了「野生動物保育法」，加強動物製品等的管制工作，並成立了野生動物保育小組，大大減少了臺灣野生動物的非法貿易和出口，有力促進了臺灣生態環境尤其是野生動植物生存環境的改善。

為了保護自然和生態環境，造福臺灣民眾，「行政院」於 1972、1982、1984、1987 和 1989 年分別頒佈實施「國家公園法」，「文化資產保存法」、「臺灣地區自然生態保育方案」、「現階段環境保護政策綱領」以及「野生動物保育法」，同時於 2000 年 11 月 15 日、2002 年 4 月 24 日和 2002 年 6 月 12 日分別修正了「森林法」、「野生動物保育法」和「文化資產保存法」，上述法律法規共同構成了臺灣自然和生態環境的法律體系。同時，行政院農業委員會作為自然和生態保護的最重要機構，負責「野生動物保育法」、「文化資產保存法」和「森林法」等的執行以及相關自然環境保護工作；「內政部營建署」則負責「國家公園法」規定的自然環境保護工作；「交通部觀光局」負責管理各地風景名勝區內的自然環境保護工作，行政院文建會負責統籌規劃文化建設以及自然和生態環境保護中的文化遺產保護項目的實施和執行。分工協作的政府主管部門，健全的行政管理職能，農會組織全方位的優質服務，加上完善的法律法規體系，構成了自然和生態保護的「天羅地網」，成為推動臺灣自然和生態環境不斷改善和好轉的重要保障。

臺灣主要通過設立自然保留區、野生動物保護區及野生動物重要棲息環境、國家公園及國有林自然保護區等，嚴格限制資源利用與開發，最大限度保護野生動、植物的棲息環境，實現森林、山坡地保護、水源區保育、水土保持和生物多樣性的保護。表 4-1 是臺灣各種類型保護區分類一覽表。根據 1972 年 5 月 26 日頒佈的「文化資產保存法」中關於自然文化景觀施行細則的定義，「自然保留區」指具有代表性的生態體系，或者是具有獨特的地形和地質意義，或者是具有基因永久保存、觀察、教育和研究價值的區域。自 1986 年 6 月 27 日起，農委會陸續公佈了淡水河紅樹林等 22 處自然保留區，總面積約 65458 公頃，占臺灣陸地總面積的 1.8%，同時指定管理機關，逐年編列經費預算並分別與各管理機關及學術研究機構合作，推動保留區管理維護、調查研究以及教育推廣等工作。依據 1989 年 6 月 23 日頒佈實施的「野生動物保育法」，受保護的野生動物是指非經人工飼養和繁殖的哺乳類、鳥類、爬

表 4-1 臺灣自然保護區種類及設置一覽表

面積單位：公頃

設置分類	數量	保護區名稱	面積		面積比
			陸 域	海 域	
自然保留區	22	淡水河紅樹林、關渡、坪林臺灣油杉、哈盆、插天山、鴛鴦湖、南澳闊葉樹林、苗栗三義火炎山、澎湖玄武岩、阿里山臺灣一葉蘭、出雲山、臺東紅葉村臺東蘇鐵、高雄烏山頂泥火山、大武山、大武事業區臺灣穗花杉、挖子尾、烏石鼻海岸、墾丁高位珊瑚礁、九九峰、澎湖南海玄武岩、旭海——觀音鼻、北投石	65341	117	1.8%
野生動物保護區及野生動物重要棲息環境	57	澎湖縣貓嶼海鳥、高雄縣三民鄉楠梓仙溪魚類、宜蘭縣無尾港水鳥、臺北市野雁、臺南市四草、澎湖縣望安島綠蠵龜、大肚溪口、棉花嶼及花瓶嶼海鳥、宜蘭縣蘭陽溪口水鳥、武陵櫻花鉤吻鮭、臺東縣海端鄉新武呂溪魚類、馬祖列島燕鷗、玉里、新竹市濱海、臺南縣曾文溪口黑面琵鷺、宜蘭縣雙連埤、臺中縣高美、桃園高榮、翡翠水庫食蛇龜、桃園觀新藻礁生態系等 20 處野生動物保護區；棉花嶼、花瓶嶼、臺中武陵櫻花鉤吻鮭、宜蘭縣蘭陽溪口、澎湖縣貓嶼、臺北市中興橋永福橋、高雄縣三民鄉楠梓仙溪、大肚溪口、宜蘭縣無尾港、臺東縣海端鄉新武呂溪魚類、馬祖八島、玉里、棲蘭、丹大、關山、觀音海岸、觀霧寬尾鳳蝶、雪山坑溪、瑞岩溪、鹿林山、浸水營、茶茶牙賴山、雙鬼湖、臺東利嘉、海岸山脈、水璉、塔山、客雅溪口及香山濕地、臺南縣曾文溪口北岸黑面琵鷺、宜蘭縣雙連埤、臺中縣高美、臺南市四草、雲林湖本八色鳥、嘉義縣鰲鼓、桃園高榮、翡翠水庫食蛇龜、桃園觀新藻礁生態系等37處野生動物重要棲息環境	353133	592	9.8%
國家公園	10	墾丁、玉山、陽明山、太魯閣、雪霸、金門、東沙環礁、臺江、澎湖南方四島等 9 處國家公園；壽山國家自然公園	311499	438574	8.6%
自然保護區	6	雪霸、甲仙四德化石、十八羅漢山、海岸山脈臺東蘇鐵、關山臺灣海棗、大武臺灣油杉	21171		0.6%
合 計	95		694503*	438987	19.2%

*注：該面積係扣除範圍重複及海域部分後的總面積，面積比係保護區面積占臺灣土地總面積比例。

資料來源：農委會林務局自然保育網（http://conservation.forest.gov.tw/total）。

蟲類、兩栖類、魚類、昆蟲及其他種類的動物。野生動物保護區及野生動物重要棲息環境由農委會或各縣市政府依據「野生動物保育法」劃定，目前臺灣有野生動物保護區 20 處、野生動物重要棲息環境 37 處，總面積達 353725 公頃，占臺灣陸地總面積的 9.8%。國家公園的設立是一個國家或地區在經濟發展過程中對自然環境極為重要的一項保護措施，它具有提供保護性的自然環境、保存物種及遺傳基因、提供國民遊憩及繁榮地方經濟、促進學術研究及環境教育等功能。臺灣依據「國家公園法」目前共設立國家公園 9 處，國家自然公園 1 處，總面積約 750073 公頃（含海域面積 438574 公頃），約占臺灣陸地總面積的 8.6%。自然保護區是由農委會林務局依據「森林法」，為了保護國有森林內各種不同生態體系及稀有動植物，並經營管理國有林的目的而設立的特定區域。現階段臺灣共有國有林自然保護區 6 處，總面積約 21171 公頃，約占臺灣陸地總面積的 0.6%。臺灣在自然和生態保護方面經歷了一個從破壞掠奪到恢復保護的過程，在這一歷史過程中，臺灣自然和環境保護部門不斷摸索，總結出許多卓有成效的經驗和做法，切實改善和保護了臺灣地區的自然和生態環境，截至目前，臺灣島內各種保護區，扣除範圍重複部分後總面積約為 1133488 公頃，約占臺灣陸地總面積的 19%，這些保護區較好的保護了臺灣地區的自然和生態環境，為臺灣永續農業發展和富麗鄉村建設做出了巨大貢獻。〔註14〕

　　構建綠色生活圈，實現臺灣農村再生，是臺灣鄉村建設的重要內容，也是保護自然和生態環境的現實需要。為了解決農村發展面臨的困難和挑戰，行政院農業委員會水土保持局於 2008 年提出「農村再生條例」，主要目的是通過由下而上的在地居民自主行動，促進農村永續發展及農村活化再生、改善基礎生產條件、維護農村生態及文化、提升農村生活質量、建設富麗的農村。綠色生活圈是建立在綠色資源、生活網絡和永續社會三種決定人類未來生存和發展的資源基礎之上的綜合體。〔註15〕綠色資源是一種能夠為人類和其他生命提供生存必需品和教育、休閒等多種服務，可以自主發展和再生，具有低成本高供給特徵的最主要地方性資源。它不但是一切農業產業和社會經濟活動的基礎，也是良好生活形式的源泉。人類需要通過綠色資源獲得健

〔註14〕以上數據均來自農委會林務局自然保育網，並根據相關計算得出，資料數據截至 2015 年 12 月，（http://conservation.forest.gov.tw/total）。
〔註15〕蕭昆杉：《未來鄉村的論述》，《農業推廣文匯》，2008 年，第 53 輯，第 207～212 頁。

康和優質的生活質量，農村則需要依靠綠色資源來表現其存在價值和生活特質。因此，綠色生活圈就是通過綠色資源而形成特定供需關係的多個綠色生活鏈進一步連結而成的綠色生活網絡，它蘊含著永續社會發展的生活態度及倫理價值觀。綠色生活圈構建主要包括綠色生產、綠色消費、綠色環境與社區三個層面的內容。綠色生產是指通過環境友好和無毒無害的自然耕作方式，實現綠色資源的經濟轉化，為社會提供安全產品、〔註16〕特色服務和綠色生態，構成綠色生活圈內最主要的供給系統；綠色消費是依據社區居民的生活需求而與綠色生產的供給系統形成的特定關係，包括綠色產品的營銷以及綠色家庭生活與消費；綠色環境與社區則為社區居民提供綠色的交通、居住、環境、生態、休閒、教育及家庭生活設施，包括自然步道系統和綠色設施建設，綠色和節能建築的設計和改造，公園及農村休閒文化設施的建造，飲用水淨化處理及水資源回收再利用，垃圾的收集和處理，鄉村地區傳統建築及文物保存和修復，環境綠化美化及景觀維護、鄉村閒置空間再利用、綠色環境教育與活動等。

多年來臺灣始終堅持污染整治和生態環境保護，鼓勵臺灣農業朝向休閒、有機和生態方向發展，大力推廣有機與生物肥料，重視農業環境保護，同時，加強河流污染整治，將 2002 年定為河流整治年，確定 9 條河流為重點整治對象，在臺灣各流域推動成立「水環境守望襄助巡守隊」，至 2009 年度全臺灣共成立 322 支巡守隊。通過徵收空氣污染防治費以及土壤和地下水污染整治費等經濟手段加大對污染的處罰力度，鼓勵企業投資環保設備與技術等。2003 年起將河流整治範圍逐漸擴大到高屏溪、二仁溪、濁水溪、淡水河等 13 條流域面積大、工業與人口密集的河流，加強工業區下水道系統建設管理和污水處理能力，使臺灣的自然和生態環境有了明顯改觀，島內 50 條主要河流的生態環境得到了恢復，水質有了較大改善，列入各類自然保護區的生態系統得到恢復和保護，島內生物多樣化和生態穩定性得以持續發展。臺灣各級農業和環境保護部門還通過農會組織鼓勵農民植樹造林、實施山坡地水土保持、水源涵養和自然景觀建設，出臺多項獎勵造林政策，推動平地景觀造林及園林綠化，有效改善了自然和生態環境。

〔註16〕安全產品、特色服務和綠色生態指糧食及食材，地方特產及多樣性生態，生產及工藝材料，休閒養生及教育體驗活動，藝術創作資源及生命探索空間和自然景觀及養生場所等。

通過農會和環保組織開展環境保護教育，推動環保事業發展，提升全民環保觀念。上世紀 90 年代末期，隨著臺灣政治轉型和民主化進程加快，民間環保抗爭運動迅速興起，環保運動也由防治環境污染向生態保護等多元化發展，「環保署」統計數據，1993 年臺灣污染投訴案件高達 5 萬件。至 2015 年底，臺灣共批准設立環保財團法人及社團法人已達 330 家。〔註 17〕這些民間環保組織在環保運動中扮演了非常重要的角色，對推動環保、監督環境執法、強化企業環境責任、環境宣傳教育等發揮了重要作用。同時政府和各級農會及環保組織還通過制定和完善「環境政策綱領」（1987 年）、「教育部環境教育要項」（1990 年）、「邁向二十一世紀永續發展的環境教育行動策略」（1998 至 2004 年）、「加強學校環境教育三年實施計劃」和「環境教育法」（2010 年）等完整的環境教育體系，積極開展全民環境保護教育，鼓勵社區居民參與濕地和生物多樣性保護、積極投身到綠化美化社區和自然生態環境運動中，用實際行動和具體活動來提升全民環保觀念，實現保護自然環境，維護生態平衡的宏偉目標。

第二節　構建普惠型農村金融體系

金融是指資金的融通，是生產事業的潤滑劑，更是現代社會經濟發展的核心。金融體系則是指所有與資金融通過程有關的業務或運作模式，它是一個國家或地區經濟體系的重要組成部分，高效、健康、穩定的金融體系是國民經濟持續發展和繁榮穩定的支撐。農村金融即是農村貨幣資金的融通，主要是指通過信用手段和融通資金的餘缺借貸方式籌集貨幣資金，向農村地區不同收入層次的人群和經濟活動主體提供金融服務，通過參與農業生產和其他農村經濟活動從而使貨幣在不同主體之間的進行分配和流通並產生增值的活動。農村金融作爲農村再生產的中間環節，是農村經濟運行的中心，對農村市場經濟的發展起著決定性作用。農村金融主要是通過籌集和分配農村資金方式來支持農業發展和農村的經濟建設，穩定和繁榮農村經濟，增加農民收入。農村金融體系是由若干農村金融機構組合而成的一個爲農業和農村發展融通資金的有機體。通常都有四大部分組成，農業政策性金融、農業服務

〔註 17〕行政院環保署網站（http://www.epa.gov.tw/lp.asp?ctNode=32966&CtUnit=1980 &BaseDSD=7&mp=epa）數據截止到 2015 年底。

性金融、農村商業性金融和農村合作性金融。它們之間分工協作共同為農業發展和農村建設發揮作用。一個運行良好的農村金融體系，不但可以組織和調節農村領域的貨幣流通，為農業發展和農村經濟繁榮提供必要的資金，而且還可以在宏觀上作為國家調控農業經濟，促進農業協調發展的槓桿。

　　普惠型農村金融體系是指能夠確保農村中、低收入人群在內的所有金融需求者都能夠享受到平等、便利的金融服務的一系列組織架構和制度安排，它是實現農業發展和農村經濟繁榮，提高農民收入，改善農民生活的最重要的政策性架構和制度基礎。普惠型農村金融體系主要包含三個層次的內容，第一，在競爭性的農村金融市場上為廣大農戶和微、小型企業提供金融服務的農村金融機構，主要有非政府的小額貸款組織、私營商業銀行、國營商業銀行、農會信用部、漁會信用部、農村信用合作社、社區金融組織以及金融公司、保險公司和證券公司等非金融類機構；第二，穩定、健康、高效的服務和保障機制。主要包括健全的存款保險制度、完善的金融機構評級體系、支付體系、審計監督機制、流動性保障機制和信息披露機制等；第三，良好的政策環境和恰當的政府監管。金融體系實現其功能的前提是市場化運作，政府參與扶持微、小型企業的行為也必須尊重市場運行規律，必須確保政府監管的獨立性和有效性，培育良好的金融生態環境和信用文化，才能有助於小規模農村金融機構的持續、健康、穩定的運行。

一、臺灣農村金融體系及主要職能

　　臺灣的農村金融體系是臺灣金融制度的一個重要組成部分，歷經半個多世紀，已經發展成穩定、成熟、健康、高效的，具有鮮明臺灣特色的金融體系，為臺灣農業發展、農村建設和農民增收做出了重要貢獻。1996 年以來，受金融自由化和國際化影響，農漁會信用部業務面臨嚴峻挑戰。1998 年亞洲金融危機和 1999 年臺灣「921 大地震」，進一步惡化了臺灣農村的經濟和金融形勢。2002 年臺灣加入 WTO 後，農業經營產生嚴重失調，致使農村經濟和農民生計受到沉重打擊，更加劇了農漁會信用部的虧損，讓大多數農漁會信用部陷入經營困境。為此，2002 年 11 月 30 日召開的「全國農業金融會議」達成了農業金融監理一元化等五項重要共識，為現階段臺灣農村金融改革和發展指明了方向。根據「全國農業金融會議」精神，於 2004 年 1 月 30 日開始實施「農業金融法」，在行政院農業委員會下設立「農業金融局」專職負責

農業和農村金融事務。各縣、市政府有關農業和農村金融業務方面的職能也由財政局（處）移交給農業局（處）統一管理。2005 年 5 月 26 日，由政府和 323 家農漁會分別出資 49% 和 51% 聯合設立，註冊資本為 200 億元新臺幣的全國農業金庫成立。2006 年 1 月 1 日，農業信用保證基金改隸農委會，完成了現階段臺灣農業金融業務隸屬關係的全面調整，基本奠定了由行政院農業金融局、農業金庫、農業信用保證基金和農漁會信用部四大支柱組成的臺灣農業金融體系的基本格局，如圖 4-1 所示。在上述農村金融架構下，臺灣農村金融體系主要包括了管理型、服務型、商業型和合作型等四類金融機構。

圖 4-1　臺灣農村金融體系

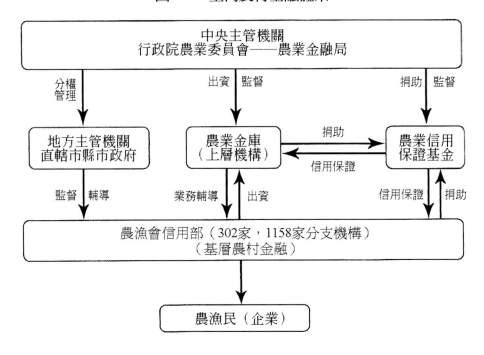

管理型農村金融機構主要指「中央銀行農業金融策劃委員會」、「行政院農業委員會農業金融局」及省、縣、市政府農業金融主管機關。「中央銀行農業金融策劃委員會」主要職責是，負責策劃和審議有關農業金融的政策和體系、農業和農村貸款計劃、農貸利率及農業資金分配等事項。「行政院農業委員會農業金融局」是農業委員會專職管理、監督各級農會信用部金融業務的事業機關，主要負責研擬、推動各項政策性貸款及中美農業基金計劃貸款部分並具體辦理有關農業和農村的相關金融業務。省政府農林廳與各縣、市政

府農業局作爲地方農業和農村金融的主管機關，主要協助有關部門推動各項農業和農村貸款計劃的落實，履行對農、漁民貸款業務的教育和督導，監督農、漁民貸款資金的使用情況等。

服務型的農村金融機構有「中央存款保險公司」、農業金庫和農業信用保證基金三家。「中央存款保險公司」專門辦理存款保險，爲參加存款保險的金融機構（包括信用合作社、農、漁會信用部等）的存款及信託資金提供保障。農業金庫於 2005 年由政府和農漁會等共同出資設立，具有服務和合作雙重職能。其服務性功能體現在作爲農漁會上層機構輔導農漁會信用部業務發展，爲信用部辦理接收轉存款、資金融通、輔導與業務評估、財務核查、金融評估、績效評鑒和信息共同利用等涉及農、林、牧、漁等各行業的農村金融業務。農業信用保證基金的主要宗旨是通過爲資金不足的農漁業從業者提供擔保，增強其授信能力，並幫助他們獲取生產所需資金，同時，也幫助其他農業金融機構分擔融資風險，順利開辦農業和農村的相關貸款業務。

商業型的農村金融機構分爲專業農村金融機構和兼職農村金融機構。專業農村金融機構主要是指「中國農民銀行」和「臺灣土地銀行」。「中國農民銀行」是從事農業和農村業務的專業金融機構，負責調節農村金融秩序、代管農業發展基金貸款業務、具體辦理有關農業和農村的政策性貸款業務和本行自辦的農貸業務。土地銀行是當局指定唯一辦理不動產信用和農業用途的專業銀行，主要通過落實土地政策，推動住宅業和農業發展，進一步促進國民經濟健康穩定發展。兼職農村金融機構主要是指兼辦農村金融供給的政府部門、公營性事業機構以及非農村商業銀行等，政府部門或公營性事業機構主要爲掌握自身所需農產品或原料而對農民提供資金融通，主要包括省糧食局、省物資局、糖業公司和省蔗農消費合作社等；商業性銀行則主要辦理抵押貸款等金融類業務，一般期限較短。這些金融機構在 20 世紀 70 年代的農村金融市場中佔有比較重要的地位，如臺灣銀行、第一商業銀行、華南商業銀行和彰化商業銀行等都兼營過較大規模的農貸業務，兼營農貸比重曾一度達到近 50%。隨著工業化和都市化的快速發展，農業和金融政策不斷調整，這些金融機構在農業和農村的金融業務受到局限而出現萎縮。商業性金融機構提供了大量農、林、漁、牧等行業生產和農民生活所需的資金，爲發展現代農業、繁榮農村經濟、改善農產運銷、增加農民收益提供了資金保障。

合作型的農村金融機構包括合作金庫、農業金庫和農、漁會信用部三類。合作金庫由 1946 年的產業金庫改組而來，主要目的是調劑農漁業等合作事業金融業務，輔導農漁會健康發展，積極配合政府相關農漁業政策並致力於農、林、牧、漁等行業的生產和運銷等所需資金的融通。農業金庫成立於 2005 年，具有服務和合作雙重職能。其合作職能主要體現在與農漁會信用部合作，開展放款、聯貸、信託、保險、人民幣兌換、代理收付和信用卡業務等，充分利用農漁會信用部優勢，發揮其網絡價值，增強整體競爭力，穩定農業和農村金融，確保農村金融體系的安全。漁會信用部作爲漁會的主要業務部門，承擔區域性基層金融機構職能，爲廣大漁民會員辦理相關金融業務，幫助漁民發展漁業生產，提高生活質量。

二、農會與普惠型農村金融體系建設

農會信用部作爲農村金融體系中重要的區域性基層金融機構和農會組成部門之一，利用其分佈地域最廣、營業網點最發達和經營業務最普及等特點，成爲構建普惠型農村金融體系的重要力量而承擔著普惠型農村金融機構的職能，在其所屬廣大基層農村開展農業和農村金融業務，爲全體會員及家屬提供全方位金融服務，對調節農業和農村金融、促進農業和農村經濟健康發展做出了重大貢獻。

（一）臺灣農會信用部及其沿革

臺灣農會信用部作爲農會最重要的業務部門之一，是隨著臺灣農會組織的發展、變革而逐步發展變化的。

1.日本殖民時期的農會信用部

臺灣第一個農會於日本殖民時期的 1900 年（日本明治 33 年）秋在三角湧〔註 18〕成立，這一時期的農會完全是由農民自動組成的職業團體，主要用以抗衡地主階層、爭取農民權益和實現共同拓墾。

1937 年發動侵華戰爭後，日本政府廢除了「臺灣農會規則」及其施行細則，另行頒佈了「臺灣農會令」，設立省、洲（廳）二級制的農會，並在州、廳以下各郡設立分會，農會會長依然由各級政府首長兼任，這一時期臺灣農會組織猶如官方機構，不合理現象日漸產生。爲減少各農業團體間的衝突，

〔註18〕三角湧即現在的新北市三峽區。

統合各方資源，集中力量以挽救戰爭失利局面，日本政府於 1943 年頒佈了「臺灣農業會令」及「農業會令施行細則」，將相關農業組合〔註19〕進行合併改組為農業會。這期間農業會正式開始接辦信用業務，採用股份制，按照市場交易額或出資比率分配盈餘，屬有限責任的合作組織，這也是農會組織開展信用業務的開端。

2. 光復後的農會信用部

臺灣光復後，行政長官公署農林廳將合作社與農會合併成農業會，於 1946 年成立鄉（鎮）、縣（市）及省三級制的農業會。然而，有一部分人卻認為農業會的成立與「農會政治、合作經濟」的原則相違背，主張兩者再次分立，就這樣 1950 年前農會與合作社歷經了多次的分合與改組。

1950 年，美國農村社會學家安德森博士建議政府改組臺灣農會，讓其成為純粹的農民自有團體，內設經濟、金融、保險、指導等業務部門，以服務農民，協助政府推行農業政策，並加強各級政府對農會的督導功能。隨後，國民政府採納了安德森博士建議，於 1952 年先後頒佈「改進臺灣省各級農會暫行辦法」和「改進臺灣省各級農會暫行辦法實施細則」等八項法規，並於 1953 年開始實施農會改組，到 1954 年農會改組基本完成。

表 4-2　臺灣農會信用部歷史沿革一覽表

年份	歷　史　沿　革	業務內容
1937	日本政府頒佈「臺灣農會令」，設立省、州二級農會，各郡設立分會，政府首長兼任會長。	正式接辦信用業務，採股份制，按市場交易額或出資比率分配盈餘，屬有限責任合作組織
1943	將農業信用合作社等農業組合合併為「農業會」，金融業務成為農會綜合性業務之一	
1945	農會與信用合作社分開設立	歷經多次分合
1949	農會與信用合作社合併為農會	
1953	改組農會，確立信用部的業務和功能	合併原農會及信用合作社業務，辦理信用業務，並補助農會系統推廣、供銷和保險業務
1974	修訂農會法，農會信用部取得法源依據	
1975	「農會信用部管理辦法」出臺，確立金融主管部門為信用部目的事業主管機構	

〔註19〕這些農業組合主要包括農會、畜產會、產業組合、青果同業組合、肥料配給組合、農機製造組合、米穀納入組合及糧食協會等。

1982	農會信用部管理辦法改爲農會信用部業務管理辦法	辦理信用業務，並補助農會系統推廣、供銷和保險業務，除原有業務外，放寬辦理非會員業務
1994	修訂農會法，增加公司、行號和工廠加入農會	
1996	業務管理辦法規定信用部利用剩餘資金互相支持	
2002	召開「全國農業金融會議」，達成完善農村金融管理體制，實施農業金融監管的一元化領導等五項共識	
2004	正式實施農業金融法，農業金融主管機關改爲農委會，農委會成立農業金融局，推行「以金融支持農業的正常發展，以農業維持金融的穩定成長」的政策	
2005	設全國農業金庫爲信用部母庫，負責輔導農會信用部業務發展，辦理農、林、漁、牧融資及穩定農村金融	除原有業務外，放寬辦理非會員業務 增加國民年金、稅費、信用卡等業務
2006	農業信用保證基金改屬農業委員會管理和監督	
2010	與農業金庫簽訂「委託代理收付款項總契約書」，整合網絡，業務擴大到國民年金、稅費、信用卡等領域	
2011	與農業金庫共同開展信託業務，包括不動產和金錢信託，降低農會信用部的授信風險，增加房屋貸款業務	增加國民年金、稅費、信用卡等業務
2012	由全國農業金庫股份有限公司和臺灣省農會主辦，臺灣農會管理的「全國農會協同農漁會信用部推動聯合授信業務百億元計劃」，對全國農業金庫、臺灣省農會、新屋鄉農會、龍潭鄉農會、八德市農會、楊梅市農會、復興鄉農會進行授信。	對部分農會進行聯合授信，推動基層農會信用部健康發展
2013	中華民國農會第一屆會員代表大會召開，臺灣省農會及其所有動產、不動產同時依法併入中華民國農會，並完成各項登記證變更事宜。率團參加第23屆東亞農民團體協議會（EAOC），本屆會議主題爲「金融危機中農業合作社保持穩健發展」，會議達成以下共識：農業合作社支持小家庭農戶和地方小區發展；農業合作社盡心維護環境水土保持；農業合作社對抗全球化展現的另類經營模式；農業合作社促進合作以及合作社與合作社對口事業。由全國農業金庫股份有限公司和中華民國農會主辦，中華民國農會管理的「全國農會協同農漁會信用部推動聯合授信業務百億元計劃」，對全國農業金庫、中華民國農會、新屋鄉農會、林口區進行授信。	納入全國農會體系內，更加重視農業合作社作用，進一步推動對部分基層農會信用部的聯合授信，促進基層農與會健康發展

資料來源：作者自行整理。

　　1964 年，根據行政院命令各鄉鎮不得設立信用合作社，只有基層農會可以成立信用部辦理相關金融業務，於是，農會信用部就逐步發展成爲農村中最要的金融機構。1972 年行政院發佈「臺灣地區農會信用部管理辦法」，正式將農會信用部納入到金融體系之中，開始由臺灣金融主管機關監督管理農會信用部業務。但是，此時信用部在「農會法」並未取得法源。

　　1974 年省政府廢除「改進臺灣省各級農會暫行辦法」，大面積修訂「農會

法」，決定廢除股金制，同時明確農會辦理會員的各項金融事業應設立信用部，至此，農會信用部辦理金融業務才取得法律依據。

1975 年為了配合信用部法源的確立，行政院頒佈了「農會信用部業務管理辦法」，明確規定農會信用部的法源為農會法和銀行法，信用部的目的事業主管機關為金融主管機關。隨後，為了配合農業發展需要，提供合理經營空間，加強金融安全管理，杜絕選舉黑金及防範選舉弊端，「農會信用部業務管理辦法」在 1968 至 1996 年歷經多次修訂，逐步放寬或修正了農會信用部金融監督的基準指標和限制措施，增加了相關選任人員的任期與選舉規定。同時，為了應對擠兌事件，1996 年的修訂條文還規定了各農會信用部，在其他農、漁會信用部突發重大事件時，必須將剩餘資金存放在這些農、漁會信用部，以發揮互相援助的功能。

2002 年 11 月 30 日當局召開「全國農業金融會議」，決定完善農村金融管理體制，實施農村金融監管一元化領導等共識。2004 年 1 月 30 日正式實施「農業金融法」，規定農村金融主管機關由財政部改為農委會，農委會成立農業金融局，開始推行「以金融支持農業的正常發展，以農業維持金融的穩定成長」的政策。

2005 年 5 月 26 日設立「全國農業金庫」，作為各基層農會信用部的母庫，負責輔導農漁會信用部業務發展，辦理農、林、漁、牧融資及穩定農村金融。2006 年 1 月 1 日，農業信用保證基金改屬農業委員會管理和監督，至此，臺灣地區農村金融改革基本完成。表 4-2 簡要整理了臺灣地區農會信用部的歷史沿革。

（二）農會信用部與普惠型農村金融體系建設

消除貧困，推動經濟和社會持續發展，是世界各國都面臨的重大課題。小額貸款作為消除貧困，推動經濟社會發展的最重要、最有效的手段不但可以推動社會基層經濟發展，實現社會公平和正義，而且還有助於促進民主和人權，是人類發展歷史上具有里程碑意義的金融創舉。遍佈鄉村的各類基層金融機構作為普惠型農村金融體系的重要組成部分和小額貸款領域最重要的楷模，無疑將成為人類社會消除貧困、發展經濟、實現公平和正義、促進民主和人權的最重要載體。

農會信用部在推動普惠型農村金融體系建設過程中，主要通過硬件建設，即改革和完善自身組織架構和業務功能，以及軟件建設，即加強內部運

營機制和管理模式建設來實現的。硬件建設，即改革和完善自身組織架構和業務功能主要依靠政府機構相應的政策措施和廣大民眾的自覺參與來共同完成的，是協同性的基礎建設過程。軟件建設即信用部內部運營機制和管理模式則主要包括信用部的金融預警系統、經營效率與風險管理、金融管制政策——代理人途徑、成本效率——共同邊界函數、風險態度、生產力及成本結構、道德風險等許多綜合性的智慧建設過程。

1. 普惠型農村金融體系的硬件建設

農會信用部作爲臺灣普惠型農村金融體系的重要制度設計滋潤了臺灣農業發展的艱難歷程，創造了臺灣農業發展和農村建設的偉大奇蹟。根據「農會信用部業務管理辦法」第 5 條規定，信用部的主要業務有：①接受會員及會員同戶家屬的活期、定期、儲蓄及支票存款；②辦理會員及會員同戶家屬的放款；③受政府機關及銀行委託代、放款項；④會員從事農業產銷所需設備的租賃；⑤臺灣島內匯兌；⑥受託代理收付款項；⑦受託代理鄉鎮（市）公庫；⑧出租保管箱；⑨其他經財政部核准辦理的業務。

臺灣普惠型農村金融體系建設始於光復後，是農會信用業務伴隨臺灣經濟結構的改變而逐步發展的過程。光復初期，由於臺灣經濟、社會尚未恢復到戰前水平，一般農民對農會缺乏信心，因此，這一時期農會業務主要以推廣爲主，供銷和信用業務則收效甚微。至 1954 年農會改組完成，再加上經濟已基本穩定，使得農會信用業務增長非常明顯，1962 年農會信用部實質存款及放款金額分別爲 1954 年的 3.4 倍和 3.5 倍。〔註20〕1962 年至 1968 年農會信用部業務發展更快，存放款年平均增長均在 20%以上，〔註21〕這一時期，信用部門業務盈餘提供了農會大部分的運營經費。經過 10 年的以工業爲主的經濟發展，從進口替代轉向出口擴張，1972 年臺灣當局頒佈「臺灣地區農會信用部管理辦法」，將農會信用部正式納入到臺灣金融體系，開始由臺灣金融主管機關監督管理農會信用部業務。1974 年後，臺灣經濟發展完全由工商部門主導，經濟快速成長推動了農會信用業務的發展。臺灣農會信用部的資金來源渠道非常多樣化，除了政府、農業金庫、基層產銷組織、合作農場、農業合

〔註20〕邱茂英：《臺灣農會與經濟發展》，收錄於《臺灣農業發展論文集》於宗先總主編，余玉賢主編，臺北：聯經出版事業公司，1975 年，第 178 頁。

〔註21〕邱茂英：《臺灣農會在經濟結構中之運營分析》，中興大學農業經濟研究所，1970 年。

作組織和農會等作爲農會信用部等的股東外，還有一些政府及事業單位如糧食局，煙草公賣局等爲了配合政府產業政策，擴大農貸規模也會直接向農民提供實物和現金等形式的貸款。於是，1974 年政府大面積修訂「農會法」，決定廢除股金制，並明確農會辦理會員的各項金融事業應設立信用部，至此，農會信用部辦理金融業務取得了法律依據。1975 年頒佈「農會信用部業務管理辦法」，明確規定農會信用部的法源爲農會法和銀行法，農會信用部的目的事業主管機關爲金融主管機關。在隨後的二十多年中，「農會信用部業務管理辦法」歷經多次修訂逐步放寬或修正了農會信用部金融監督的基準指標和限制措施。同時，爲了應對擠兌事件，切實保護廣大農民切身利益，1996 年的修訂條文還規定了各農會信用部，在其他農、漁會信用部突發重大事件時，必須將剩餘資金存放在這些農、漁會信用部，以發揮互相援助的功能。

2002 年 11 月 23 日全臺農、漁民自救會發起「1123 與農共生」農、漁民團結自救大遊行，要求農、漁會及信用部由農委會統一管理。爲了因應民眾需求，完善農村金融管理體制，臺灣當局於 2002 年 11 月 30 日召開了「全國農業金融會議」，會議達成了實施農業金融監管的一元化領導等五項共識。隨後，臺灣立法院於 2003 年 7 月 10 日三讀通過「農業金融法」，並於 2004 年 1 月 30 日正式實行。「農業金融法」規定臺灣農村金融的主管機關由財政部改爲農委會，同時農委會成立農業金融局，並著手推行「以金融支持農業的正常發展，以農業維持融的穩定成長」的政策。臺灣當局和農業金融主管部門非常重視農會信用部經營不善時的退出和處理機制的規範，農業金融法第 36 條和 37 條規定，農會信用部出現以下三種情況時，必須退出市場：①累計虧損超過上年度決算淨值三分之一以上，或者逾放比率超過百分之十五者，主管機關及全國農業金庫設置輔導小組，進行三年整頓，期滿後還不能達到要求的，或者在輔導期間主管機關認定無輔導績效的；②淨值爲負數者；③因業務或財務狀況顯著惡化，不能支付其債務或有損及存款人利益時。農會信用部退出市場後將由農委會指令其所屬農漁會一同合併於其他設有信用部的農漁會，而改變了過去只將經營不善信用部強制合併給銀行，而其所屬信用部仍可繼續存在的處理機制。該法同時還規定，信用部經營不善退出市場後其資金缺口由金融重建基金負責賠付。通過規範和約束各基層農會信用部的經營、管理活動，切實提高其經營績效，防範金融風險，爲更好地服務臺灣地區農業發展、鄉村建設和農民增收而構建了一個安全、高效、快速和穩定

的惠及千家萬戶的基層農村金融體系。

2005 年 5 月 26 日，爲了完善對農村金融機構的監管，強化對農漁會信用部業務的輔導，分別由政府占股 49%，323 家農、漁會占股 51%，共同出資 200 億元新臺幣設立「全國農業金庫」，它作爲全國農會信用部的母庫，必將更好地推動臺灣農村普惠金融體系建設和發展。2006 年 1 月 1 日，農業信用保證基金改屬農業委員會管理和監督，至此，標誌著臺灣農村普惠金融體系建設中，以農業金融局、農業金庫、農信保和農會漁會信用部爲四大支柱，以全臺灣近 1500 家農會信用部及其分支機構爲主要載體的硬件建設基本完成。

農業金庫作爲農會信用部的上層金融機構，負有保障存款人權益，促進農漁村經濟發展，健全農業金融機構經營，輔導農漁會信用部業務發展，辦理農、林、漁、牧融資及穩定農村金融的重大使命。農業金庫對農會信用部扮演的主要角色如圖 4-2 所示。農會信用部在農業金庫的具體輔導下，爲臺灣提供農林牧漁的融資、農漁民存取款、農業消費性貸款、農漁業生產設備租賃及其他相關的代理服務，爲穩定農業和農村金融、繁榮鄉村經濟做出了巨大貢獻。

農會信用部作爲臺灣最基層的農村金融機構，甚至在多數鄉村地區是惟一的金融機構，是普惠型農村金融體系建設的最重要載體和參與力量。爲此，各級農會組織非常重視信用部佈局及其分支機構營業網點的建設，尤其是在金融機構比較缺乏的鄉鎮地區的建設和佈局。截止到 2008 年 11 月底，臺灣農會組織在雲林、嘉義、臺南、高雄、花蓮、屏東、臺東和澎湖等 8 個縣既沒有銀行也沒有信用合作社的 71 個偏遠鄉鎮設立了信用部及其分支機構共 325 家，〔註22〕爲廣大偏遠地區農漁民提供資金融通和小額貸款等業務，有力地推動了本地區農業生產發展、農村經濟繁榮和農民生活改善。農會信用部在廣大城鄉地區，通過眾多的營業網點和親切的服務態度，來實現促進國民儲蓄，融通農村金融，推動農業發展目的的同時，還爲廣大邊緣地區弱勢族群提供「零售銀行」〔註 23〕業務，擔負臺灣基層農村資金中介的重要角色，因此，被臺灣地區廣大農民親切的稱爲「農民的鄉村銀行」。農會信用部及其

〔註22〕中央銀行網站：http://www.cnc.gov.tw/lp.asp?
〔註23〕銀行的經營形態可以分爲批發銀行（Wholesale banking）及零售銀行（Retail banking）兩種。批發銀行較重視大金額的金融交易，其服務對象多爲大公司，相對地，零售銀行較注重小額的消費者貸款及存款。

分支機構分別從 2002 年的 253 家，847 個增加到 2015 年底的 302 家，1079 個，〔註24〕營業網點遍佈臺灣各鄉、鎮，街村。

圖 4-2 農業金庫對農會信用部的輔導與業務合作內容一覽表

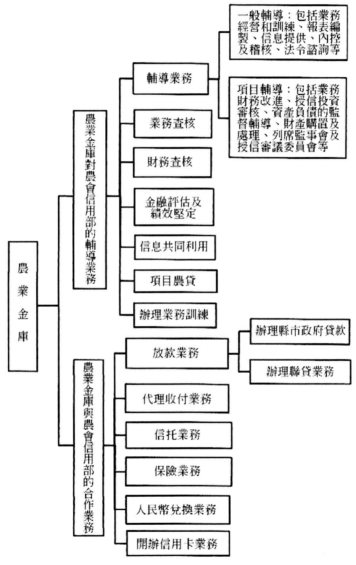

資料來源：根據《農業金庫在臺灣農業金融中扮演之角色》（全國農業金庫 2011 年 7 月 27 日）整理繪製。

〔註24〕農業金庫網站（www.agribank.com.tw）行政院金融監督管理委員會銀行局《金融統計指標》，2016 年。

信用部不但承擔著農民絕大多數的存款和貸款業務，為農民提供生產和生活所必需的資金，促進農家經營效率的提升，配合政府各項農業政策得以順利推行的重要職責，而且還是各級農會組織盈餘的最主要來源，為農會體系日常運轉，尤其是農會農業推廣、供運銷和保險等業務發展及功能發揮提供了絕對性的支持，表4-3列舉了近年來臺灣農會信用部盈餘撥付農業推廣訓練的情況。

表 4-3　農會信用部盈餘撥付農業推廣訓練經費一覽表

單位：百萬元（新臺幣）

年　份	農會信用部總盈餘	撥付推廣訓練經費	撥付經費占總盈餘百分比	撥付經費加利息後現值	
				年利率 4%	年利率 6%
2001	4244	1782	42%	2255	2528
2002	2897	1217	42%	1481	1629
2003	2811	1185	42%	1386	1496
2004	3064	1072	35%	1205	1277
2005	3564	993	29%	1074	1116
2006	4027	1112	28%	1156	1179
2007	4629	1302	28%	1302	1302

資料來源：金融財務研究訓練中心，《基層金融統計參考資料》；合作金庫銀行，《農會信用部經營指標》；全國農業金庫，《農會信用部經營指標》。

2. 普惠型農村金融體系的軟件建設

普惠型農村金融體系建設是一個綜合性工程，它除了需要農會信用部和農村金融系統完善的組織架構和業務功能外，還必須通過加強信用部運營機制建設和完善信用部管理模式來實現。信用部運營機制和管理模式主要針對普惠金融體系建設中更高層面的命題，主要包括信用部的金融預警系統、經營效率與風險管理、金融管制政策——代理人途徑、成本效率——共同邊界函數、風險態度、生產力及成本結構和道德風險等綜合性理論探索過程，這不但是普惠型農村金融體系建設的重要內容，也是農村金融體系得以穩定、健康發展的重要保障。

現階段信用部是建立在「非股金制」基礎之上，導致資本適應性和抗風險能力比較弱，再加上金融監管系統乏力，運營和管理信息不對稱等各種因

素所帶來的一系列金融風險，必然會嚴重影響農會信用部的經營安全和普惠金融體系的品質，使農民喪失對農會信用部的信心。因此，建立可靠的金融預警系統（Financial Early Warning System），及時預測金融風險非常必要。信用部的金融預警系統是依託企業經營危機理論和投資組合理論而建立的，主要包括生存因素、經營和投資組合、經營指標屬性、預警模型和營運等級五個指標。其工作流程是，農會信用部在面臨經濟環境、經營和競爭特性以及等生存條件下會發揮金融的中介功能，信用部則會根據經營者的投資組合策略來決定其營運內容，最後通過 CAMELS 經營指標來揭示其運營績效並由預警模型對農會營運狀況進行綜合評級後，再反饋給農會經營者，由農會經營者來決定是否重新調整投資組合策略。〔註 25〕

　　金融自由化和國際化是未來世界金融體系的共同趨勢，一個有效而且開放的金融市場是符合市場和民眾需求的，各級政府通常會通過推行一系列重要政策措施來推動本地區金融的自由化和國際化。2002 年加入 WTO 後，臺灣所面臨的經濟和金融環境發生急速變遷，金融系統所遇到的困難和挑戰更加劇烈。由於金融自由化、國際化的影響，再加上信用部自身資金運用規模偏小，人力素質不高及內部管理不當等因素導致臺灣地區部分農會信用部經營效率下降，甚至無法經營。因此，研究如何提高金融系統經營效率，同時防範和化解金融風險對臺灣普惠型的農村金融體系來說就至關重要。對臺灣地區農會信用部經營效率的評估通常是運用資料包絡分析的方法，通過影響農會信用部經營風險的外部環境因素和內部風險因素變動，來確定經過風險調整後農會信用部的經營效率。研究結果表明，對於信用部經營績效的影響，外部環境因素比內部風險因素更缺乏彈性，因此，農會信用部經營效率不佳主要是來自於組織體系內部因素。〔註 26〕通常來說，一個金融組織越大，其競爭力也就會越強，但同時它們在競爭環境下面對的風險也就會越高，因此，衡量任何一個農會信用部時，除了要考慮其經營效率和經營業績外，同時還需要考慮其經營風險，確保每一個農會信用部在構建普惠金融體系的過程中在提高經營績效的同時，最大限度的降低和化解經營風險。

　　成熟、高效的信用部運營體系除了建立可靠的金融預警系統，切實提高

〔註 25〕蔡碩倉：《運用類神經網路建構臺灣地區農會信用部金融預警系統》，《農業經濟半年刊》，2000 年 12 月，第 68 期，第 118、149 頁。

〔註 26〕劉春初：《臺灣地區農會信用部風險管理與效率評估之研究》，《農業經濟半年刊》，2002 年 6 月，第 71 期，第 1 頁。

金融體系的經營效率，強化風險管理意識外，還需要密切關注信用部的成本效率和風險態度，通過代理人途徑建立金融管制制度，加強金融管制措施，防範信用部經營的道德風險。自1944年開辦信用業務以來，農會信用部對於調節農村金融市場資金供需平衡，促進臺灣農業發展和農村經濟繁榮等方面都扮演了重要的角色。然而，由於長期以來制度不健全，管理不規範以及整體金融環境的衝擊等影響，導致大批農會信用部經營出現危機。1995年到2002年底，從彰化第四信用合作社發生擠兌開始，農會信用部陸續發生擠兌事件，顯示臺灣農會信用部體系潛藏著許多問題。為此，政府積極進行各項基層金融改革工作，各級農會組織和學界也積極配合，加大對穩固基層金融體系運作和提高經營績效的相關研究。

顏晃平等學者通過觀察臺灣地區（不包括金馬地區）238家農會信用部的經營績效，採用2003～2005三年共計714組數據資料進行實證分析，通過共同邊界函數方法設定指標來衡量和評定信用部經營績效，以避免傳統績效評定時只考慮相同技術水準情況的弊端。該研究結果顯示，在相同技術條件下，規模較小的信用部成本效率會隨著時間而遞減。但是如果在不同技術條件下進行比較信用部成本效率時，則小規模信用部技術水準和成本節約最佳，大規模信用部節約幅度最小。因此，農會信用部對於總的規模經濟較不敏感，而對於存放行庫規模經濟較有作為。〔註27〕通過本研究就可以正確引導和促進農會信用部通過農業金庫協助增加放款金額以及擴大經營業務項目來降低經營成本和經營風險，提高經營績效。

盧永祥採用安全第一規則SFR（Safety First Rule）概念，在假定農會信用部風險因素不確定、利潤最大化和成本函數前提下，對臺灣農會信用部的風險態度、生產力及成本結構等進行分後認為，1995年至2006年間，農會信用部經營者屬於風險規避者，金融風暴後則更趨保守，隨著2004年成立農業金融局後金融改革的進一步深入，才稍微趨於緩和。因此，現階段農會信用部必須要更加改善財務結構，擴展財源，降低經營成本，持續人力精簡政策，配合金融行業法規的修改和完善使其金融業務多元化，以適應競爭激烈的國際和島內金融環境。〔註28〕

〔註27〕顏晃平、張靜文、吳榮傑：《臺灣農會信用部成本效率之研究——共同邊界函數應用》，《應用經濟論叢》，2008年12月，第84期，第159～187頁。
〔註28〕盧永祥：《臺灣地區農會信用部風險態度、生產力及成本結構之研究》，《農業

　　1997 年爆發的亞洲金融危機使韓國和泰國等國銀行經過一番改革而逐漸走出了金融風暴的陰影。近年來，臺灣雖然未如預料所言爆發金融危機，〔註29〕卻也發生了諸如博達案等的「本土性金融危機」。財政部 2003 年底資料顯示，臺灣金融產業自 1997 年亞洲金融風暴以來，獲利嚴重衰退，金融機構放款也面臨前所未有的負成長，臺灣整體金融機構的逾放比〔註30〕從 1995 年的 3.0%逐年提升到 2003 年 10 月底的 5.98%，尤其是 2002 年 3 月達到 8.78%高峰；其中整體基層金融逾放比高達 14.37%，2001 年 6 月達到 18.50% 的最高峰。整體金融逾放金額達 9401 億元，其中基層金融達 1365 億元。〔註31〕許多基層金融機構如中壢農會、鹽埔農會信用部等陸續爆發嚴重的金融弊端，顯示政府金融管制政策嚴重失靈，臺灣金融機構已面臨嚴重的道德危險問題。為此，政府從消極性的管制政策轉入積極性管制政策，全面落實金融預警制度，建立「即時糾正」的預警措施，積極清理政府、銀行經營者、投資人、受委託的專業經理人以及銀行存款客戶間的「多重委託代理」關係，防範道德風險，減少代理成本，消除信息不對稱、隱藏性信息和隱藏性行動等主要問題。通過規範管理和信息公開阻止經營管理者利用監理制度未落實與職位的方便性，借用金融機構資金從事各種「自己穩賺」，「他人賠錢」的高風險投資活動，徹底清除代理人過度追逐風險的制度和環境誘因。只有這樣，信用部才能減少代理成本，規避風險，提高經營績效。

　　從表 4-4 可以看出，近年來農會信用部存款和放款數額逐年平穩增加，分別從 2006 年 12 月的 13382 億元和 6455 億元增加到了 2015 年 12 月的

<hr>

　　　　經濟叢刊》，2008 年 12 月，第 14 卷第 1 期，第 1～31 頁。
〔註29〕2000 年底，英國《經濟學人》曾撰文預測臺灣將於次年農曆年關前爆發金融危機，2001 年 7 月美國《時代雜誌》、《財星雜誌》等也報導臺灣將面臨 1970 年以來，最嚴重的經濟負成長，且有可能會步上泰國在 1997 年所爆發的金融危機。
〔註30〕所謂逾放比，是指企業（借款人）償還本金及利息的能力受到損害而造成的不良資產。臺灣定義的逾放比與國際定義有三個不同：(1) 臺灣定義的逾放比為延遲繳納利息六個月以上才列入，國際定義為三個月以上；(2) 臺灣定義協議償還部分，只要符合規定即可免列逾放比，另展期部分亦不算入逾放比；(3) 臺灣將承受擔保品列為其他資產，且承受擔保品的價格與市場價格可能有出入，因此國際定義較為嚴格。參見曾國烈《金融自由化所衍生之銀行監理問題探討：美、日間經驗對我國之啟示》，1996 年，中央存保公司出版。臺灣對逾放比的定義若與歐美先進國家相較，顯然相當寬鬆。
〔註31〕來源於財政部金融局網站公佈數據，2003 年 1 月 6 日。

16970 億元和 9810 億元，存放比率從 2006 年 12 月的 48.2%逐步提高到 2015
年 12 月的 57.8%，逾放比率和逾放金額則分別從 8.2%和 526 億元逐年降低到
2015 年 12 月的 1.4%和 133 億元，信用部盈餘從 2006 年 12 月的 829 億元增
加到 2015 年 12 月的 1193 億元。相應地，逾放比超 15%的信用部數量也從 61
家減少到 7 家。這說明經過一系列金融改革和農會內部改造，農會信用部又
重新煥發了活力，農民對農會信用部又重新建立了信心和希望；信用部經營
效率和經營質量大幅提高；成本控制和金融預警等制度更加規範和完善，整
體信用部經營快速走上正軌。由此可見，以基層農會信用部為主要內容的金
融改革和一系列以完善信用部經營機制和管理模式為主要目標的理論研究，
從根本上解決了農村金融體系長期存在的問題，有力促進了農村金融產業的
發展步伐，對於加快構建普惠型農村金融體系做出了巨大貢獻，成為推動臺
灣農業發展、鄉村建設和農民進步的重要力量。

表 4-4　2006 年以來臺灣農會信用部經營改善情況統計表

單位：億元（新臺幣）

日期 項目	06 年 12 月	07 年 12 月	08 年 12 月	09 年 12 月	10 年 12 月	11 年 12 月	12 年 12 月	13 年 12 月	14 年 12 月	15 年 12 月
存款總額	13382	13215	13290	14001	14583	14819	15381	15970	16613	16970
放款總額	6455	7031	7166	7010	7210	7438	7893	8611	9283	9810
存放比率	48.2%	53.2%	53.9%	50.1%	49.4%	50.2%	51.3%	53.9%	55.9%	57.8%
逾放金額	526	441	840	706	525	394	297	221	158	133
逾放比率	8.2%	6.3%	11.7%	10.1%	7.3%	5.3%	3.8%	2.6%	1.7%	1.4%
淨　值	829	873	902	906	937	977	1020	1072	1143	1193
逾放比 超 15%數	61	40	79	67	52	44	41	17	14	7

資料來源：行政院農業委員會農業金融局農業金融機構財務信息揭露（http://www.boaf.gov.
　　　　　tw/boafwww/index.jsp?a=lp&ctNode=337&CtUnit=171&BaseDSD=7）。

三、普惠型農村金融體系對農業發展與鄉村建設的貢獻

　　2006 年諾貝爾和平獎史無前例地頒給了一位商業人士——孟加拉國鄉村
銀行的創建者穆罕默德‧尤納斯博士，以表彰他創立的「小額貸款」模式和
格萊瑪銀行，把小額貸款轉變成對貧窮開戰的重要的武器，從社會底層推動

經濟和社會發展的努力。穆罕默德・尤納斯創建的格萊瑉〔註 32〕銀行，作為
世界上第一家專門借錢給窮人的銀行，不需要擔保抵押，直接貸款給窮人百
姓，以實際行動推動孟加拉國消除貧困，實現經濟增長和政治民主化的進
程，也為世界各國實現消除貧困，構建普惠型農村金融體系提供了良好的借
鑒。〔註33〕然而，早於格萊瑉銀行近 40 年，成立於上世紀四十年代的臺灣基
層農會信用部，作為臺灣農村金融制度的重要組成部分和普惠型農村金融體
系的主力軍，是臺灣農村金融制度的創舉，更是世界各國農村金融制度建設
學習的典範。農會信用部隨著農村信用體系的建立和發展，為消除臺灣地區
貧窮落後面貌，促進當地經濟和社會發展，構建普惠型的農村金融體系等方
面取得了舉世矚目的成就，尤其是普惠型農村金融體系建設而帶動起來的
「臺灣經濟奇蹟」，更是成為許多學者研究的範例，一直為世人所稱道。

　　人類發展經驗表明，現代化的農業生產與農村金融關係密切。20 世紀 50
年代以來，正是由於農村金融的大力支持和配合，滋潤了臺灣農業發展的艱
難歷程，推動了農業發展和農村建設，帶動了整個臺灣經濟的騰飛。農業生
產的特性決定了農村金融的平民銀行性質和資金需求的季節性、需求對象多
而分散、需求金額小而零碎以及農村金融流通過程比較緩慢等特點。這就使
得以追求最大利潤為目的的一般性金融機構，基於安全性、流動性和收益性
等考慮，普遍不願意為農業生產部門和農村居民融通充分的資金，為此，就
必須通過政府的力量來建立並完善農村金融制度，實現推動農業健康發展、
促進農村各項建設和切實保護農民利益的目標。由於臺灣屬於典型的小農式
家庭農場為主的農業經營型態，因此，農業發展、鄉村建設與農民進步就更
需要依靠臺灣基層農村金融的支持與融通。

　　普惠型農村金融體系在臺灣農業發展和農村經濟建設中發揮了重要作
用。土地改革期間，建構在信用部基礎上的普惠型農村金融體系通過發行土
地金融債券籌措資金，從而使土地改革任務順利完成。1953 年開始的連續四
期經濟建設計劃，政府也是通過遍佈鄉村、網點眾多的農村金融機構辦理統
一農貸，融通農業生產資金，促進了農業和農村經濟發展。隨著工業化和城
鎮化步伐的加快，臺灣工商業飛速發展，農業發展所佔比重下降，為了應對

〔註32〕格萊瑉，孟加拉語，意思是指「鄉村的」。
〔註33〕〔孟〕穆罕默德・尤納斯著，吳士宏譯：《窮人的銀行家》，生活・讀書・新
　　　知三聯書店，2006 年，第 2～4 頁。

日益衰退的農業經濟，提高農民所得，促進農業發展，改善農村經濟，政府除了通過農業行庫和農會信用部提供大量政策性貸款外，還投入大量資金用於農村公共建設，來配合 1973 年開始推動的一系列農業建設計劃。這一時期，臺灣農會信用部充分發揮植根基層和網點眾多的優勢，深入到各鄉鎮村莊為廣大農民和會員提供農村地區發展所需要的資金支持，為廣大農民多餘資金提供儲蓄業務，為會員提供通匯、代收和委託票據等服務業務，接受作為農民獲取生產及生活所需資金最重要來源的小額貸款等。通過辦理上述業務，信用部不但籌集了農業和農村發展所需要的資金，獲取了豐厚利潤，而且為群眾提供了便利，更加受到會員和民眾的支持和喜愛。另外，政府用於促進農業發展、繁榮農村經濟和改善農民生活的許多農業專案和委託貸款，比如購地貸款、農宅整修貸款、肥料貸款、雜糧貸款和農機具自動化貸款等也都是通過各級農會信用部來辦理。農會信用部在農會組織內部大力支持推廣、供銷和保險等部門開展業務，同時，對外給予農業生產、農民生活和農產運銷等提供資金，積極支持農業技術推廣，在促進農業發展的同時帶動了臺灣經濟起飛。隨著經濟繁榮和農會發展變革，信用部又利用地利之便，吸收農村地區大量剩餘資金作為存款轉存到三家農業行庫，並進一步移轉到工商部門，成為臺灣金融體系中重要的一環。由此可見，臺灣各基層農會信用部已經成為許多地方經濟發展和鄉村建設最重要的金融機構，是服務農業，造福民眾的普惠型農村金融體系。

作為基層農村金融主體的農會信用部，具有商業型和合作型金融的雙重特徵。一方面，它通過吸收、籌集農會會員富餘資金，再放貸給基層有貸款需求的農戶而行使商業性金融機構職能，另一方面，它又承接臺灣農村合作金融系統中臺灣農業金庫等的信貸業務而行使著合作性金融機構的職能。過去幾十年來，隨著經濟和社會環境演變，信用部根據不同時期農民的特殊需求，調整組織角色與功能，和農業生產、農村經濟和農民生活結成了緊密的夥伴關係。信用部還通過辦理農場經營、農牧綜合經營、貧農輔導、飼養業、蔬菜種植業、農業機械、農業加工、災害復耕、小農住宅和稻穀無息等各種與農民生產生活息息相關的小額貸款，徹底消除了農村的貧窮和高利貸。同時，信用部還經常接受田賦稅、地價稅、房屋稅等政府委託業務收繳，受其他金融行庫委託代辦通匯、有價證券，代售統一發票、印花稅、公共事業費等服務，極大地方便了基層民眾生產和生活。

　　在農業發展的初期，臺灣作爲典型的農業地區，工業化水平偏低，農會信用部由於地利之便被賦予吸收農村剩餘資金轉移到工商部門的角色，爲推動臺灣經濟發展做出了應有的貢獻。在農業成長時期，農會信用部扮演了農業發展的潤滑劑，一方面爲農民的農業生產和農家生活提供必要的資金支持，另一方面它擔任農業資金的中介，推動了政策性的農業貸款，促進了農業資本的形成，使政府農業政策產生倍數效應，同時，它還是農業推廣教育經費的主要來源，對臺灣農業推廣工作，對傳播農民專業知識和技能，提高農民綜合素質都具有重要意義。

　　2007 年底，臺灣共有本地銀行、信用合作社和農會信用部合計 4718 家，其中農會信用部 1072 家，占 23%，在基層金融體系中更占到了 78%，存、放款業務所佔比例更高達 71% 和 67%，而同一時期信用部辦理的政策性農業專案貸款比例更是達到了 97%。〔註 34〕據資料統計，在 1977 年至 2007 年的 31 年中，農會信用部累計爲農業推廣和訓練等業務提供資金 598 億元新臺幣，如果以 4% 年利率計算，到 2007 年底現值則達到 1012 億元。〔註 35〕1976 年至 2005 年間，臺灣農村戶內人口由 6.08 人降至 3.76 人，每戶農家平均所得則由 10.8 萬元增加至 87.2 萬元，個人所得則由 1.8 萬元新臺幣增加到 23.2 萬元。〔註 36〕由此可以看出，信用部作爲基層農村最普及的金融機構，不但在資金融通領域扮演相當重要的角色，而且在政策性農業專案貸款方面也處於絕對優勢。農會信用部通過吸納農村剩餘資金，爲農民提供生產、生活與生態等層面所需資金，有力促進了農業發展和農村經濟繁榮。

　　作爲一元化的有機功能組合體，信用部響應政府號召，配合加速經濟發展，積極協助政府推行節約儲蓄政策，大力吸收基層遊資，轉貸給農民從事農業生產或開發農業資源，既充實了農會信用部的資金規模，又活躍了基層農村金融，對安定農村社會，服務農村經濟發展都發揮了重要作用。非常稠密的農村金融服務網絡，在廣大農村地區吸收農民剩餘資金，辦理會員與非會員貸款業務。

　　現階段臺灣農村金融機構規模龐大，網絡發達，體系健全，渠道多樣化，

〔註 34〕行政院金融監督管理委員會銀行局，《金融統計指標》，2008 年，www.bangking.gov.tw/ct.asp。
〔註 35〕資料來源：金融財務研究訓練中心，《基層金融統計參考資料》；合作金庫銀行，《農會信用部經營指標》；全國農業金庫，《農會信用部經營指標》。
〔註 36〕行政院農業委員會，《農業統計年報》，2007 年。

建立了嚴格的農貸資金管理制度和一體化經營模式，成爲頗具特色、運轉高效的普惠型農村金融體系。農會信用部是臺灣農業金融體系的一個重要設計，架構於農會信用部基礎上的臺灣普惠型的農村金融體系更是依靠農會發達的網絡和分支，深入基層農村，爲廣大基層農村地區民眾提供了具有季節性、對象眾多而分散、金額小而零碎以及流通過程緩慢等特質的農村金融需求，成爲高效運轉、影響巨大的鄉村平民金融機構。

第三節　健全農村社會服務和保障體系

一、構建完善的社會服務保障體系

社會服務和保障體系，是指一個社會中用於保護某特定群體相應權利和利益的一系列的政策、措施和行爲的總稱。臺灣農民的社會服務保障體系，主要包括早期的土地改革政策、農村建設九大措施中相應條款及現階段農業及農民保險，災害預防、救助和其他社會服務保障措施。

（一）農村社會保障體系及其構建

臺灣自 1945 年光復後至 1953 年間實行的農地改革，尤其是 1953 年開始實行的「耕者有其田」政策，可以說是臺灣農民一項重要的福利政策，爲光復後的農民構築起了第一道保障，造就了大批自耕農階層，奠定了日後臺灣經濟發展的基礎。1953 年至 1972 年連續幾期的四年經濟建設計劃，主要以工商業爲重點，對農民保障體系建設重視不夠。

1972 年後，政府注意到農業和農村經濟的惡化，農業發展嚴重受阻，乃於 1972 年宣佈實施農村建設九大措施，其中的①廢除肥料換穀制度；②取消田賦附徵教育稅；③放寬貸款條件；④加速農村公共投資等措施直接減輕了農民負擔，幫助農民獲取資金，投入到農業建設及農村公共設施中。而⑤改革農產運銷制度；⑥加速推廣綜合技術栽培；⑦倡導農業生產專業區；⑧加強農業試驗研究及推廣工作；⑨鼓勵農村地區設置工廠等則直接促進了農村地區的生產發展，幫助農民從農業和工業發展中獲得更大收益。1972 年後，政府陸續推行了多項重要的農業建設方案，如 1978 年的「提高農民所得加強農村建設方案」；1979 年的「加強基層建設提高農民所得方案」；1985 年的「改善農業結構提高農民所得方案」以及「農業綜合調整方案」等，作爲社會保障體系的一部分，爲提高農民所得、促進農業生產、改善農村環

境做出了巨大貢獻。臺灣農家所得中農業所佔比例連續多年都維持在 35%以上。〔註37〕

現階段農民社會保障體系建設，主要是圍繞「核心農漁民及其產業相關組織為主要輔導對象，增進其自主開發能力，規劃建立離農年金制度，落實農民保險，農業天然災害救助及農高齡者輔導等措施，健全社會安全制度，整體規劃建設農漁村小區，提升農漁村生活品質。」〔註38〕的理念來進行。任何形態下的農業生產和鄉村經濟建設除了要有優秀的人力資源因素、優良的品種和改良技術等必要的生產要素外，天氣、疾病和災害等不可抗力的影響也非常巨大，有的時候甚至是決定性的。為了保持穩定的生產要素和環境，保障農民的固有收益，最大限度降低天氣、疾病和災害等不可抗力對農業生產水平和農民生活質量的影響，政府在制度上為農民設計了農業保險和農民保險等一系列的社會保障體系，來確保農業生產和農村生活正常、有序運行。農業保險和農民保險是政府委託基層農會組織負責辦理的社會性保障業務。

農業保險一般包括家畜保險、產物保險和農作物保險等生產領域的業務，主要目的是充分發揮保險的分散和分擔風險的功能，服務廣大基層農民會員。臺灣三級農會接受政府委託，採用二級保險制度共同辦理家畜保險事業。具體方案是，基層（鄉、鎮、市、區）農會為承保單位，直接與農民簽訂保險合同，承擔相應的義務和責任，省、縣農會為共同再保險單位，政府則負責監督並給予經費支持。家畜保險由農會接受政府委託承辦基層農會會員的豬、牛、羊等一般死亡的醫療保險，家畜、家禽的醫療衛生改進，畜牧業管理及輔導，家畜、家禽的屠宰、加工與營銷等業務，可以最大限度的避免農民因牲畜意外死亡而造成的財產損失，提高加工質量，增強營銷水平，最大限度的增加農民收益。農產品從生產、儲藏、加工到交易的整個過程中，非常容易受到自然的、經濟的、社會的諸多不穩定因素影響而蒙受損失。產物保險和農作物保險的主要目的是針對生產過程中農業災害的防治及救濟，農業生產領域的作物及農產品進行預防損失和分散風險操作，確保農民經濟收益最大化。農會最先從家畜保險開始辦理農業保險業務，早在 1954年，省農林廳會同農復會共同撥付資金及獸醫設備，選定屏東縣五個鄉鎮農

〔註37〕行政院農業委員會：《農業政策白皮書》，1995 年，第 21 頁。
〔註38〕行政院農業委員會：《農業政策白皮書》，1995 年，第 VII～IV 頁。

會，以會員養豬保健互助的方式試辦家畜保險，不以營利爲目的。1960 年爲了推廣這一保險試點，經臺灣省政府報請行政院批准農會舉辦家畜保險。1963 年 1 月 15 日，由省政府公佈「臺灣省各級農家畜保險管理辦法規定」，各級農會正式開始辦理家畜保險業務，這是臺灣農會歷史上第一項農業保險業務。從 1963 年到 1968 年短短的五年內，農會辦理家畜保險的數量和金額均增加了近三倍。〔註 39〕可見農業保險業務得到了廣大會員的認可，是符合農民根本利益的。

農民保險主要包括農民健康保險和老農津貼等領域的業務，是指農會配合行政院勞動委員會勞保局辦理農民健康保險業務，並爲行政院衛生署健保局代辦全民健康保險及老農津貼發放，實現對農民的關懷和照護，更好地安定農村社會生活。1982 年以來，農會保險業務除了以往的家畜保險又陸續增辦了農民健康保險和全民健康保險。農會辦理農民健康保險開始自 1985 年 10月 25 日，由省政府首批選擇農會財務結構健全的 41 家農會會員作爲投保對象試辦了第一期。隨後，於 1987 年繼續擴大投保範圍，試辦了第二期農民健康保險，到 1987 年 6 月底，投保人數已達 11.6 萬人。〔註 40〕1988 年，由於受到各級民意代表、未投保農民和社會輿論的強烈期盼，開始在農會系統全面試辦，投保對象僅限於農會會員，但不包括讚助會員。直到 1989 年「農民健康保險條例」公佈實施後，農民健康保險的投保對象才得以涵蓋臺灣全部農業人口，各基層農會作爲投保單位按照規定辦理本地區農民投保及相關業務。農民健康保險的實施，增進了農民健康，減少了農民的醫療支出，成爲一項地道的農民福利政策。1995 年，全民健康保險正式實施，農會開始擴大辦理農民會員及家屬的健康保險業務並開始實施老農年金發放政策。老農年金作爲一項典型的農民福利政策，主要目的是爲了照顧年老農民的生活，確保他們的生活質量。

加入 WTO 後，經濟全球化和自由化不斷加速，行政院農業委員會遵循「以臺灣爲主，對人民有利」的總體策略，積極發展「健康‧效率‧永續經營」的全民農業。全面策劃推動「新農業運動」，將工作重點逐漸轉向「活力農民」和「魅力農村」兩大層面。近幾年，通過基層農會各部門大力推行①建立農民學院，實施農業後繼者培育計劃，並輔導農業和高齡者終身學習；②構建

〔註39〕臺灣地區農會業務統計年報，臺灣省農會編，1964～1969 年。
〔註40〕聯合報：1987 年 7 月 23 日。

農村優質生活及健康照護體系，實施農村高齡者生活改善計劃；③加強農村婦女和青少年培育，創新社區人文發展；④輔導農業推廣教育，強化農業產銷班企業化經營等具有保障性功能的計劃，進一步完善了社會保障體系建設，連同已經實施的農業保險和農民健康保險等政策，構成了臺灣社會最堅實的社會保障體系，推動著農業的快速發展、農村的永續繁榮和農民的幸福活力，確保了社會的安定和進步。

（二）完善農村社會服務職能

在現代化文明社會中，除了具有發達、完善的社會保障體系外，為普通民眾提供工作和生活便利的完善的社會服務體系也不可或缺。農會作為一個多功能的群眾性社會團體，社會服務是其最重要功能之一。農會辦理社會服務工作的種類繁多，如供銷部的生產資料和日常生活用品的供給，農產品的運銷；信用部的存、貸款業務，票據委託等業務；推廣部的青少年、婦女和高齡者的輔導和照護計劃；保險部的保險和老農津貼等業務。政府一系列利民和富民政策的推行也幾乎都是通過農會這一分佈最廣、網點最眾多的基層農民組織來進行。由此可見，社會服務功能始終和農會相伴，並緊密相連的，臺灣許多重要的社會服務功能都是通過農會而實現的，而農會就是為著服務農民、奉獻社會的目標而成立的，失去了社會服務功能，農會也就不復存在。

根據農會法第 2 章第四條的規定，農會早期的社會服務功能主要包括農會系統供運銷業務範疇中的農業生產資料和日常生活用品的銷售、供給，批發、零售市場集購物中心的經營，倉庫及會員共同利用，農村工業及合作事業倡導，農村文化、衛生、福利及救濟事業以及農地的利用和改善等。

農民依附農會的心理需要也是農會推動農業現代化的重要措施。因此，農會對農民福利的提供與保障，對農民和農村服務體系建設就不能忽視。這些主要措施包括：農會系統通過接受委託辦理農業保險，確保農民生產穩定增收；協助辦理辦理農民健康保險，並將農會信用部門的盈餘一部分作為貧困農民的醫療基金，極大地加強了基層醫療保健服務，有力促進了農村醫療衛生事業；加快農村副業和農民第二專長訓練，辦理農村青年職業訓練並輔導他們就業，切實解決了農村勞力資源轉化，帶動了整體農村人力就業問題；幫助農民修建農舍，興建大型購物超市和生活便利設施，協助地方政府改善農民的居住環境，極大改變了農民生活環境，提高了農民生活質量；大力興

建農村社區及青少年活動中心、體育場、老人休閒中心等農村體育、文化設施，經由農會提供各項社會服務功能，發揮互助合作精神，促進農村社區發展，建立健全的農村社會生活。

農會作爲經營性事業主體，還積極參與農村環境改善、交通和公共設施、公共安全和娛樂設施等眾多與農民生活緊密相關的領域，通過自身持續經營理念，實現服務農民的承諾，爲臺灣農村社會繁榮和農民安居樂業提供保障。

二、推動創新鄉村社區發展計劃

創新社區發展計劃作爲推動農村永續發展的重要內容，主要包括創新農村社區人文發展計劃、創新鄉村青少年發展計劃、建構農村優質生活及健康照護體系計劃和農村高齡者生活改善計劃等。

創新農村社區人文發展計劃主要由農會基層組織和社區通過本地推廣和輔導體系共同辦理「創新社區人文發展種子訓練」、「農村社區推廣說故事比賽」及「農村綠生活表演趣」等社區文化展演活動，運用本地農業和休閒資源，發展農村文化，開發農村旅遊市場，培育社區居民推銷自己社區的能力並引起社區對於永續生活的重視，凝聚社區向心力，推動地方人文發展。

青少年是農業和農村發展的主體和未來，爲培養「全方位」的鄉村青少年，各級農會組織創新「鄉村青少年發展計劃」，推動鄉村青少年發展，培養青少年認識農業，關懷社區，進而成爲農業及農村發展的生力軍。創新鄉村青少年發展計劃是通過輔導各基層農會推動鄉村青少年的發展，通過辦理青少年農業及鄉土教學作業組、鄉村青年義務指導成長營及鄉村青年領袖營、創新鄉村青少年發展計劃執行績效考核和青少年米食文化教育等系列活動並與美國、日本等國家農村青年進行交流訪問，培養農村青年國際視野。力爭把農村青少年培養成由認識農業、關懷社區，進而能成爲農業及農村發展的生力軍。

構建農村優質生活及健康照護體系計劃的目的是通過提供學習網絡，推動農村婦女終身學習，減少她們的知識落差，增加她們生活和經營的技能。具體說來，就是通過舉辦農村婦女權益保障、第二專長業務訓練、農特產品養身推廣教育、認識在地老化和預防保健等課程，提升農家婦女生活和理家的能力，在增強其獨立性和自主性的同時爲農村婦女開闢新的收入來源。同時，通過輔導農會利用本地醫療保健資源，辦理照護人員和家事管理訓練，

建立農村社區生活服務中心，為廣大農民提供醫療保健與居家生活服務，建構農村地區健康照護網絡。從 2008 年開始，為了提高廣大農村婦女信息處理能力和生活經營技能，提升農家婦女理家能力和農村居民生活質量，促進農村社會和諧，行政院農業委員會委託臺灣地區農會組織加大「照顧服務人員訓練」、「家庭照顧者訓練」和「家事管理訓練」等的輔導力度，通過推廣組織輔導當地醫療保健資源而落實預防醫學理念與做法，將高齡者組成自主性的互助組織，運用農會推廣體系提供營養保健、休閒娛樂、生活調適和健康老化等課程，強化農民自我健康管理能力，提供家政幹部及指導員有關家政推廣的新思維，提升其推廣技能。

農村高齡者生活改善計劃主要針對 65 歲以上釋出農地的小地主，配合政府的「小地主大佃農」政策，運用農會推廣體系，設計「經濟與環境安全」、「生理與心理健康」及「活動與社區參與」等農村高齡者生活輔導課程，主要內容有高齡者膳食營養改善、傳染性疾病的預防和控制、氣候變化的認知、生活調適、認識憂鬱症和自殺防治等，讓農村高齡者實現「活躍老化」、「在地老化」和「尊嚴老化」，幫助高齡者就地享受有尊嚴的晚年生活。同時，活化農村文化和創新老農銀髮族退休生活而辦理「農村銀髮族精彩生活創新活動」，帶領社區廣大老年人參與音樂、舞蹈和表演等藝術創新活動，讓他們享受更加精彩紛呈的晚年生活。

三、強化民眾政治參與及溝通意識

（一）臺灣農會的政治功能

政治性，從廣義角度來說是由於團體中發生對立和分化導致對於公眾的事，有各種不同的利益衝突和觀點，必須通過眾人的力量來進行意見綜合、統一思想，來維持社會秩序的穩定有序。臺灣農會在組織上一直未能擺脫官方統制的力量，具有的強烈政治屬性。農會的政治性功能伴隨著農會的成立而產生，在不同的歷史階段具有不同的政治功能。

1.國民黨威權統治時期農會的政治功能

早期臺灣農會推廣事業極不發達，農民參與意識薄弱，大多數農民不知道「農會是誰的」，更不知道「農會是做什麼的」〔註41〕。1945 年臺灣光復後，

〔註41〕郭敏學：《臺灣農會的發展軌跡》，臺北：商務印書館，1984 年，第 145～155 頁。

國民政府接管農會組織，雖然採用了民主的方式，讓農會回歸為民有、民治、民享的固有屬性。但是，國民黨鑒於農會組織巨大的權利和利益，仍基本延續了日本佔領時期以農會為基層政策執行的機關，開始逐步把農會控制在自己手中。五十年代末期「在恢復日本佔領時期臺灣農會的事業基礎上對其進行改造，注入民主精神，使其具有美國式的草根組織的特點」〔註42〕。

雖然美國農村社會學家安德森博士在給臺灣提出的16項建議的第7項明確提出農會不應參與政治活動，不支持任何政治候選人，國民黨礙於美國壓力也在1952年頒佈的「改進臺灣地區各級農會暫行辦法」中予以確認，但在1964年修訂的「農會法」中，刪除了政治排除的條款，使農會政治化。同時，國民黨還通過一系列制度化設計把農會置於其壟斷體制之下，使農民逐步喪失了自由結社的權利而被迫加入缺乏競爭、死板僵硬的農會組織。

國民黨撤退到臺灣後，為了穩定其統治基礎，著手通過農會進行土地改革，並打擊地方黑惡勢力，有目標的拉攏地方派系、將國民黨的政治觸角逐步伸向廣大基層農村。〔註43〕隨後臺灣當局通過劃分農會督導區、派駐督導員和農事指導小組等一系列手段最終完成對農會改組和控制。1954年改組完成後，農會3743位理事中，國民黨黨員有3607人，占96%；1530位監事中，國民黨黨員有1503人，占98%；總幹事則100%都是國民黨黨員。〔註44〕這標誌著國民黨實際上已經取得了農會的控制權。國民黨完成對臺灣農會的全面控制後，就將其作為籌碼與各地方派系進行利益交換，形成了政治學中的所謂「恩護——侍從主義」，即國民黨為地方派系提供各種政治經濟特權，而地方派系則宣誓效忠國民黨統治，進行選舉的動員，從而鞏固國民黨政權在臺灣地區統治的合法性。現階段國民黨政權中許多頭面人物都曾在農復會、農委會和各級農會中擔任重要職務，這不但說明農會體系在國民黨統治體系中佔有重要位置〔註45〕，更表明了在威權體制下國民黨和地方派系共同把持農會，操控選舉的曖昧關係。

〔註42〕程朝雲：《戰後臺灣農會的制度改革（1950～1954）》，《中國社會科學院近代史研究所青年學術論壇（2006卷）》。
〔註43〕程朝雲：《戰後臺灣農會的制度改革（1950～1954）》，《中國社會科學院近代史研究所青年學術論壇（2006卷）》。
〔註44〕黃德福、劉華宗：《農會與臺灣政治：以臺中縣和高雄縣為例》，《選舉研究》，1995年第2卷第2期。
〔註45〕孫代堯：《臺灣威權體制及其轉型研究》，中國社會科學出版社，2003年。

國民黨利用手中掌控的壟斷的公權力，通過各縣（市）農會與宣誓效忠自己的地方派系進行利益交換，雙方各得其利，地方派系通過把持農會獲取巨大經濟利益的同時也充分利用農會的高效動員機制操控選舉，以鞏固和強化國民黨在臺灣地區的統治。長期以來，威權時期的臺灣農會作為國民黨政府的「執行團體」或「政治小股東」〔註46〕，被各地方派系所把持，實際上成為國民黨控制選舉的工具。

臺灣光復以來，臺灣農會經過國民黨多次輔導、改造，組織體系已經比較健全，業務門類也日臻完善。由於農會在農民中的廣泛影響力，使臺灣農會成為臺灣民主化進程中代表農民利益的重要的政治力量。農會為農民政治品格的塑造和政治參與意識的培養提供了物質保障和組織準備。

2. 民主化進程中農會的政治功能

上世紀 80 年代以後，臺灣民主化進程不斷加快，國民黨一黨專制統治土崩瓦解，取而代之的是多黨競爭的格局。在多黨競爭格局下，選舉就成為各政黨走向執政地位的唯一合法途徑。有 180 多萬會員連同家屬達近千萬選民的農會作為重要票源，長期以來始終都在國民黨控制和操縱之下。因此，2000 年民進黨執政後就著手大力削減農會勢力，2001 年 8 月陳水扁當局就以金融改革為名，宣佈接收、整頓臺灣農漁會信用部，以此來削弱國民黨社會勢力和統治基礎。然而這一舉措由於涉及到農漁民切身利益而招致農民和農會的巨大反彈，2002 年 11 月 23 日爆發了 1123 大遊行，20 萬民眾走上街頭抗議陳水扁當局企圖「消滅農會」的主張並提出若干獨立的政治經濟要求。這次遊行直接導致了「行政院長」和「農委會」主任等的辭職，最終當局終止了削弱農村金融事業的舉動，並滿足了農民的絕大多數要求。這次事件表明，民主化進程中的農會依然具有不可忽視的強大勢力，不但可以影響和左右執政黨的政策，使得各參選政黨必須充分重視農民訴求和意願，而且也讓民進黨充分認識到與國民黨在農會上的較量是一個長期艱難的過程。

實行政治民主化以後，在多黨競爭格局下，農會已經逐步脫離了國民黨的控制，而變得越發具有自主性和創造力，通過農業推廣教育、選舉、各種產銷班和訓練班等多種形式，充分維護農民利益，表達農民意願，反映農民呼聲，培育大批有知識、有文化、有擔當的優秀人才成為農村的領導者，不但發展了農村經濟，繁榮了農村文化，安定了農村社會，還為更進一步的民

〔註46〕劉國深：《臺灣政治概論》，九州出版社，2006 年，第 61 頁。

主政治奠定了堅實的基礎。

民主化初期，農會朝著純粹的代表農民利益的團體又前進了一步，它通過農會各部門的業務把廣大農民組織起來，深入到農業生產和農民生活的方方面面，實現推廣教育、農業生產、農產運銷、倉儲加工、農村金融、農民福利、社會保障和第三產業等各項事業的規模化、效益化和健康穩定發展。這些業務讓農會與農民建立起更為緊密、和諧的依賴關係，為農業和農村現代化發展奠定了基礎。農會還通過堅強、有力的組織，高效、透明的選舉，對內實行民主，讓各成員的訴求和意願得到充分表達；對外實行團結，最大限度維護和保障農民切身利益。同時，民主化進程中的臺灣農會還具有強大的組織動員能力，可以滲透到農村的各個角落，並通過遊行、示威、集會、結社等多種方式表達自己的意願和訴求，向執政黨施壓，從而影響執政黨的政策走向，最大限度的維護農民自身利益。

在民主化過程中，農會的自主性進一步增強，各項事業得以繼續擴展。農會通過農業推廣教育系統，培養農民組織管理能力和各種技能，強化了農民會員的合作意識、參與意識、競爭意識、服務意識、憂患意識、休閒意識和品牌意識等諸多新時代農民的基本素質，輔導和組織廣大農民參與農業和農村建設事業，實現人與自然的和諧發展。農會經濟事業種類更多，內容更豐富，涉及的業務既包括基本生產和生活的農產供銷、運銷、倉儲和加工等業務，又包括了高端的金融、信貸和保險業務，收益在百億甚至千億以上〔註47〕。農民通過參與生產、分配和消費等各項經濟活動，全方位體驗合作與競爭的樂趣並最大限度維護了自身利益，充分激發了農民對農會事務的關心和參與，也為農會更好地服務農民，保障農民權益，改善農民生活，發展農村經濟提供動力。

因此，民主化進程中的農會通過整合農業和農村社會而得到巨大發展，農會通過對農民的教育、組織和引導，培養和造就了廣大農會會員特有的政治品質和政治參與意識。同時，農會組織領導全體農民參加各項社會活動，協助政府有關法令、政策和計劃的推行，反映農民意見，表達農民意願，提供輿論建議，以保障其自身權益，達成培養農民參加政治的興趣和能力。

〔註47〕劉榮章：《臺灣的農會組織及其功效》，《臺灣農業探索》，1999年，第2期。

（二）臺灣農民的政治參與意識

1.國民黨威權統治時期農民的政治參與意識

日本殖民時期，農會充當日本殖民政府掠奪臺灣農業資源的工具，農民完全沒有政治參與的權利。臺灣光復後，國民黨為了鞏固自己的政權，壟斷選舉和各種政治、經濟、社會資源而對臺灣進行長達四十多年的威權統治，但是隨著民眾的覺醒和社會民主化進程加快，這一時期農民的政治參與是被動動員起來的有限的政治參與。

臺灣光復後，在國民黨威權體制架構下，農會歷經多次改組，給農民爭取到了有限的民主權利，讓其進行有限的基層政治參與。隨著農業技術的進步和推廣事業的發展，農會會員素質得到極大提升，領導能力得到加強，農民參與農會各項事務的積極性普遍提高。會員逐步認識到農會是農民自己的組織，於是更加積極、主動的參與農會各項事業，維護自身或者農民團體的利益。同時，受過良好教育和培訓的農會會員經過有效的組織和動員，會逐步擺脫各種思想和經濟束縛，朝著現代化農民發展〔註48〕。

1949 年國民黨退臺後，為了拉攏和吸納本土政治精英，穩定自身政權，逐漸放開有限的縣、市基層議員選舉，培育和形成了一批依附於國民黨的新的地方派系。隨著民主化進程的加快，黨外民主力量的政治參與空間不斷增大，與國民黨維威權統治的矛盾不斷加深，進一步動搖了國民黨政權的合法性。到上世紀 80 年代，隨著黨禁、報禁的開放和省市級選舉的逐漸放開，除國民黨外的各政治團體、社團組織和地方派系的政治參與熱情愈發高漲，參與渠道也不斷拓寬。於是，經過國民黨整合併控制的基層農會通過地方派系動員農民積極參加有限開放的縣市議員選舉，力求穩定受到挑戰和質疑的國民黨政權。

2.民主化進程中農民的政治參與意識

進入民主化時代後，整個社會環境和政治生態迅速民主化，人們的思想觀念和社會意識形態進一步開放，農民參與國家管理和社會問題決策的積極性越來越高，這一時期農民的政治參與意識逐步覺醒、更加活躍，從威權時代的有限動員的政治參與轉向多層次、多面向、自主性、靈活性的政治參與。農會系統通過農業推廣業務，尤其是「四健」推廣等業務中的參與式自

〔註48〕郭敏學：《臺灣農會的發展軌跡》，臺北：商務印書館，1984 年，第 242～259 頁。

我教育，使廣大農會會員深刻認識到，民主化進程中的臺灣農會不僅僅是建立在傳統的血緣和親情基礎之上，更是建立在尊重個體、張揚個性、分工精細和團結協作的新原則之上，人與人之間依靠利益為紐帶相互配合，大大提高了農會會員的獨立性和參與意識。

社會團體由舊到新的變化是現代化的必然結果〔註 49〕，民主化時代的農會會員作為獨立、自主和團結的公民新群體，通過強有力的組織參與現代社會生活和民主進程，進一步提高了農民在國家和社會政治的經濟生活中的威望和話語權，帶動了威權體制下各國家機構的民主化發展，有力促進了整個臺灣社會民主化進程。這種轉變使得廣大會員可以通過組織有力的遊行、示威、集會和結社等政治活動，積極參與到地方選舉和政治、經濟、文化和社會活動中，為自身爭取更大權益。

直接參與選舉活動是民主化時代農民政治參與的主要途徑。臺灣最主要的選舉是縣、市長和議員選舉（俗稱「三合一」選舉）、立法委員選舉、「總統」選舉。因此，每到選舉時農會和會員的政治活動就和大選緊密相連，農會和會員通過演說、遊行、募捐、派發傳單、組織助選及參與投票等，直接參與激烈的選舉活動。

隨著島內政治的開放和農民自立意識的提高，農會和會員還通過組織遊行、示威、請願和靜坐等多種方式來進行政治參與，表明自己的主張和觀點，表達農民意願和訴求。這些政治參與方式在民主化進程中已經越來越普遍。如 1988 年 4 月 14 日，臺灣省農民代表，針對農產品進口管制、早日全面實施農民保險和穩定農產品價格等事項進行陳情。

1988 年發生的「5·20 事件」是光復後 40 餘年農會組織建設的重大成果，更是臺灣民主化時代來臨的重要標誌之一。1988 年 5 月 20 日，雲林縣農會會員發起了旨在「維護農民利益、反對開放農業、要求全面農保」的大規模的和平請願運動。由於基層農會強大的組織、動員和示威能力使得這次運動獲得圓滿成功，從此，通過農會組織起來的農民成為臺灣政治舞臺上一支不可忽視的強大力量。

1994 年 4 月 15 日全省各級農會理事長代表晉見行政院長連戰，部分農民代表於臺北市國父紀念館集會，提出反對稻米進口、籌措進口損害救助基金 1000 億元新臺幣、實施農民年金保險、放寬農地買賣及使用限制及反對提

〔註 49〕尹保雲：《什麼是現代化》，人民出版社，2001 年，第 55 頁。

高農保保費負擔等要求。同年 10 月 24 日再針對成立農業部、提高農業預算、省縣農會設信用部及農會開辦人壽及產物保險事業等，向省政府主席宋楚瑜進行請願陳情。

1995 年 2 月 22 日各級農會代表，再赴立法院為爭取農保保費降低、保障農民權益等事項多次晉見「總統」及向農政首長表達農民心聲，受到相當的重視與響應，農民許多要求已被採納並進入規劃實施階段。

2002 年 11 月 23 日爆發的「11‧23 大遊行」則是實施民主化以來具有里程碑意義的事件，也是臺灣農會獨立參與政治，為自身利益抗爭的典型。2002 年 11 月 23 日，臺灣農會組織 20 萬民眾走上街頭抗議陳水扁當局企圖「消滅農會」的主張並提出「三大主張、十大訴求」。〔註 50〕這次圍繞農會信用部的存、廢爭鬥所發生的「11‧23 事件」，讓農會的政治性功能發揮得淋漓盡致，這次遊行直接導致了「行政院長」游錫堃和「農委會」主任范振宗等高官的辭職，以及當局最終終止了削弱農村金融事業的舉動，以上「十大訴求」中的絕大多數都得到了政府的正面回應和滿足。

由以上分析看出，農會作為代表農民根本利益的基層群眾性政治組織，通過合法方式和渠道來表明自己的訴求和意願，維護自身合法權益，影響並左右涉及農民核心利益的政策措施的實施。作為民主化進程中嶄新的、代表全體農民利益的獨立的政治力量，農會在今後事關農民核心利益和民主化進程中的其他重大涉農問題上必將發揮更加大作用，為臺灣農業、農村和農民保駕護航、謀取權益。

（三）政府與農民溝通的橋樑紐帶

農會是因應農民需要而組成的具有多目標功能的群眾性農民團體，儘管

〔註 50〕原載臺灣《經濟日報》，2002 年 11 月 24 日。「三大主張」是：搶救農、漁業和農、漁民；農、漁民需要農、漁會繼續提供服務；制訂農、漁會信用部永續經營為主軸的《農業金融法》。「十大訴求」是：1、迅速依法編足「農業發展基金」1500 億元新臺幣及「農產品受進口損害救助金基金」1000 億元新臺幣；2、依法落實推動老年農民退休制度；3、成立「全國城鄉交流與鄉村活性化」機構；4、本會期通過自救會版的《農業金融法》，設立全國農業金庫，並建立以農、漁會為基礎的農業金融體系；5、修正農會法與漁會法，中央主管機關一元化，由農委會輔導；6、實施股金制度，確立農、漁會為多目標功能的農、漁會合作組織；7、停止實施現行農、漁會信用部業務限制令，放寬農、漁會信用部經營項目；8、歸還已強制讓於銀行的 36 家農、漁會信用部；9、修正金融機構合併法，由其他農、漁會承受經營不善農漁、會信用部；10、請確實執行阿扁「總統」競選所提「農業政策白皮書」內容。

隨著社會發展和民主化進程的加快，農會在各個不同歷史時期的功能合作用不盡相同，但是，其作爲各級政府農民之間橋樑和紐帶的功能始終沒有改變，甚至還隨著時代的發展而逐步增強。

農會自臺灣光復後就開始逐步接受政府的委託業務，委託業務手續費作爲早期農會的主要收入承擔了農會日常運轉所需資金，同時也爲廣大農民提供必要的信息和物資保障。隨著農業科技進步和經濟不斷發展，政府委託業務成爲農會重要業務之一而爲農業發展和農村經濟建設提供必需的生產設備、農用資料、化學肥料、農藥、日常生活用品、糧食和其他必需品，使得政府和農民都對農會產生了深深的依賴。

農會作爲臺灣最重要的農民組織，掌握著大量地方資源，其組織體系最爲完整而且最深入基層，因此，以往政府農業政策的實施，鄉村建設各項措施的推行等，往往都是通過農會來執行；政府農業政策、措施與其他施政方針也大都通過農會的宣傳、倡導和推動。同時，農會作爲農民權益的代表，也忠實反映農民對政府各項施政措施的意見和建議，協助政府提供公共服務、維護公共安全、安定農村社會的重要角色，承擔著政府與農民之間溝通的橋樑和紐帶，更是政府推行農業政策和鄉村社區建設的夥伴，這種功能交叉的體系，可使政府的計劃和政策更能適應農民的自覺需要，進而造福農民。

光復後，爲了鞏固自身政權，更好掌控農會和農業資源，國民黨對農會進行了多次改革，讓其更加忠實的執行政府各項農業政策和措施。1945 年至1953 年間實行的土地改革，政府正是通過地方各級農會組織來推動實施的。農會作爲政府政策的執行機構，大力宣傳土地改革的必要性和重大意義，負責組織、發動廣大會員按步驟、有計劃實施，使土地改革順利完成並達成預期目標。在這漫長複雜的改革過程中，農會不但保證了政府關於土地改革各項政策措施的實施，而且注意搜集並及時反映基層民眾的呼聲和訴求，作爲政府制定下一階段政策目標的依據和參考，緩解了政府與民眾之間的矛盾和衝突，增進了彼此的信任和瞭解。

1972 年後，隨著國際政治、經濟形勢和社會環境不斷變化，農業和農村經濟遇到嚴重困難，農民生活受到嚴重影響，爲此，政府各部門通過實地調研和考察，綜合分析各級農會組織的反饋意見，決定實施農村建設九大措施來加速農村公共投資，並通過相應措施直接減輕農民負擔，幫助農民獲取資

金，投入到農業建設及農村公共設施中。同時，改革農產運銷制度，倡導農業生產專業區，鼓勵農村地區設置工廠等更直接促進了農村地區的生產發展，幫助農民從農業和工業發展中獲得更大收益。1978 年後先後推行的「提高農民所得加強農村建設方案」、「加強基層建設提高農民所得方案」、「改善農業結構提高農民所得方案」和「農業綜合調整方案」等多項重要的農業建設方案都是政府通過農會進行調研、考察並徵求農民意見基礎上制定的，完全符合農民切身利益，真實反映了臺灣當時農業生產的現狀和農民的期盼，為上個世紀 70 年代農業起飛，工業發展奠定了最堅實的基礎。這一時期，國民黨為鞏固自身統治地位而由政府主導農會的變革和對農民的教育、組織和引導，政府處於主動地位，農會和農民則處於被動地位。農會發展變革被動因應了政府意圖和社會發展的潮流，較好反映了臺灣民眾的意願，使得政府、農會和農民三者之間配合默契、溝通順暢、成效顯著。很好地履行了政府與民眾溝通的橋樑和紐帶作用，成為帶動地方經濟發展的重要力量。

上世紀 80 年代中期，隨著臺灣島內政治的開放，農民民主觀念和政治參與意識逐步增強，農會政治功能發生變化使得它作為政府和農民的橋樑和紐帶的功能也發生了相應變化。農會作為政府與農民的橋樑和紐帶，主要是主動組織農民通過遊行、示威、請願和靜坐等多種民主方式來表達自己的主張和訴求。這個時期，政府與農民的溝通中，政府處於被動地位，而農民由於民主意識的增強則轉變為主動地位。1988 年 4 月 14 日，農民代表針對農產品進口管制、早日全面實施農民保險和穩定農產品價格等事項與政府部門進行溝通、協調，表達自身意願和訴求。1994 年 4 月 15 日全省各級農會理事長代表晉見行政院長連戰，提出反對稻米進口、實施農民年金保險及反對提高農保保費負擔等要求。同年 10 月 24 日再針對成立農業部、提高農業預算、省縣農會設信用部及農會開辦人壽及產物保險事業等，向省政府主席宋楚瑜進行請願陳情。1995 年 2 月 22 日各級農會代表，為爭取降低保費、保障農民權益等事項多次晉見「總統」及農政首長。上世紀 90 年代開始，受金融自由化和國際化影響，農會的經濟事業，尤其是一直作為農會主要收入來源的信用部經營陷入困境。進入新世紀，隨著經濟全球化和自由化進一步發展，農業發展和農村經濟也遭遇了巨大的困難和挑戰。2000 年執政後的民進黨當局，為了消除國民黨在農會系統的勢力，企圖接收信用幣，進一步消滅農會，這將直接損害大多數農民會員的根本利益。為此，臺灣農會組織 20 萬民眾走上

街頭進行抗議，並提出「三大主張、十大訴求」。最終，「行政院長」游錫堃和「農委會」主任范振宗等高官迫於強大壓力辭職，陳水扁當局終止了削弱農村金融事業的舉動，以上「十大訴求」中的絕大多數都得到了政府的正面回應和滿足。這些都是民主化後，台灣農會作為政府與農民溝通橋樑的代表性案例。

　　臺灣光復後，農會先是在政府主導下進行相應的變革以被動適應政府與農民進行溝通、交流，通過各級農會組織的推廣、供銷、信用和保險等各項業務的開展，建立起與政府的聯繫，協助政府推動有關農業推廣、農產運銷、信用業務、保險服務和社會保障等一系列政策措施，並積極反映農民的意見和訴求，以改進和完善政府後繼政策、措施，更好地推動臺灣農業和農村各項事業發展。實行民主化以後，由於政治意識和民主觀念的增強，廣大農民更加積極地參與農會各項事務，主動就政府有關政策和措施發表意見，提出自己的觀點，廣大農民正是通過各級農會有組織、有計劃地對政府相關政策、措施施加影響，以最大限度維護自身合法權益。

第五章　臺灣基層農會個案

第一節　都市型農會個案——新北市板橋區農會

一、板橋區農會歷史沿革

　　新北市板橋區，即原臺北縣板橋市，2010 年 12 月 25 日改爲現名。板橋區位於臺灣省新北市中西部，臺北平原南端，北以淡水河、大漢溪與新北市三重區、新莊區爲界，東北與臺北市萬華區隔新店溪相望，西接新北市樹林區，南面與新北市土城區、中和區接壤，地形狹長，地勢平坦，氣候溫和，是新北市政府所在地，也是大臺北都會區的副中心。板橋區總面積 23.19 平方公里，已登記土地面積 1841 公頃，截止到 2015 年底，行政區劃分爲 126 里，2480 鄰，總戶數 205731 戶，總人口約 55 萬人。〔註 1〕

　　板橋區農會創立於 1918 年 1 月 31 日，最初名爲「有限責任板橋信用組合」。1922 年 6 月 1 日更名爲「有限責任板橋信用、利用組合」。1932 年 6 月 23 日改爲「有限責任板橋信用、利用、購買組合」。1934 年 7 月 6 日，改爲「有限責任板橋信用、利用、購買、販賣組合」。1944 年 1 月 31 日改名爲「板橋街農業會」，臺灣光復後於 1946 年 7 月 6 日改組爲「板橋鎮合作社」。1949 年 11 月 12 日再改組爲「板橋鎮農會」，並成立信用部。1968 年 5 月 24 日增設後埔辦事處。1972 年板橋鎮升格爲縣轄市後，改名爲「板橋市農會」。1974

〔註 1〕　新北市板橋區 2016 年區政統計年報，鄰里、人口和戶數資料數據截至到 2015 年底，（http://www.banqiao.ntpc.gov.tw/download/?type_id=10131&parent_id=10130）。

年 9 月 18 日增設江翠及埔乾辦事處。1980 年 6 月 6 日增設溪崀辦事處。1990
年 6 月 30 日增設社後和浮州辦事處。1995 年 1 月 23 日成立板橋市農會新埔
辦事處。1995 年 7 月 22 日，設立文化辦事處。後爲配合行政區劃調整，於
2011 年 4 月日正式更名爲「新北市板橋區農會」。板橋區農會歷史沿革如表
5-1 所示。

表 5-1　新北市板橋區農會歷史沿革一覽表

年份	主　　要　　內　　容
1908	1 月 31 日板橋區農會前身「有限責任板橋信用組合」創立
1922	6 月 1 日更名爲「有限責任板橋信用、利用組合」
1932	6 月 23 日更名爲「有限責任板橋信用、利用、購買組合」
1934	7 月 6 日更名爲「有限責任板橋信用、利用、購買、販賣組合」
1944	1 月 31 日更名爲「板橋街農業會」
1946	7 月 6 日改組爲「板橋鎮合作社」
1949	11 月 12 日奉令改組爲「板橋鎮農會」，同時成立信用部。
1968	5 月 24 日設立後埔辦事處
1972	7 月 1 日板橋鎮升格爲縣轄市，改稱爲「板橋市農會」
1974	9 月 18 日增設江翠及埔墘辦事處
1977	10 月 10 日板橋市農會第一辦公大樓建成使用
1980	6 月 6 日增設溪崀辦事處
1987	5 月四汴頭農業倉庫投入使用
1990	6 月 30 日增設社後和浮州辦事處；9 月板橋農會第二辦公大樓興建
1995	設新埔和文化辦事處，加入「中央」存款保險
1999	12 月 3 日通過 ISO9001 認證，成爲臺灣金融界與農會界第一家
2002	啓用信用業務全櫃制，開啓服務新流程；結合生物科技與宜蘭縣五結鄉農會合作推出養生健康「發芽米」，開啓 21 世紀米食新潮流
2003	與「元智大學終身教育板橋分部」簽約，首創農會界與學術界策略聯盟，落實終身教育學習理念，打造大臺北地區優質課程與學習環境
2004	成立「臺灣極品農情活力館」及「臺灣米農情文化館」；獲臺灣金融研訓院最佳基層金融佳作獎、農漁會信用部「營運績效獎」及「降低逾放比」獎
2005	獲農金獎——「信用業務營運績效優良獎」、「資產品質管理績效獎」、「最近人才培育獎」及「傑出催收人員獎」

2006	獲最佳基層金融佳作獎；獲「信用業務營運績效優良獎」；與致理技術學院合作，建立學界與產業界互惠共榮，共同打造資源整合運用的結盟典範
2007	「板農農地銀行服務中心」正式開張；啓用無寬體存單滿足金融客戶需求；板農活力超市建設工程開工
2008	榮獲臺北縣各級農會信用部業務績效評比第 1 名；板農活力超市正式營業，成爲農會界第一家樂活概念超市
2009	完成全會多媒體顯示系統（電子布告欄業務）；獲臺灣金融卡消費使用「發卡獎」及「收單獎」；辦理「幸福平安米」展會，推出優質健康臺灣米
2010	推出電子商務購物平臺；農倉改建開工；板農活力超市啓用網購；聯合農業金庫及其他 13 家農會辦理聯貸案，開創信用業務合作新典範；獲「農業金庫策略合作優等獎」；獲最佳農業金融佳作獎和獲「2010 年度金融卡 Smart Pay」發卡機構交易量成長獎；第三屆農會保經杯業績競賽第一名
2011	活力超市形象網站上線；更名「新北市板橋區農會」；配合「小地主大佃農」政策，推動有機農業，與有關機構合作辦理「有機福田，愛心認購」活動；讚助「Open Your Love 愛心公益園遊會」，捐贈新北市關懷婦幼協會，落實農會在地關懷；獲「營運卓越特優獎」和「農金策略優等獎」；無障礙農會官網正式上線；榮獲農委會「有機農業推動有功績優單位」稱號。
2012	財團法人天主教光仁社會福利基金會和社團法人臺灣數位有聲書推展學會合作舉辦「2012 板橋關懷活動——廣結善緣彙聚愛心邀您一起做公益」；浮洲辦事處喬遷新址；獲農委會第六屆農金獎「營運卓越」及「農業金庫策略合作獎」優等獎；本會發芽米榮獲第 24 屆優良食品評鑒金獎；舉辦「愛心義賣搶救高麗菜」活動；讚助光仁社會福利基金會「宇宙小星星愛心市集籌募早療就學基金」活動；
2013	榮獲新北市家政推廣教育健康飲食烹飪競賽亞軍；獲農委會第六屆農金獎「營運卓越」獎。

資料來源：根據新北市板橋區農會網站（www.pcfarm.org.tw/AboutUs/History）數據信息整理製表。

二、板橋區農會服務和運營體系

　　上世紀 70 年代以來，隨著大臺北都市區快速發展及新北市工業化和城市化進程的加快，板橋農地大量減少，農業活動快速萎縮，板橋地區已經完全都市化。板橋農會作爲都市型農會的典型代表，自成立以來始終以穩健踏實的做法和「親切、效率、熱忱」的態度服務會員及社會大眾，獲得了良好的企業聲譽及大眾的信賴與支持。尤其是近年來更是始終堅持「專業信賴的板橋農會、穩健踏實的生活銀行、創新樂活的生活超市」經營理念擴大服務功能與對象，積極邁向多元化發展，朝向「綠色企業、永續經營、整合資源、雙贏共好」的美好願景不斷前進。

　　板橋區農會包括推廣股、供銷部（農業倉庫）、信用部、保險部、企劃室、

稽核室、信息室、會計股、會務股、產業管理部和社會服務部等 11 個職能部門以及後埔、埔墘、江翠、溪崑、社後、浮州、新埔和文化 8 個辦事處（信用分部）。其組織架構如圖 5-1 所示。2015 年底，板橋農會共有個人會員 46999人，其中正會員僅有 2202 人，個人贊助會員則多達 44797 人。會員代表 40人，理事 9 人，監事 3 人，農事小組長 13 人，上級農會代表 3 人。農會聘任員工 204 人，其中信用部門 122 人，占 59.8%；供銷部門 27 人，占 13.2%；會務部 15 人，占 7.4%信息部門 14 人，占 6.9%；其餘 26 人分佈在總幹事室等 5 個部門。員工大專以上學歷者 143 人，占 70.1%，50 歲以下員工 112 人，占總數的 54.9%。〔註2〕

圖 5-1 新北市板橋區農會組織架構圖

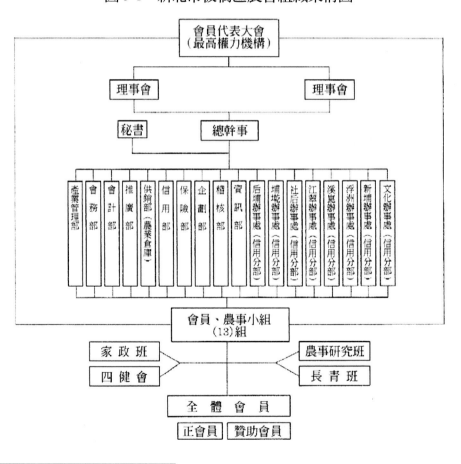

〔註 2〕臺灣地區各級農會年報，中華民國農會編，2016 年，第 89、90、99、100、109、110、119、120 頁。

　　板橋農會的主要業務除傳統推廣農業，輔導農民功能外，更以邁向現代化、企業化與重視公益福利經營爲多元化發展目標。理事會負責審查會務、業務實施計劃、預決算及需要提請會員代表大會表決的各事項。監事會負責監察農會各項會務、業務及財務報告，行使農會監察權。會務股整理農會各項議事規範、會籍管理、人事管理、評議等會務工作；產業管理部負責農會大樓及各項財產設備的維護與管理，以及本會重大工程採購事宜；保險部受理農民健康保險、全民健康保險和老農福利津貼申請等相關事宜，表 5-2 是近年來板橋農會保險部門主要業務統計表；會計股負責分析管理農會事業部門預決算及財務控制管理與資金調度；稽核室負責全會內部控制與稽核制度，落實各項案件議案的追蹤核查；信息室強化電腦公用中心競爭力，開發諮詢優勢與潛力；推廣股主要辦理農事、家政、長青和四健等推廣業務，配合政府政策辦理相關業務推廣、獎勵各項農業生產及災害復耕補助，板橋農會推廣股的農村社會事務主要側重於農民福利設施及文化康樂活動，而農村技能訓練、代耕服務和育苗中心等業務則隨著農地和農民的大量減少而逐步萎縮，表 5-3 是板橋農會推廣股近年來主要業務統計表；社會服務部負責農會網站、電子多媒體維護及電子商務系統開發建設等業務；企劃室負責農會業務整合規劃，辦理農會相關刊物及員工教育訓練、人力規劃等事項。

表 5-2　新北市板橋區農會保險業務統計表

數量：人　金額：千元／新臺幣

項目 年份	農民健康保險						全民健康保險				老年農民 福利津貼	
	參加人數		生育給付		喪葬及 殘疾補助		會　員		非會員			
	會員	非會員	人數	金額	人數	金額	本人	眷屬	本人	眷屬	會員	非會員
2011	1596	236	3	51	44	7150	1564	1043	233	35	704	203
2012	1692	224	3	51	44	7150	1765	1062	174	42	713	196
2013	1755	167	6	112	54	8803	1787	1084	167	40	701	190
2014	1675	160	9	184	47	6273	1716	1033	160	41	671	183
2015	1615	148	2	41	53	8697	1654	978	147	14	697	116

資料來源：根據臺灣地區各級農會年報 2012～2016 年整理製表。

表 5-3　新北市板橋區農會推廣業務一覽表

業務 年份	農事推廣			四健推廣				家政推廣			
	村裏	產銷班		村裏	四健會		義務指導員	村裏	改進班		義務指導員
		班數	人數		作業組	人數			班數	人數	
2011	126	－	－	6	6	207	6	126	41	940	9
2012	126	33	786	12	12	81	5	126	41	930	8
2013	126	33	758	6	3	85	5	126	42	900	8
2014	126	33	774	126	3	45	5	126	42	872	15
2015	126	34	841	126	5	112	1	126	42	884	7

資料來源：根據臺灣地區各級農會年報 2012～2016 年整理製表。

　　板橋農會信用部於 1949 年 11 月 12 日正式成立，並於 1968 年設立第一家信用分部——後埔辦事處。隨後又陸續設立了埔墘、江翠、溪崑、社後、浮州、新埔和文化等 7 家信用部分部，連同本部在內共有 9 家信用部營業據點遍佈板橋轄區，極大方便了居民生產和生活。在全體員工共同努力下，板橋區農會信用部總資產、存款、貸款、淨值和盈餘連續許多年位居全臺農會界第一名。近年來板橋農會信用部主要業務績效一覽表如表 5-4 所示。板橋農會一直致力於推動「融入生活的銀行」行動，包括推動結合策略聯盟的金融產品，如基金、保險等理財服務，提升金融客服務的專業度等。板橋區農會信用部主要業務內容包括，接受各種活期及定期性存款；島內電匯、信匯、票匯及跨行跨會匯款等；辦理一般性擔保和無擔保貸款、建築融資類貸款、消費性貸款及政府專案貸款；代理板橋區公庫及各種稅款；辦理各種委託代繳款項及公用事業費的委託代繳；受理各機關學校、公司團體員工薪資轉帳代發業務；受理證券戶各項交易劃撥轉帳；代售統一發票及票據託收；辦理金融卡語音查詢及社區管理費帶扣服務等等。在金融信息方面開辦了芯片銀行卡消費扣款服務電子布告欄信息交流的互動式服務，在各營業場所設置三合一功能的自動化服務設備，提供 24 小時存、提款及補摺本服務，同時，板橋區農會信用部還與美廉社合作，在美廉社各門市內設置自動櫃員機，通過其零售據點和渠道擴大信用部的營業網點。除了上述一般性金融服務外，板橋區農會信用部還將服務延伸到現代家庭生活中，包括網上銀行、學費和社區服務費轉帳等，都體現了對客戶生活用心規劃的理念。板橋區農會信用部

業務範圍幾乎覆蓋了居民生活的每一個領域，給會員客戶帶來了更多的即時便利和安心。

表 5-4　新北市板橋區農會信用部業務一覽表　　數量：件　金額：千元

項目 年份	存款		放款		代理業務			
	合計 存款	利息 支出	合計 放款	利息 收入	代售 統一發票	代辦 通匯	其他 代收	代辦 保險
2011	40040865	301612	28873246	650083	494047	147130	173724	－
2012	41360779	339789	33223966	716031	486165	141550	156317	10817
2013	43606245	364177	36335548	802706	493290	146784	152014	8541
2014	45221880	387186	34939899	834439	471661	149287	2904392	7303
2015	46015584	405393	34351967	825088	476164	149349	3396153	7762
平均	43249071	359631	33544925	765669	484265	146820	1356520	8606

資料來源：臺灣地區各級農會年報，中華民國農會編，2012～2016 年。

三、板農新活力——記板橋區農會超市

　　近年來，除金融事業大力發展外，板橋農會的供銷事業也得到快速發展，隨著板橋農地和專業農民的大幅減少，板橋農會供銷業務中傳統的政府委託業務，會員共同利用業務，生豬和蔬菜等的共同運銷業務，果蔬、花卉及家畜等市場業務，休閒農產和加油站等服務業務以及食品廠、加工廠、飼料廠等其他產業幾乎陷於停滯狀態，板農活力超市業務則呈現出一枝獨秀，快速發展的局面。板橋農會針對自身實際，以「建立一個對人、對地球友善的環境，兼對永續農業的支持」為使命，積極落實「愛臺灣，愛農業，為消費者把關」的精神，以「綠色企業、永續經營、整合資源、雙贏共好」作為目標，將業務領域擴大到活力超市，積極推廣樂活概念型態的消費模式，推廣天然、有機、優質、健康產品，提升臺灣農產品的經濟價值。同時，板橋農會還順應住宅經濟和信息化快速發展潮流，大力推動網絡購物和消費新模式，延伸板橋農會多元服務價值。2002 年推廣發芽米轉型成功後，板橋農會即成立了全臺第一家米的旗艦店推廣臺灣優質農特產品。

　　2008 年 3 月 12 日臺灣農會界首家樂活概念超市在板橋農會辦公大樓正式開業，營業面積近 1500 平米，板農超市以「天然、有機、優質、健康」為理

念，希望為廣大農民和消費者提供一個舒適、安全、便利而具有教育意義的購物環境。超市內產品共分為（一）臺灣好米旗艦店，集合全臺農會及產銷班的優質好米；（二）臺灣優質農特產品，囊括了臺灣各地農特產品以及農委會百大精品農產品；（三）有機物無毒生鮮蔬菜瓜果區，包括了全臺灣各有機農場生產的有機無毒蔬菜水果，每天新鮮配送到板農活力超市；（四）健康有機產品，彙集了臺灣各地所有知名品牌的健康有機產品；（五）環保清潔商品，嚴格篩選由農特產品作為原料製成的各種天然無污染的商品；（六）冷凍生鮮食品區，包括臺灣各地備案、無抗生素以及經過品質認證的生鮮食品，包括雞、鴨、豬、牛等肉類，以及魚、蝦等各式海鮮食品；（七）休閒食品類，提供各類休閒餅乾、點心；（八）味自慢自製商品區，活力超市每日提供新鮮快餐、滷味、小菜、飲品等，給顧客提供更多的選擇。表 5-5 是板橋區農會活力超市經營業績一覽表。

表 5-5　新北市板橋區農會活力超市經營業績一覽表

項目 年份	超市數量	營業總額（千元）	收益（千元）
2011	1	200328	49232
2012	1	196134	48935
2013	1	214474	52987
2014	1	213755	52256
2015	1	225229	52828
平均	1	209984	51248

資料來源：根據臺灣地區各級農會年報（2012～2016 年）數據整理。

板農活力超市堅持為消費者健康把關的宗旨，同時強調屬地消費理念，以樂活永續為最終目標，聯合全臺多家產地農會和合作社，通過嚴格檢測和細緻把關，切實保證商品質量，讓消費者更加瞭解和認同有機、健康、安全的農特產品。同時，板農樂活超市還定期舉辦各種 VIP 會員生活講座，提供超市刊物和信息，舉辦各種節慶和促銷活動，豐富會員客戶的生活。板農活力超市正在逐步發揮生產、加工和銷售一體化功能，落實生產者、消費者和輔導機構的資源整合力度，為廣大會員和消費者提供更加健康、幸福的生活服務。

第二節　鄉村型農會個案——雲林縣二崙鄉農會

一、二崙鄉農會及其歷史沿革

　　1661 年鄭成功爲把臺灣建設成爲反清復明基地，帶著明室遺臣，率兵二萬五千，自金門出發在鹿耳門（今之安平北方海口）登陸，攻下赤嵌城，結束了荷蘭人對臺灣三十八年的統治，並於赤嵌城設承天府，轄北路天興縣、南路萬年縣，當時二崙、西螺及崙背一帶隸屬天興縣。1683 年 6 月，靖海侯施琅率兵攻克臺灣後改承天府爲臺灣府，隸屬福建省，改天興縣爲諸羅縣，分萬年縣爲臺灣，鳳山兩縣。當時二崙地區即隸屬諸羅縣。1722 年，因諸羅縣幅員過大，於虎尾溪以北增設彰化縣轄十保，當時二崙、崙背及麥僚一帶合稱布嶼稟保，與西螺保同隸彰化縣。1887 年，全島行政管轄區域再調整，增設臺北府。臺灣府仍管轄臺灣、鳳山、恒春、諸羅及彰化等五縣。當時布嶼稟保劃分爲布嶼東堡（二崙一帶）及布嶼西堡（崙背一帶），均仍隸屬彰化縣。1900 年 8 月，清廷正式建立臺灣省，命劉銘傳爲巡撫。全島分臺北、臺灣及臺南三府，下置十一縣三廳。雲林縣即爲新設縣之一，隸臺灣府。縣治設於竹山鎮林杞埔雲林坪。此時二崙地區仍稱布嶼東堡。1904 年行政管轄區域又調整，全島改設二十廳，雲林地區設斗六廳。布嶼堡（二崙、崙背一帶）改隸斗六廳。1908 年甲午戰爭中國戰敗，清廷割讓臺澎給日本，日政府將行政區域調整爲臺北、臺灣及臺南三縣實施軍政。縣之下設支廳，廢嘉義雲林兩縣合併爲嘉義支廳，布嶼東堡乃改隸嘉義支廳。1911 年行政區域再次調整，改設臺北、臺中、臺南三縣及宜蘭、臺東、澎湖三廳。縣之下設辦務署，臺中縣之下於雲林地區設斗六、北港二辦務署。此時二崙、崙背一帶合稱布嶼堡隸屬北港辦務署。1920 年全島行政管轄區域大幅調整，廢廳設州，全島劃分爲臺北、新竹、臺中、臺南、高雄等五州。臺南州下設新豐、北門、新化、新營、嘉義、東石、大林、北港、虎尾及斗六等十郡。此時油車區改稱二崙莊，隸屬虎尾郡。1922 年行政管轄區域再次調整，設十二廳。將斗六劃分爲斗六、土庫、西螺、北港及下口湖等五支廳，隸屬嘉義廳。西螺支廳之下設西螺、新社、油車、崙背及麥僚等五區。布嶼堡即劃分爲油車及崙背二區。

　　1945 年，日本投降，臺灣光復，地方行政仍以日據時期之五州三廳爲基礎，改爲八縣、九省轄市。但郡改爲區，街莊改稱鄉鎮，保稱村裏，甲改稱

鄉。此時二崙莊改稱二崙鄉，隸屬臺南縣虎尾區。1950 年，臺灣省行政管轄區域重新調整，全省劃分為五省轄市、十六縣。原之臺南縣劃分為臺南市及臺南、嘉義、雲林等三縣，二崙鄉隸屬雲林縣至今。〔註3〕

據臺灣府志、諸羅縣志等史料記載，1701 年漢人開始屯墾二崙地區以來，先後有七、八十個族人渡海來臺，散居於田尾、湳仔、三和、來惠、楊賢、義莊各村以及西螺鎮各里、崙背鄉港尾等地。後又有李姓先人開拓油車、大義、港後、永定等各村，鍾姓先人開拓定安、永定村，楊姓先人開拓楊賢村。經過歷代先人們付出的心血和汗水，將昔日荒蕪之地，變成今日肥沃而又農產豐富的黃金農地，更變成臺灣地區首要農業生產地，諸如二崙米、二崙西瓜、香瓜以及二、三十年前的二崙柳橙均揚名國內外，尤其是二崙鄉於七十年來更有臺灣穀倉之雅譽。

二崙鄉農會創立於 1926 年，當時叫「有限責任二崙信用購買組合」，1932 年改為「有限責任二崙信用購買販賣利用組合」，1936 年更名為「保證責任二崙信用購買販賣利用組合」，1942 年改為「二崙莊農業會」，1946 年分為「二崙鄉農會」及「二崙鄉合作社」，1949 年再一次改組為「二崙鄉農會」，1957 年、1961 年、1965 年、1984 年分別設立油車、永定、三和辦事處及果菜市場。成立 80 餘年來，二崙鄉農會在歷任首長帶領下，在全體職員和會員的共同努力下，始終依據農會法規定，結合推廣教育、供運銷、保險及金融服務等綜合性業務功能，以提取供銷和金融兩個事業部門的盈餘來推動辦理推廣教育及農民保險業務的事業經費，回饋農會會員及地方群眾。

二、二崙鄉農會組織運營與服務保障體系

二崙鄉農會包括推廣股、供銷部、保險部、信用部、會務股、會計股和企劃稽核股 7 個職能部門，油車和永定兩個辦事處及三和分倉，還下轄一個果菜市場、一個碾米工廠和一個稻穀乾燥中心。崙東、崙西、來惠、三和、湳仔、田尾、定安、永定、大華、義莊、楊賢、港後、大義、油車、大莊、莊西、大同和復興等 18 個農事小組，其組織架構如圖 5-2 所示。二崙鄉農會作為典型的鄉村型農會，主要業務是傳統的農業推廣、供銷、信用和保險類。農會理事會主要負責有關會務審查、業務計劃實施、財務預決算以及需

〔註 3〕 資料來源於二崙鄉公所網站（http://www.ehlg.gov.tw/index.aspx），截止到 2016 年。

要提請會員代表大會表決的事項。監事會則負責監察農會相關會務、業務及財務報告，行使農會監察權。至 2015 年底共有個人會員 6775 人，其中正會員 6047 人，個人讚助會員 728 人。會員代表 44 人，理事 9 人，監事 3 人，農事小組組長 18 人，上級農會代表 3 人。聘用員工 64 人，其中信用部 37 人，占 57.8%；推廣部門 7 人，占 10.0%；供銷部門 6 人，占 9.4%；其餘 14 人分佈在總幹事室、會務、會計、保險和企劃稽核等部門。員工中大專以上 35 人，占 54.7%，50 歲以下 33 人，占員工總數 51.6%。〔註 4〕

圖 5-2 雲林縣二崙鄉農會組織架構圖

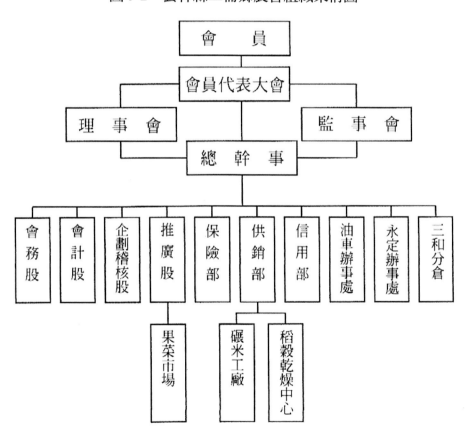

二崙鄉農會會務股主要負責受理申請入會、出會、變更；會員資格提報及申請；會員數據文件、管理；召開各種法定會議及會議紀錄報備、議決案

〔註 4〕臺灣地區各級農會年報，中華民國農會編，2016 年，第 103、104、113、114、123、124 頁。

執行；選舉及選任人員數據管理；產權管理；財產購置、登記、維護、保管、修繕；員額配置、人事數據管理；員工管理、獎懲、考核、遷調；人事評議報備；文書檔案管理；收發文及印信管理；文具用品及消耗品之訂購、登記、管理；核發員工薪津、勞健保險等。會計股負責會計報表的編制與呈報，含日報、月報、及年報；審核各部門單據、書表並編造記帳憑證；掌管財務、報表及預算決算編審控制、賬務登記、單據審核及資產管理，並編制會計報告分析財務狀況及經營績效，供決策層參考；企劃稽核股負責本會業務及賬務的稽核，員工平時績效記點考核、教育訓練及人力規劃事項，有關新辦事業的規劃、研究開發評估事項等；推廣股主要負責農事推廣教育、四健推廣教育和家政推廣教育等工作。

　　二崙鄉農會的農事推廣教育主要是以成年農民為對象，傳授他們農業新知識和新技能，並輔導農業產銷班的工作，促使農民降低成產成本，提高產品品質。現階段二崙鄉農會以班為基礎，共設置農業產銷班 57 班，合計 1,178人、CAS 吉園圃產銷班〔註5〕37 班，合計 482 人，辦理項目計劃、農民組訓教育工作，推廣新的生產技術及農業知識，增加農民收益；辦理蔬果共同運銷、設有港後、楊賢、大華、崙西、定安、新興、莊西及田尾等八個集貨場；定期舉辦農業產銷班幹部訓練與研習觀摩活動，鼓勵農民加入組織的運作，學習新知識、新技術。並配合推行農業機械化，提高效率及節省生產成本，增加農民收益；設立蔬果農藥殘留生化檢測站，並倡導農藥安全使用及病蟲害防治技術，生產安全、衛生蔬果，確保消費者安全；設有二崙果菜市場，為全省經銷商及果農提供交易場所；輔導洋香瓜隧道式栽培，精緻蔬菜計劃、蔬果溫式栽培，導向生產履歷 CAS《吉園圃》為目標。提供農業生產資材補助（如農藥、有機肥料、土壤改良物……），以降低農民生產成本，增加收入；辦理蔬果共同運銷講習訓練，加強分級包裝技術及作物栽培研習觀摩，配合政府輔導一鄉一特產，本鄉今年特研發出獨步全球的「黃金方型西瓜」，每年並舉辦西瓜文化節評鑑促銷活動；舉辦農村文化活動、農機訓練及

〔註 5〕 吉園圃蔬菜產銷班：「吉園圃」是由英文「GAP」音譯而來。「GAP」是 Good Agricultural Practice 的縮寫，意思是優質農業實踐。簡單的說就是使用最合乎自然的耕作條件來種植農作物，減少因為農業而帶來的對自然環境的傷害，適時適地適種就可以合理的使用農業生產資料，依此原則所生產農產品也一定會是優良農產品（Good Agricultural Product），也簡寫為「GAP」。因此「吉園圃」可以代表由優質農業實踐所生產的優良農產品。

巡迴服務。配合政府輔導項目農民，推動新農業政策，依據其產製資金需求辦理項目貸款，解決經營資金缺乏問題，讓臺灣農業亮起來；推行水旱田利用調整政策（稻田轉作、休耕），建置稻米產銷專業區，加強品種改良繁殖，輔導稻作農友種植良質米，提高稻米質量與稻作收益；因應新農業運動發展方向，宣傳農事法令，保障農民權益。

為了更好營銷本地優質農特產品，二崙鄉農會每年都會投入大量的人力、物力和財力進行農特產品的推廣與促銷，同時，結合雲林縣政府及雲林縣農會的力量，將二崙鄉的吉園圃蔬菜、西瓜、優質米及花卉等作物推薦給民眾，每年預計舉辦場促銷推廣活動。

四建推廣教育主要輔導有志從事農業經營工作的農村青年創業，並協助辦理青年創業貸款；鼓勵農村青年參加政府舉辦的長期性農業專業訓練，並施以第二專長訓練，以專精農村青年的知識技能，成為現代化農工人才；加強學校四健作業組知識及技術，辦理各項教育性觀摩及康輔訓練，招募青年加入四健會；透過各項活動的進行，灌輸有關農業知識與技能，使其以四健會「精益求精」為座右銘，發揚「身心手腦」並以服務社會為目的；推動「漂鳥計劃」，引導年輕人認識農業，吸引青年歸鄉築巢；協助學校推動美化、綠化環境，建立優雅校園，增加小區休閒環境。

家政推廣教育主要以農村婦女為對象，輔導辦理農家生活與環境改善，利用家政班集會教導烹飪技術，改善農村膳食、婦女副業技能訓練，推動高齡者生活改善計劃；推行美化、綠化、淨化環境，發展農業產業文化計劃工作等各種講習或研習活動，並配合政府鼓勵農民學習第二專長訓練班；開辦農村老年、農村婦女家庭教育系列成長團體班，目前有強化家政功能班 12 班、高齡者生活改善班 3 班、農家有機廢棄資源化處理班 1 班；舉辦各種講習及訓練以宣傳新知，避免農村婦女與社會脫節，提升農家生活質量；強化親子教育及家庭功能；營造農村健康生活及生產支持體系計劃之推展。

此外，二崙鄉農會推廣股還負責文化福利教育，主要辦理農民節文化慶典活動及表揚優秀農友；辦理會員子女獎學金申請，以鼓勵農村子弟就學，提高農村文化水平；召開農事小組長會議，重視農友心聲，改進並推動本會各項業務；編列小區維護費，加強本鄉環境景觀維護，美化小區環境，積極參與地方公益，主辦或協辦地方公益活動。

二崙鄉農會供銷部主要業務分為三部分（一）政府委託業務：經收公糧：

主要經營管理公糧、辦理公糧的收購和保管工作；代管稻穀，接受委託加工業務。（二）供銷業務：主要包括肥料配銷、白米銷售和門市部。肥料原係政府委託業務，自 2002 年起開放民營後，成為自營業務。二崙鄉農會主要銷售臺灣肥料公司產品，包括硫酸銨、尿素、粒狀過磷酸鈣、氯化鉀、1 號復合肥料、5 號復合肥料、39 號復合肥料、43 號復合肥料等，每年銷售約 30000 餘噸；二崙鄉農會專營白米製造、加工、銷售，並籌建大型稻穀乾燥中心，經低溫乾燥冷藏儲存，改善米質，年乾燥量大約 3000 噸；本著服務農民，供應生活必需品，薄利多銷的宗旨，二崙鄉農會開辦門市部，透過三級農會供銷系統，集中採購廉價供應飼料、農藥、日用品等並辦理飼料代銷制度，為廣大會員提供物美價廉的日常生產和生活用品，減少農民時間及金錢負擔。（三）共同運銷業務：主要包括蔬菜共同運銷、水果共同運銷和生豬共同運銷。輔導農民們種植方型西瓜，首創臺灣農業新紀元，導向農業精緻化，履次參展，頗受消費者讚譽；採用溫室設施栽培種植高經濟蔬果約 600 公頃，提升農產品質量，開拓市場之競爭力，每年為農民賺取相當可觀利潤；每年辦理蔬菜、水果和毛豬共同運銷分別達到 12,000 餘噸、800 餘噸和 10000 餘頭。2016 年配合政府首次辦理成豬死亡保險 224,500 頭。

保險部主要業務是協助辦理各種保險以及各種補助津貼的申請與發放。（一）農民健康保險：是為了增進農民福利，維護農民健康，而給予農會會員及年滿 15 歲以上從事農業工作的農民而開辦的保險種類，主要包括生育給付、殘廢給付、喪葬津貼。（二）眷屬依附健保：主要針對未滿 20 歲，仍在學，或者畢業後或者退伍後一年內，不能養活自己者給予。（三）老農津貼承辦：主要針對年滿六十五歲，且為農保被保險人，未領取社會保險老年給付或同一期間內政府發放的生活補助或津貼者的島內居民，最近 3 年內每年居住超過 183 天，申領時參加農保且合計繳費 15 年以上者方可領取。（四）農保給付申請：主要包括生育給付、喪葬津貼和身心障礙給付。（五）家畜保險：主要包括舉辦養豬講習，促進生豬飼養管理科學化，減少疾病發生，提高養豬收益及生豬運銷量配合雲林肉品市場、臺中肉品市場、臺北縣家畜市場、南投肉品市場、彰化肉品市場運銷生豬，配合政府政策，增加生豬保險頭數，辦理成豬死亡保險就，分擔養豬戶風險，配合鄉公所爭取補助購買優良種豬，改良品種，以因應加入 WTO 衝擊，配合政府政策。

二崙鄉農會信用部業務主要包括：接受各種活期、定期及支票存款業

務，受理消費性貸款，放款及農貸資金辦理；代理公庫支票和退稅；代售統一發票；代辦各保險公司汽、機車強制險、任意險、個人意外險、旅遊平安險及儲蓄；提供 ATM 機服務；代收稅費、國民年金，公用事業、電信費，黨費，政府機關款項，學雜費，保險費，信用卡費，有線電視、寬帶費，雲林縣職業工會會費及其他有關費用。二崙鄉農會始終遵循「農會是咱的好鄰居」的原則，肩負起發展農村經濟的重任，信用業務更是以誠信、關懷、服務及回饋的信念與行動，贏得了農民和會員客戶的完全信任與支持，健全經營機制，提高營運績效，切實保障客戶的權益。農會盈餘關係著農會資產增值和推廣經費的多少，也是辦理關懷、回饋會員及社區活動的主要來源。

　　二崙鄉農會企劃稽核股主要負責政府法令、財務、業務、信息的搜集、分析、整理與研究；新辦事業的規劃、開發、研究與評估；農會業務的聯繫、協調、追蹤與考核事項；辦理員工訓練及人力規劃；制定及執行稽核制度以及業務自行查核等。

　　隨著經濟全球化步伐的加快，臺灣農會組織也面臨各種挑戰，除了政府積極推動的農業創意轉型外，全球化趨勢的影響和加入 WTO 後的衝擊效應都造成了農民作業環境和農會業務的巨大轉變。在這種大的環境形勢下，二崙鄉農會堅持在逆境中求穩定，在穩定中求成長，在順境中求進步，在進步中求發展的創新策略，堅持以穩健發展、開源節流作為農會經營的原則，充分利用現有資源建立健全的產運銷體系，朝向全面化、多元化和精緻化的方向發展，來增加農民的收益。積極配合政府各項政策，結合休閒旅遊、生態保護與有機栽培等方式，協助農民提升農田利用效率，結合農會的組織進行創意轉型、多方開闢農業的高附加值。同時，二崙鄉農會還積極順應邁向信息時代的潮流，將各項業務全面引入信息化，大力培訓人才、善用人才、加強信息專業技能的研討交流，以提升二崙鄉農會員工的專業素質及工作技能，建造生活機能更健全的營業環境。近年來，二崙鄉農會始終與會員朋友攜手凝聚共識，在瞬息萬變的艱難環境中與農民朋友共創成勸，為臺灣農業的未來描繪新的藍圖，一同昂首迎向臺灣農業的新世紀。

三、二崙鄉農會對鄉村建設的貢獻

　　二崙鄉農會作為雲林縣二崙地區網點最發達，功能最完善，服務最滿意，成立最早的農民組織，始終堅持「保障農民群益，提高農民知識技能，促進

農業現代化，增加生產收益，改善農民生活，發展農村經濟」的宗旨，成爲二崙地區農業轉型發展，農村繁榮安定以及農民成長進步的重要推動力量，也爲二崙地區工業化和城鎭化發展，以及整個雲林縣經濟社會發展做出了巨大貢獻。

截至到 2015 年底，二崙鄉農會資產總額約 126.4 億元，其中流動資產61.9 億元，占 49%；放款總額 61.5 億元；固定資產 1.9 億元，占 1.5%；其他資產 1526 萬元。農會事業資金合計 10 億元，資產淨值 10.4 億元，其中推廣部門 811 萬元，保險部門 50.5 萬元，信用部門 9.1 億元，經濟部門 1.2 億元。〔註6〕表 5-6 是二崙鄉農會 2015 年各項事業成就一覽表。

表 5-6　2015 年雲林縣二崙鄉農會主要業務和成就一覽表

部門和分類		主　　要　　成　　就
推廣事業	農村社會事務	農村副業技能訓練班 2 班，165 人；發放獎學金 898 人，金額 723 萬元；代書服務 1345 件；其他福利設施與文化服務 28 班，參加人數 2354 人；代耕面積 4585 公頃；育苗中心 3 處，面積 32 公頃；康樂活動 11 次，1858 人。
	推廣教育	農事推廣：18 個村裏，產銷班 67 個，人數 1526 人，事業費 260 萬元；四健會：18 個村裏，義務指導員 6 人，作業組 3 個，會員 103 人，事業費 34 萬元；家政推廣：村裏 18 個，義務指導員 37 人，改進班 37 班，人數 780 人，事業費 66 餘萬元；訪問、集會、結果示範、新聞報導、展覽展示、經驗發表、講習訓練、觀摩研習和競賽等共 3339 次，參加人數 8209 人次。
經濟事業	政府委託	在經濟事業方面，二崙鄉農會通過開展經收稻穀、稻穀碾糙米、糙米碾白米、碾餘米等政府委託業務代行政府各項政策措施，同時爲廣大農民會員提供服務。
	會員共同利用	農倉業務稻穀 999 噸，冷藏 1810 噸，加工稻穀 1132 噸。
	供　銷	開辦門市部 3 處。
	運　銷	共同運銷：生豬 12500 頭，蔬菜 20416 噸，手續費收入 1738 萬元。
	市　場	果菜 1734 噸，總收入 44 萬元。
金融事業	存放款	存款 113 億，放款 68 億元，信用部盈餘 5660 萬元。
	代　理	統一發票 3454 本，通匯 75132 件，票據業務 21387 件，代收煙酒款 2000 元，其他代收 64 萬元，代辦保險業務手續費 287 萬元，代辦及手續費總收入 499 萬元。

〔註 6〕臺灣地區各級農會年報，中華民國農會編，2016 年，第 343、353、364 頁。

保險事業	家　畜	一般保險豬、牛、羊共 439907 頭；運輸傷亡保險 12500 頭，收入 22 餘萬。
	農民健康保險	實際參保 10850 人，其中會員 5094 人，非會員 5756 人；生育給付 55 人，金額 114 萬元；喪葬及殘疾補助 308 人，金額 5208 萬元。
	全民健康保險	實際參加 16565 人，其中會員 5110 人，會員家屬 2143 人，非會員 5811 人，眷屬 3501 人。
	老年福利津貼	發放老年福利津貼 4274 人，其中會員 2524 人，非會員 1750 人。

資料來源：根據臺灣地區各級農會年報（2016 年）製表。

　　近年來，二崙鄉農會主要通過開辦農村副業技能訓練、發放獎學金、代書服務以及辦理其他福利設施與文化服務等農村文化福利事業，開展農會會員代耕事業，成立農會育苗中心，組織開展一系列康樂活動等為廣大會員提供服務，活躍了農村業餘文化生活，提高了農民知識和技能，使他們能更好、更高效的從事農業生產及相關產業活動，帶動了整個二崙地區農業農村發展、經濟文化繁榮和社會進步。如表 5-7 所示。2015 年二崙鄉農會開展農村副業技能訓練班 2 個，參加人數 165 人；發放獎學金 898 人次，金額 723 萬餘元；開展代書服務 1345 件；來辦育苗中心 3 處，總面積達到 32 公頃；辦理其他福利設施與文化服務 28 班，參加者達 2354 人次，辦理代耕面積 4585 公頃，組織開展大型康樂活動 11 次，參加人數 1858 人次。〔註7〕上述各項活動為廣大會員提供生產和生活服務，豐富了他們的業餘生活，在切實保障農民權益的同時，也大大提高了農民的生活質量。同時，大園鄉農會還積極開展農民第二專長訓練和農村青少年創業訓練等多種文化技能培訓，提高農民知識技能。

表 5-7　雲林縣二崙鄉農會推行農村社會事務一覽表

項目 年份	農村文化福利							代耕事業	育苗中心		康樂活動		專　案	
	農村副業技能訓練		獎學金（萬元）		代書服務	其他福利設施與文化服務							農民第二專長訓練	農村青少年創業訓練
	班	人	金額	人數	件	次數	人數	公頃	處	公頃	次	人數	人次	人次
2011	2	126	893	1333	150	24	2630	9000	—	—	7	1590	—	126
2012	2	130	1346	1047	160	25	2660				8	1815	—	—

〔註 7〕臺灣地區各級農會年報，中華民國農會編，2016 年，第 133、134 頁。

2013	2	160	699	958	168	26	2760	—	—	—	10	2020	—	—
2014	2	160	750	982	175	20	2340	—	—	—	13	2210	—	—
2015	2	165	723	898	1345	28	2354	4585	3	32	11	1858	—	—

資料來源：根據臺灣地區各級農會年報（2012～2016 年）數據製表。

作爲農業推廣教育主要內容的農事、家政和四健推廣依然是二崙鄉農會的重要工作內容。近年來，二崙鄉所轄 18 個村積極推動農事產銷班和示範家庭建設，組織家政改進班，建立四健作業組，培訓義務指導員到各地參與指導服務，提高了農民專業素質和生產技能，促進了農民之間和諧相處，推動了整個地區的文化建設和進步。2015 年，二崙鄉農會在所屬 18 個村共舉辦農事推廣產銷班 67 班，參加人數 1526 人；家政推廣組織家政改進班 37 班，參與會員 780 人，有義務指導員 37 人；四健推廣作業組 3 組，擁有會員 103 人，義務指導員 6 人；農業推廣教育累計投入經費超過 570 餘萬元，其中推廣部門事業費達到 361 萬餘元，僅此一項會員人均平均就超過 1500 餘元。〔註8〕同時，二崙鄉農會還積極深入農家進行訪問，通過集會，新聞報導或廣播，展覽及展示，各種訓練、比賽、觀摩、競賽等一系列活動，傳播農業科技知識、報導先進人物事蹟、推廣先進指導方法、服務廣大會員民眾。2015 年二崙鄉農會累計舉辦各種推廣方法及活動 3339 次，參加人數 8209 餘人次，會員人均參加 1.4 次。〔註9〕

在經濟事業方面，二崙鄉農會通過開展經收稻穀、稻穀碾糙米、碾餘米等政府委託業務代行政府各項政策措施；積極開辦農民購物中心，推動生豬、蔬菜等農產品的供運銷和農業倉儲等服務；二崙鄉農會非常注重市場業務的培育和開展，籌備建立了生豬、果菜及花卉銷售市場，增加了農民的生產收益，方便了農民群眾生產生活，爲各級農會及產銷班的果蔬和花卉營銷提供交易場所，提供優質服務。近年來二崙鄉農會供運銷及市場業務成就如表 5-8 所示。截止 2015 年底，二崙鄉農會共辦理生豬共同運銷 12500 頭，蔬菜共同運銷 20416 噸，果菜市場銷售 1734 噸，手續費總收入超過 1738 萬元。〔註10〕

〔註8〕臺灣地區各級農會年報，中華民國農會編，2016 年，第 143、144 頁。
〔註9〕臺灣地區各級農會年報，中華民國農會編，2016 年，第 153、154、163 頁。
〔註10〕臺灣地區各級農會年報，中華民國農會編，2016 年，第 183 頁。

表 5-8 雲林縣二崙鄉農會供運銷及市場業務一覽表

數量：頭、噸　金額：萬元／新臺幣

業務 年份	共同運銷		手續費 總收入	一般稻 穀運銷	市場業務			市場總收支	
	生豬	蔬菜			果菜	花卉	家畜	收入	支出
2011	11969	17191	1267	－	2767	－	－	76.2	20.3
2012	12146	17582	1364	1918	－	－	－	60.5	14.8
2013	16174	19699	1529	3747	－	－	－	49.7	12.5
2014	14429	19978	1519	6411	－	－	－	80	25
2015	12500	20416	1738	－	1734	－	－	43.5	33.3

資料來源：根據臺灣地區各級農會年報（2012～2016年）數據製表。

　　二崙鄉農會信用部作爲重要的業務部門，也是農會日常運轉和推廣事業經費的主要來源。自始至終都承擔著爲農民會員提供資金融通和小額貸款等金融服務職能，承擔著二崙鄉農民會員絕大多數的存款和貸款業務，爲他們提供生產和生活所必需的資金，促進農家經營效率的提升，配合政府各項農業政策得以順利推行，同時也爲二崙鄉農會的農業推廣、供運銷和保險等業務發展做出了巨大貢獻。二崙鄉農會信用部主要業務內容包括接受會員及同戶家屬的活期、定期、儲蓄及支票存款；辦理會員及同戶家屬的放款；受政府機關及銀行委託代、放款項；會員從事農業產銷所需設備的租賃；臺灣島內匯兌業務；代理收付款項；代理鄉鎮（市）公庫；出租保管箱；其他經上級部門核准辦理的業務。2015年二崙鄉農會累計存款113億元，存款利息支出6680餘萬元；放款68億元，放款利息收入1.5億元。2015年信用部代售統一發票3454本，代辦通匯75132件，代收、代付票據業務21387件，其他代收款項64萬元，代辦及手續費總收入499萬元，代辦保險業務手續費收入287萬元，2015年信用部全年存款平均餘額110億元，信用部全年放款平均餘額58億元。〔註11〕近年來二崙鄉農會信用部主要金融業務類別及成就如表5-9所示。

〔註11〕臺灣地區各級農會年報，中華民國農會編，2016年，第204、213、214、223、224、233、234頁。

表 5-9　雲林縣二崙鄉農會金融業務一覽表

數量：件　金額：萬元／新臺幣

項目 年份	存款		放款		代　理　業　務						
	合計 存款	利息 支出	合計 放款	利息 收入	代售 發票	代辦 通匯	代收 票據	代收 煙酒	其他 代收	保險 手續費	手續費 總收入
2011	984526	6197	328666	16571	4536	58772	24280	0.2	18	43	212
2012	1028913	7069	318319	14706	4390	60447	23640	8	59	2	301
2013	1073112	6958	284165	12373	3691	61664	23120	525	22703	306	8303
2014	1101182	6585	463963	12223	3465	63872	22666	548	26237	529	17750
2015	1128304	6684	674609	14582	3454	75132	21387	0.2	64	287	499

資料來源：根據臺灣地區各級農會年報（2012～2016 年，中華民國農會編）數據製表。

　　二崙鄉農會保險部門主要針對本地農業地區特點和保險部門業務功能開展家畜保險、農民健康保險、全民健康保險和發放老年福利津貼等業務。表 5-10 是近年來二崙鄉農會保險部門業務績效一覽表。家畜保險業務又分為一般保險和運輸傷亡保險，主要辦理生豬、乳牛和羊等的傷亡和運輸傷亡等的保險業務；農民健康保險主要辦理農會會員和非會員的生育保險，喪葬和殘疾補助等；全民健康保險則主要辦理會員及眷屬，以及非會員及眷屬的各種保險業務；老年福利津貼主要針對失去勞動能力和年老體邁的本地農民，發放各種津貼和補助，以保障他們的生活水平和身體健康。2015 年二崙鄉農會保險部門累計辦理一般家畜保險 439907 頭；運輸傷亡保險 12500 頭；農民健康保險實際參保人數 10850 人，其中會員 5094 人，非會員 5756 人；生育給付補償 55 人，金額 114 萬元；喪葬及殘疾補助 308 人，金額 5208 餘萬元；繼續辦理全民健康保險參保人數 16565 人，其中會員 5110 人，會員家屬 2143 人，非會員 5811 人，非會員家屬 3501 人；發放老年福利津貼會員 2524 人，非會員 1750 人。〔註12〕這一系列保險業務的開展，有力保障了二崙鄉農民的生活水平和生產秩序，也為本地區農業生產和農村繁榮穩定發揮了至關重要的作用。

〔註12〕臺灣地區各級農會年報，中華民國農會編，2016 年，第 243、244、254、274、313、314 頁。

表 5-10　雲林縣二崙鄉農會保險業務一覽表

數量：頭／人　金額：萬元／新臺幣

項目 年份	家畜保險						年底有效頭數	農民健康保險						全民健康保險				老年農民福利津貼	
	一般保險		運輸傷亡保險		死亡賠償			參加人數		生育給付		喪葬及殘疾補助		會員		非會員		會員	非會
	數量	金額	數量	金額	數量	金額		會員	非會	人數	金額	人數	金額	本人	眷屬	本人	眷屬		
2011	434923	－	11969	1287	12485	1129	212728	5255	6596	100	206	358	6032	5217	2166	6557	4469	2636	1810
2012	10526	－	12146	16	360964	－	178989	5396	6385	88	164	369	5142	5354	2267	6338	4146	2578	1864
2013	367922	1094	16174	21	179450	964	188472	5400	6169	85	180	318	5392	5359	2312	6150	3907	2610	1790
2014	357627	1065	17000	21	2613	325	3771	4904	5912	59	119	348	5613	5261	2267	5917	3657	2555	1774
2015	439907	1283	12500	22	11753	1062	217366	5094	5756	55	114	308	5208	5110	2143	5811	3501	2524	1750

資料來源：根據臺灣地區各級農會年報（2012～2016，中華民國農會編）整理製表。

研究結論

一、臺灣農會是把農民「組織起來」並不斷發展變革的農民組織

臺灣農會是把廣大農民有效「組織起來」的組織。是以促進農業發展、維護農民利益爲目的的非營利性群眾組織，它通過推廣、教育、經濟、信用、保險、社會福利等事業的發展，促進農業生產合作組織的發展，提高農業生產力和農業生產者的經濟與社會地位，促進經濟發展等目標。具有協助政府執行政策、繁榮農村與教育農民的使命。

光復初期，農會在政府主導和扶持下經過多次改組逐漸成爲一個「民有、民治、民享」的農民自治組織。農會歷經兩次重大改組後便積極協助政府參與土地改革，幫助廣大佃農獲得土地「所有權」，造就了大批自耕農。隨後農會繼續協助政府調整與建立臺灣整體農業制度，扶植和培育核心農業專家，擴大農場經營規模，提高農民所得，眞正實現「地進其利，地利共享」；通過其與政府之間獨特的「農村發展治理機制」，推動「新農業運動」，建立老農退休機制，促進農業勞動結構年輕化和農地使用多樣化，不斷改善農民生活和農村衛生狀況、培養農村領導者和農業生產精英。同時，通過實行企業化經營，強化土地和銀行等金融機構的聯姻，進一步培養廣大農民參與市場競爭的能力，推動農業轉型升級和實現農業現代化的目標。2004 年實施的臺灣「農業金融法」順應民眾需求，完善農村金融管理體制，實現了農業金融監管的一元化領導，政府也開始推行「以金融支持農業的正常發展，以農業維持金融的穩定成長」的政策。

二、臺灣農會是具有多目標功能的「政府夥伴」

農會是臺灣農村發展政策的執行代理者，農會與政府形成一種獨特的「治理機制」，〔註1〕傳送農村發展所需的「公共服務」。農會與農民所形成的獨特信任與根深蒂固的網絡關係，不但有助於農業政策的執行，而且也是農村社會政治穩定的基石。在農會發展過程中，政府不但通過一系列法律、法規為農會發展營造一個良好外部環境，而且還為農會信用部注入大量低息貸款，增強農會實力，各種農業政策通過農會組織實施，既增強了農會與會員的聯繫，還通過法律確保農會成為真正的農民團體。臺灣農會以其不斷發展、變革和完善的彈性化組織架構和靈活多樣的運營管理，充分發揮其公部門的公信力以及私部門的活動力，來彌補政府機構行政資源分配的不足，積極配合併執行政府有關政策，全方位服務於農業企業和農民大眾，通過充當政府與民眾溝通的橋樑紐帶，成為推行農業政策，推動農村發展和促進農民進步的「政府夥伴」。

農會組織架構與結構功能隨臺灣農業政策調整和農業發展階段而不斷走向現代化、信息化和國際化，但其具有的教育、經濟、政治、社會和文化等多目標功能沒有改變，始終圍繞教育、組織和引導農民，提高農民素質，培育現代化新型農民，著力推動農業永續發展和富麗鄉村建設等目標任務而發展變化的。

農會在自身結構功能不斷發展變化以適應政府農業和鄉村發展政策的同時，還積極發揮其教育、經濟、社會、服務和政治性功能。臺灣農會四大部門中，信用部門是關鍵，推廣、供銷和保險部門是基礎。信用部是農會最主要的經濟來源和發展業務的支柱，其他三個與農民密切相關部門的服務是支持信用事業發展的基礎。各個部門互相依託，緊密配合，共同形成一個完整的體系，經濟功能直接促進臺灣農業現代化和農村發展繁榮，其透過推廣和教育提供的社會功能，也同時創造出政治性功能，成為保持臺灣農村政治穩定的基石。推廣部門是農會的重要組成部分，推廣事業更是各級農會的主要任務之一，尤其是在臺灣農業發展的早期，各級農會組織通過農業推廣教育提高農民文化技能，培養農民接近和適應市場的能力，培育農村地區領導人

〔註1〕 公共行政科學有關「治理典範」（governance paradigm）興起於上世紀 90 年代，強調政府與公民社會合作可以提升公共服務職能。參見 Kooiman (1994), Rhodes (1997), Peters and Pierre (1998), Pierre and Peters (2000)。

才，承擔了解放、教育、組織和引導農民，提高其營農意願，穩定農村社會的重任。

三、農會組織推動著臺灣農業發展和轉型升級

農業的穩定快速發展和轉型升級是實現農村發展繁榮和農民生存進步的重要前提，也是臺灣政府及各級農會組織的重要使命。臺灣各基層農會始終因應內在條件和外部環境的需求，不斷調整其結構和功能，依據農會法開辦各項業務，推動臺灣農業發展、轉型和升級，改善農民生活。通過組織各種農產品專業產銷班，大力培育供銷、運銷組織，促進農村地區農產品運銷體系的建設和供銷合作事業發展。同時，農會組織還注重政府委託業務和自營業務的發展，積極配合政府各項農業政策，適應政府和農民需求，發展相關業務。上述措施不但提高了農業生產的水平，還提高了農產品運銷效率，以及農業和農產品競爭力，切實增強了農民營農自信心和農民總體收入。

推動包括優質高效和休閒農業在內的特色精緻農業發展，實現農業轉型升級，促進農業永續發展是提升農業品質和整體競爭力的重要舉措。臺灣農會始終秉持「發展農業、建設農村、照顧農民」的政策，實施培育農業人才、規劃農業土地、健全產銷制度、創新農業技術、強化農民組織、調整漁業結構、增加農民福利及加強生態保護，積極調整農業結構，尋求振興農業的潛力與活力，使未來臺灣農業成為更具活力及永續發展的經濟產業。休閒產業作為二十一世紀的朝陽產業，是特色精緻農業的一部分，臺灣各級農會組織因應時代需要，結合發展與環保的環境經營理念，把農業與自然資源運用到國民休閒活動中，使其具有生物性特色而且能滿足遊客追求健康與知性需求，較好的推動了臺灣農業的永續發展。

四、農會是臺灣現代化鄉村建設的主要推動力量

推動永續繁榮的現代化鄉村建設是農會的又一重要使命。農會積極參與鄉村社區總體營造，建立環境優美、佈局合理、產業優化、安定和睦、特色鮮明、永續繁榮的富麗鄉村，成為臺灣農業發展和鄉村建設的最大亮點。整合性富麗鄉村建設是一種社會、經濟、政治和文化的過程，是現代化鄉村建設的重要支撐，主要包括鄉村社區總體營造，構建綠色生活圈，弘揚和傳承農村優秀文化以及保護自然和生態環境等幾個方面的策略。

弘揚和傳承優秀農村文化不但可以促進臺灣經濟和社會發展，還可以為

廣大農民提供寶貴的精神財富，促進其成長進步。優秀農村文化建設必須與自然環境相結合、與農村產業活動及生活型態相結合以及與傳統和現代相結合。臺灣農會在臺灣文化變遷過程中，始終圍繞著建立獨特的農村文化風格和文化認同等來發展農村文化，傳承農村文明。〔註2〕

臺灣農會還通過提供高效完善的普惠型農村金融體系和健全的社會服務保障體系來轉化農會社會資源，讓人人享有小額農貸的權力和機會，大力發展特色農業和農產品，實現農業的轉型、升級和永續發展，切實提升了臺灣農業的總體競爭力。

強化農民的政治參與意識，積極搭建農民和政府之間順暢、高效、便捷的溝通和交流平臺，是臺灣各級農會組織的重要任務，也是農會政治功能的主要體現。政治參與首先是個人對於社會或團體公共事務的參與，主要包括鄉村建設目標與策略的選擇、發展規劃、社區建設和休閒農業發展等。通過這些參與建立起農民和政府機構間的溝通和交流平臺，增強凝聚力和團結心，有助於增進其社區生活能力。〔註3〕

五、臺灣經驗的啓示

第一、建立健全農民組織，推動構建農村社會服務和保障體系，著力培育和發展農業服務主體

臺灣經驗表明，健全的農民組織是實現農村穩定和農業發展的重要支撐，而不是影響社會安定的因素。臺灣農會正是通過其經濟和社會服務功能，把廣大農民有效組織起來，傳授先進農業知識技術，輔導他們擴大生產經營規模，改善生產環境和產業結構，增強營農意願，培養他們走向市場和適應市場的能力。

2013年中共中央1號文件指出，推進現代農業建設要引導農村土地有序流轉，積極支持發展多種形式的新型農民合作組織，搭建區域性農業社會化服務綜合平臺，把廣大農民組織起來，傳播先進的農業知識、生產技術和生活技能，培育現代化新型農民，通過建立健全農業和農民保險、組織產銷班和共運銷合作組織、強化社區和老年照護系統等加快構建公益性服務與經營

〔註2〕 黃俊傑：《戰後臺灣的轉型及其展望》，臺北：臺灣大學出版中心，2006年11月，第17頁。

〔註3〕 蔡宏進：《臺灣新鄉村社會學》，臺北：全華科技圖書股份有限公司，2003年6月，第一版，第196～227頁。

性服務相結合、專項服務與綜合服務相協調的新型農業社會服務和保障體系，爲農業生產和農民生活提供全方位多層次的便捷服務，實現農業快速發展和農村進一步繁榮。

第二、構建普惠型農村金融體系，提高農村金融服務水平，鼓勵社會資本投向新農村建設

臺灣農會普惠型農村金融體系建設的經驗表明，推動現代化農業發展和農村建設必須始終圍繞服務農業、建設農村、造福農民的宗旨，依靠基層農民組織龐大的網絡和社會資源，構建起便捷、實用的農村金融體系，爲農業發展、農村繁榮和農民生活融通資金，提供小額金融服務，大力支持農業推廣、供運銷和保險等業務發展，推動農業持續發展和農村永續繁榮。

目前困擾大陸農村發展的一大問題是農村金融嚴重缺失，政策性支持和小額貸款力度不足，社會資本投入較少，嚴重制約了農業和農村地區發展和改革事業。2013 年中央 1 號文件提出，要創新農村金融產品和服務，鼓勵社會資本投向新農村建設。切實加大商業性金融支農力度，充分發揮政策性和合作性金融作用，加大新型生產經營主體信貸支持力度，落實縣域金融機構涉農貸款增量獎勵、農村金融機構定向費用補貼、農戶貸款稅收優惠、小額擔保貸款貼息等政策。

第三、加快構建現代農業產業體系，努力夯實現代農業物質基礎

實現農業現代化，必須加快構建現代農業產銷體系，夯實農業物質基礎，爲新農村和城鎮化建設提供有力支撐。臺灣農會通過其健全的網絡和多目標的功能體系，穩定農業規模，優化產業結構，強化農業基礎設施建設，建立農業產銷班、農產品倉儲、加工和運銷體系、建設經營優質農產品市場和商品集散中心，完善市場監督和預警機制，在構建現代農業產業體系上提供了成功的經驗。臺灣農會先進的管理架構和運營模式，其通過與政府結成「政策夥伴」推動臺灣農業發展的經驗與做法，值得大陸學習借鑒。

第四、保護生態環境，維護農民權益，促進農村可持續發展

大陸建設新農村，實現美麗中國夢，必須推進城鄉公共資源均衡配置，維護農民權益，健全新型農村社會養老保險政策體系，加強農村自然和生態環境保護和整治力度，促進鄉村地區可持續發展的目標。臺灣依靠農會與政府之間形成的獨特治理機制，傳送農村發展所需的「公共服務」和「社會資

源」，維護農民權益，保護農村自然和生態環境，推動整合性富麗鄉村建設，實現農村永續發展的經驗，對現階段大陸正在進行的農業現代化、新農村建設和城鎮化事業同樣具有非常重要的借鑒作用。

參考文獻

中文著作

1. 蔡宏進：《臺灣現代化農村之設計研究》，臺灣大學農業推廣學系，1981年。

2. 蔡宏進：《鄉村社會學》，臺北：三民書局股份有限公司，1989年。

3. 蔡宏進：《鄉村發展的理論與實際》，臺北：東大圖書股份有限公司，1993年。

4. 蔡宏進：《鄉村社會學》，臺北：三民書局股份有限公司，1994年，第二版。

5. 蔡宏進：《臺灣農業與農村生活的變遷》，農民團體幹部聯合訓練協會，1997年。

6. 蔡宏進：《鄉村社會發展理論與應用》，臺北：唐山出版社，2002年。

7. 蔡宏進：《臺灣新鄉村社會學》，臺北：全華科技圖書股份公司，2003年。

8. 蔡宏進：《臺灣農會改革與鄉村重建》，臺北：唐山出版社，2006年。

9. 蔡明哲：《社會發展理論——人性及鄉村發展取向》，臺北：巨流圖書公司，1987年。

10. 財團法人楊懋春貞德紀念基金會、臺灣大學農業推廣學系：《社區資源運用研討會——廖正宏教授逝世週年紀念文集與會議實錄》，1997年9月。

11. 陳誠：《臺灣土地改革紀要》，臺北：中華書局，1961年。

12. 陳誠：《如何實現耕者有其田》，臺北：正中書局，1951年。

13. 陳希煌等：《健全農會信用部體制之研究》，行政院研考會編，1997年7月。

14. 戴炎輝:《清代臺灣之鄉治》,臺北:聯經出版事業公司,1979 年。

15. 段兆麟:《休閒農業——體驗的觀點》,臺北:偉華書局,2006 年。

16. 高希均等:《臺灣經驗四十年(1949～1989)》,臺北:天下文化出版有限公司,1991 年。

17. 郭敏學:《多目標功能的臺灣農會》,臺北:商務印書館,1977 年。

18. 郭敏學:《合作化農會體制》,臺北:商務印書館,1982 年。

19. 郭敏學:《臺灣農會發展軌跡》,臺北:商務印書館,1984 年 4 月,初版。

20. 何廣文、李樹生:《農村金融學》,中國金融出版社,2008 年。

21. 黃俊傑:《農復會與臺灣經驗:1949～1979》,臺北:三民書局,1991 年。

22. 黃俊傑編:《中國農村復興聯合委員會史料彙編》,臺北:三民書局,1991 年。

23. 黃俊傑:《中國農村復興聯合委員會口述歷史訪問記錄》,臺北:中央研究院近代史研究所,1992 年。

24. 黃俊傑:《黃俊傑訪問記錄》,臺北:中央研究院近代史研究所,1992 年。

25. 黃俊傑:《戰後臺灣的轉型及其展望》,臺北:臺灣大學出版中心,2006 年。

26. 賴澤涵、黃俊傑:《光復後臺灣地區發展經驗》,臺北:中央研究院中山人文社會科學研究所,1991 年。

27. 李登輝:《臺灣農業之基本問題及其對策》,臺北:油印本,1971 年。

28. 李登輝:《臺灣農業發展的經濟分析》,臺北:聯經出版事業公司,1980 年。

29. 李憲文、黃大洲:《臺灣農地改革對鄉村社會之貢獻》,李登輝編,1985 年。

30. 李國鼎、陳木在:《我國經濟發展策略總論》,臺北:聯經出版事業公司,1987 年。

31. 李世傑:《農民土地合作金融問題研究》,中國金融出版社,2010 年。

32. 廖樹宏:《臺灣農會新合作化經營》,臺北:商訊文化出版公司,2008 年。

33. 廖正宏、黃俊傑:《戰後臺灣農民價值取向的轉變》,臺北:聯經出版事業公司,1992 年。

34. 廖正宏、黃俊傑、蕭新煌:《光復後臺灣農業政策的演變——歷史與社會的分析》,中央研究院民族學研究所,1993 年 4 月,第二版。

35. 林鍾雄：《臺灣經濟發展四十年》，臺北：自立晚報，1988 年 5 月，第二版。

36. 林淵煌：《現代化農村發展之研究》，臺北：行政院農業委員會，油印本，1982 年。

37. 劉聰衡等：《臺灣農村社區發展模式研究》，臺北：行政院研考會編，1997 年。

38. 劉國深：《臺灣政治概論》，九州出版社，2006 年。

39. 〔孟〕穆罕默德·尤諾斯、阿蘭·喬利斯著，黃旗軍、楊興甫、劉築生譯：《穆罕默德·尤諾斯自傳》，貴州人民出版社，2000 年。

40. 〔孟〕穆罕默德·尤納斯著，吳士宏譯：《窮人的銀行家》，三聯書店，2006 年。

41. 邱家文：《臺灣農業的過去與現在》，臺北：渤海堂文化公司，1988 年。

42. 邱湧忠：《農金歲月三十八》，臺北：東瑩國際文化有限公司，2008 年。

43. 孫代堯：《臺灣威權體制及其轉型研究》，中國社會科學出版社，2003 年。

44. 臺灣大學農業推廣學系：《改進農會組織與功能研討會論文集》，1995 年。

45. 臺灣省農林廳編印：《農會業務經營要覽》，供銷業務，第三冊（第四篇）。

46. 臺灣省政府農林廳編：《臺灣省農會組織調查報告書》，1950 年，油印本。

47. 田劍英：《普惠型區域性農村金融體系的構建》，中國財政經濟出版社，2010 年。

48. 王作榮：《王作榮看臺灣經濟》，臺北：時報文化出版有限公司，1989 年 10 月，第二版。

49. 蕭國和：《臺灣農業興衰 40 年》，臺北：自立晚報，1987 年。

50. 蕭昆杉：《農村文化發展》，臺北：財團法人楊懋春貞德幾年基金會，1992 年。

51. 蕭新煌等著：《解剖臺灣經濟》，臺北：臺灣研究基金會國防研究小組，1992 年。

52. 熊中果：《農業發展策略》，臺北：聯經出版事業公司，1984 年。

53. 楊懋春：《農業技術改變對鄉村社會的影響》，臺北：商務印書館，1968 年。

54. 楊懋春、蔡宏進、廖正宏、黃俊傑：《我國農業建設的回顧與展望》，臺北：時報出版公司，1983 年。

55. 尹保雲：《什麼是現代化》，人民出版社，2001 年。

56. 余玉賢主編：《臺灣農業發展論文集》，臺北：聯經出版事業公司，1975 年。

57. 於宗先主編：《臺灣經濟發展重要文獻》，臺北：聯經出版事業公司，1976 年。

58. 張研田：《農企業的發展》，臺北：聯經出版事業公司，1982 年。

59. 張研田：《農業政策與農業發展：農業政策論文選集》，臺北：商務印書館，1982 年。

60. 曾旭正：《臺灣的社區營造》，臺北：遠足文化事業股份有限公司，2007 年。

61. 朱岑樓：《我國社會的變遷與發展》，臺北：東大圖書股份有限公司，1986 年 2 月，第二版。

中文論文

1. 蔡宏進：《鄉村旅遊開發、綠色環境保護與社會文化策略》，《農業推廣文匯》，2007 年，第 52 輯。

2. 蔡宏進：《鄉村休閒旅遊與小區共榮發展的理論》，《農業推廣文匯》，2008 年，第 53 輯。

3. 蔡碩倉：《運用類神經網路建構臺灣地區農會信用部金融預警系統》，《農業經濟半年刊》，2000 年 12 月，第 68 期。

4. 陳玠廷、蕭昆杉：《臺灣有機農業的發展與未來展望》，《農業推廣文匯》，2010 年，第 55 輯。

5. 陳榮五：《臺灣地區有機農業產業發展現況與趨勢》，《臺灣地區有機農業產業發展研討會專刊》，「行政院」農業委員會編，2003 年。

6. 陳秀卿：《現階段家政推廣重點工作方向》，《農業推廣文匯》，2005 年，第 50 輯。

7. 陳新友：《農產運銷政策與改進措施》，余玉賢主編，臺灣農業發展論文集，臺北：聯經出版事業公司，1975 年。

8. 陳昭郎：《休閒農業在鄉村持續發展中所扮演的角色》，《農業推廣文匯》，2006 年，第 51 輯。

9. 陳昭郎：《休閒農業園區發展策略》，《農業推廣文匯》，2008 年，第 3 輯。

10. 程朝雲：《戰後臺灣農會的制度改革（1950～1954）》，《中國社會科學院近代史研究所青年學術論壇（2006 卷）》。

11. 戴君玲：《鄉村與發展概念迷思之探討》，《農業推廣文匯》，2002 年，第 47 輯。

12. 丁文郁：《論農業金融法立法對臺灣農業發展之影響》，《農業推廣文匯》，2003 年，第 48 輯。

13. 丁文郁：《從農業金融法之制定論臺灣農業金融制度》，《臺灣鄉村研究》，2009 年 7 月，第 9 期。

14. 丁文郁：《從發展史觀論臺灣農業金融制度之建構》，《存款保險信息季刊》，2011 年 9 月，第 24 卷第 3 期。

15. 段兆麟：《休閒農場運用農業與農村資源營造特色》，《農業推廣文匯》，2006 年，第 51 輯。

16. 段兆麟：《臺灣休閒農業發展的回顧與未來發展策略》，《農政與農情》，2007 年 3 月，第 177 期。

17. 何銘樞，高成賢：《農事推廣教育四十週年回顧》，《農訓》雜誌，「中華民國」農民團體幹部聯合訓練協會，1995 年。

18. 黃德福、劉華宗：《農會與臺灣政治：以臺中縣和高雄縣為例》，《選舉研究》，1995 年，第 2 卷第 2 期。

19. 黃昭瑾：《休閒農業園區之理念與營造》，《農業推廣文匯》，2002 年，第 47 輯。

20. 蔣夢麟：《談本省農業推廣教育》，《農業推廣文匯》，1957 年，第 2 輯。

21. 梁連文、林靜雯：《臺灣農村金融的現狀與改革》，《永續發展與管理策略》，2009 年，6 月，第 1 卷第 2 期。

22. 廖安定：《臺灣農地改革政策的回顧與展望》，《農政與農情》第 103 期，臺北：「行政院」農業委員會，2008 年。

23. 廖坤榮：《臺灣農會經營管理的困境：網絡理論的分析》，《政治科學論叢》，2002 年，第 16 期。

24. 廖坤榮：《臺灣農會的社會資本形成與政策績效》，《政治科學論叢》，2004 年 12 月，第 22 期。

25. 廖坤榮：《臺灣金融管制政策的困境：代理人途徑個案分析》，《中山人文社會科學期刊》，2004 年 12 月，第 12 卷第 2 期。

26. 廖正宏：《鄉村社區發展的新方向研討會會議實錄》，臺北：臺灣大學農業推廣學系，「中華民國」社區發展研究訓練中心，1985 年 1 月 19 日。

27. 林妙娟、鄭明欣：《有機農產品行銷策略之研究》，《農業推廣文匯》，2001 年，第 46 輯。

28. 林如萍：《臺灣農家「家務管理訓練方案」之發展與執行研究》，《農業推廣文匯》，2009 年，第 54 輯。

29. 林梓聯：《都市農業的構想與實施》，《農業推廣文匯》，1993 年，第 38 輯。

30. 林梓聯：《以景觀、公園、生產綠地理念發展都市農業》，《農業推廣文

匯》，1996 年，第 41 輯。

31. 林梓聯：《臺灣觀光休閒農業與生態旅遊的展開》，《農業推廣文匯》，
    2006 年，第 51 輯。

32. 劉春初：《臺灣地區農會信用部風險管理與效率評估之研究》，《農業經濟
    半年刊》，2002 年 6 月，第 71 期。

33. 劉春初：《應用資源充分配模式探討臺灣地區農會信用部組織變革之研
    究》，《農業經濟半年刊》，2004 年 6 月，第 75 期。

34. 劉清榕：《臺灣農業推廣機構間的功能聯繫》，《農業推廣學報》創刊號，
    臺灣大學農學院農業推廣學研究所編印，1975 年 3 月。

35. 劉榮章：《臺灣的農會組織及其功效》，原載《臺灣農業探索》，1999 年，
    第 2 期。

36. 盧永祥：《臺灣地區農會信用部風險態度、生產力及成本結構之研究》，
    《農業經濟叢刊》，2008 年 12 月，第 14 卷第 1 期。

37. 倪葆眞、呂美麗：《創新鄉村社區人文發展計劃》，《農業推廣文匯》，2008
    年，第 53 輯。

38. 邱茂英：《臺灣農會與經濟發展》，余玉賢主編，臺灣農業發展論文集，
    臺北：聯經出版事業公司，1975 年。

39. 阮素芬、楊宏瑛：《農村家政推廣工作執行成果》，《農政與農情》，2008
    年，第 188 期。

40. 山東鄉村建設研究院：《鄉村建設旬刊》，1935 年 2 月 21 日。

41. 沈宗翰：《臺灣農業發展政策之蛻變》，余玉賢主編，臺灣農業發展論文
    集，臺北：聯經出版事業公司，1975 年。

42. 沈宗瀚：《臺灣農業四年計劃》，收入黃俊傑編著，《沈宗瀚先生年譜》，
    臺北：巨流出版社，1990 年增訂再版。

43. 施連勝：《臺灣農會組織之特性》，《農業推廣文匯》，1984 年，第 29 輯。

44. 宋大峰：《從永續農業的觀點論當前農地政策》，《農業推廣文匯》，2001
    年，第 46 輯。

45. 孫炳焱：《強化組織活力，提升農會功能，回歸國際合作原則的建議》，
    《今日合庫》，1988 年，第 14 卷第 6 期。

46. 湯幸芬：《鄉村永續發展與休閒農業》，《農業推廣文匯》，1998 年，第 43
    輯。

47. 涂勳：《農業施政方向》，《農業推廣文匯》，1993 年，第 38 輯。

48. 王友釗：《臺灣之農業發展》，張國爲編：《臺灣經濟發展》，1967 年。

49. 吳聰賢：《臺灣農業推廣教育制度難題之產生原因及解決原則》，《農業推
    廣文匯》，1969 年，第 14 輯。

50. 吳聰賢：《永續農業之發展策略》，《農業推廣學報》，1993 年，第 10 期。

51. 吳聰賢：《追求感性鄉村發展——永續鄉村發展的人文意涵》，《農業推廣學報》，1998 年，第 14 期。

52. 吳恪元：《臺灣新農村推廣教育運動的商討》，《農業推廣文匯》，1956 年，第 1 輯。

53. 吳恪元：《都市農業的有效推廣》，《農業推廣文匯》，1994 年，第 39 輯。

54. 蕭昆杉：《都市型農會制度與功能之探討》，《農民組織制度與功能研討會論文專集》，1988 年。

55. 蕭昆杉：《農業產業文化發展理念》，《農業推廣文匯》，1995 年，第 40 輯。

56. 蕭昆杉：《未來鄉村的論述》，《農業推廣文匯》，2008 年，第 53 輯。

57. 蕭昆杉、陳玠廷：《鄉村性與休閒農業發展之論述》，《農業推廣文匯》，2009 年，第 54 輯。

58. 蕭昆杉：《綠色生活圈與農村再生》，《農業推廣文匯》，2011 年，第 56 輯。

59. 蕭昆杉、蔡必焜：《偏遠鄉村生活產業的發展》，《生活產業與地方發展國際研討會論文集》，2008 年 12 月。

60. 蕭新煌：《三十年來臺灣農業政策的演變：1953～1982》，《思與言》第 20 卷第 6 期，1983 年 3 月。

61. 謝森中：《論農業推廣的意識及其目的》，《農業推廣文匯》，1957 年，第 2 輯。

62. 顏晃平，張靜文，吳榮傑：《臺灣農會信用部成本效率之研究——共同邊界函數應用》，《應用經濟論叢》，2008 年 12 月，第 84 期。

63. 葉啟政：《三十年來臺灣地區中國文化發展的檢討》，朱岑樓主編：《我國社會的變遷與發展》，臺北：東大圖書股份有限公司，1986 年 2 月，第二版。

64. 曾玉惠：《農村婦女成功創業之個案研究》，《農業推廣文匯》，2007 年，第 52 輯。

65. 曾玉惠：《家政技能教育促進農家生活改善成傚之研究：以高高屏地區爲例》，《農業推廣文匯》，2011 年，第 56 輯。

66. 鄭政宗：《休閒農業行銷策略分析》，《農業推廣文匯》，1998 年，第 43 輯。

67. 周若男：《休閒農業發展之現況及方向》，《農業推廣文匯》，1999 年，第 44 輯。

68. 莊淑姿、劉建麟：《臺灣生態旅遊發展初探》，《農業推廣文匯》，2005 年，第 50 輯。

研究報告、政府簡報及網站資源

1. 蔡宏進:《臺灣農會組織結構與功能的演變與啓示》,《改進農會組織與功能研討會論文集》,1995 年。

2. 蔡宏進、顏建賢:《農會合併策略之研究》,「行政院」農業委員會科技研究計劃研究報告,臺灣鄉村社會學會,2003 年。

3. 陳建志:《有機農業對生物多樣性的影響》,「互惠互助的自然資源經營──里山倡議精神的實踐」研討會摘要報導。

4. 陳秀卿:《農村婦女開創副業獎助輔導要點》,行政院農業委員會訂定家政推廣重點工作實施方法,2001 年。

5. 陳昭郎:《改進農會組織結構暨功能調查報告》,《改進農會組織與功能研討會論文集》,1995 年。

6. 方珍玲等:《農會轉型診斷標準之研究》,行政院農業委員會科技研究計劃研究報告,臺北大學,2004 年。

7. 黃晶瑩:《臺灣農會與相關機構關係探討》,《改進農會組織功能研討會論文集》,1995 年。

8. 黃明耀:《臺灣農業推廣發展現況課題與方向》,《臺灣農業推廣發展趨勢研討會會議實錄》,2008 年 2 月。

9. 黃欽榮:《農民組織如何發揮產銷調節功能》,中國農村經濟學會和中國農業推廣學會編,《農民組織制度與功能之探討會論文資料》,1988 年。

10. 蔣憲國:《農企業及農民團體推動優質農業推廣策略之研究》,行政院農業委員會科技計劃研究報告,中興大學,2006 年。

11. 廖朝賢:《臺灣農會現況與展望》,《改進農會組織與功能研討會論文集》,1995 年。

12. 廖正宏、鄭建雄:《臺灣偏遠地區農會業務營運之研究》,行政院農業委員會補助研究計劃,1987 年 9 月。

13. 廖正宏、陳昭郎等:《配合農業區域發展改進臺灣農會組織之研究》,臺灣大學農業推廣學系研究報告,1981 年 10 月。

14. 劉欽泉:《中德農會之比較研究》,行政院農業委員會專題研究計劃成果報告,中興大學農業經濟學系,1998 年。

15. 劉清榕等:《挑戰二十一世紀農會經營策略發展》,行政院農業委員會農業管理計劃研究報告,臺灣農業推廣學會,2004 年。

16. 臺灣大學:《臺灣農業推廣體制研討會專刊》,農業推廣學研究所編,1986 年 11 月。

17. 臺灣大學農學院農業推廣學系:《活化鄉村發展研討會專輯》,2001 年 12 月。

18. 顏建賢等:《知識經濟時代公私立農業推廣體系研究——非政府部門農業推廣體系建構》,行政院農業委員會科技研究計劃研究報告,臺灣鄉村社會學會,2002 年。

19. 嚴淑玲、鄭政宗:《臺灣農業推廣制度變革芻議》,臺灣農業推廣發展趨勢研討會會議實錄,2008 年 2 月。

20. 王志文等:《農業推廣與鄉村社會發展關係之研究——文化的尋找與延續》,行政院農業委員會科技研究計劃研究報告,臺灣農業推廣學會,2003 年。

21. 吳德森:《農業推廣與鄉村社會發展關係之研究——產業發展》,行政院農業委員會科技研究計劃研究報告,臺灣鄉村社會學會,2003 年。

22. 張德粹、江榮吉:《臺灣農會與農村合作組織對農業發展應有任務之研究》,臺灣大學農學院農業經濟學系,1974 年 12 月。

23. 張慶堂:《農會組織與功能之研究——農漁會經濟金融事業調整放案芻議》,「中華民國」加強儲蓄推行委員會金融研究報告。

24. 中國農村復興聯合委員會編:《中國農村復興聯合委員會工作報告》(第三期),1952 年。

25. 中國農村復興聯合委員會編:《三十年來臺灣之農業經濟》,1968 年 10 月。

26. 莊淑姿:《休閒取向農會轉型之推動功能與角色調整之研究》,行政院農業委員會科技計劃研究報告,高雄大學,2005 年。

27. 金融財務研究訓練中心:《基層金融統計參考資料》。

28. 合作金庫銀行:《農會信用部經營指標》。

29. 農業金庫:《農會信用部經營指標》。

30. 臺灣省農會:《臺灣地區各級農會年報》。

31. 臺灣省農林廳:《臺灣農業年報》。

32. 行政院金融監督管理委員會銀行局:《金融統計指標》,2008 年。

33. 行政院農業委員會:《農業政策白皮書》,1995 年。

34. 行政院農業委員會:《農業統計年報》,2007 年。

35. 新北市板橋區公所網站(www.banqiao.ntpc.gov.tw)。

36. 新北市板橋區農會網站(www.pcfarm.org.tw)。

37. 雲林縣二崙鄉公所網站(www.ehlg.gov.tw/)。

38. 雲林縣二崙鄉農會網站(www.erlun.org.tw/)。

39. 臺灣休閒農業發展協會(www.taiwanfarm.org.tw/)。

40. 「全國」法規資料庫網站(law.moj.gov.tw/LawClass/LawAll.aspx?)。

41. 臺灣省農會網站（www.farmer.org.tw/）。

42. 中央銀行網（www.cnc.gov.tw/lp.asp?）。

43. 臺灣農業金庫網站（www.agribank.com.tw）。

學位論文

1. 陳聰勝：《臺灣農會組織之研究》，政治大學地政研究所博士論文，1978年7月。

2. 陳美芬：《休閒農業遊憩發展的地方資源要素之研究》，臺灣大學農業推廣學研究所博士論文，2002年11月。

3. 李聰勇：《臺灣農會信用部的發展與改革》，政治大學社會科學學院碩士論文，2009年3月。

4. 黃錫星：《臺灣地區農會組織轉型之研究——以臺灣省農會為例》，政治大學社會科學院碩士論文，2004年1月。

5. 梁忠森：《臺灣地區農會信用部之經營與管理》，銘傳大學財務金融研究所碩士論文，2003年6月。

6. 劉怡君：《臺灣農會組織功能演變之研究》，臺灣大學農業推廣學研究所碩士論文，1997年6月。

7. 李慧華：《臺灣北部地區基層農會農事指導員之訓練需求研究》，臺灣大學農業推廣研究所碩士論文，1998年6月。

8. 李展臺：《臺灣地區農會之研究》，臺灣大學政治研究所碩士論文，1981年7月。

9. 彭瑞惠：《農會在鄉村社區發展中角色因應之研究》，中國文化大學經濟學研究所碩士論文，1988年月。

10. 邱湧忠：《農復會與臺灣農業發展策略形成之研究》，臺灣大學農業推廣學研究所博士論文，1997年6月。

11. 王志文：《農漁會信用部對全國農業金庫制度信任之研究》，臺灣大學農業推廣學研究所博士論文，2005年7月。

12. 蕭雁文：《小地主大佃農農地政策的探討——農會角色的省思》，政治大學私立中國地政研究所碩士論文，2010年4月。

13. 顏建賢：《臺灣基層農會的組織間關係及其對組織績效的影響》，臺灣大學農業推廣學研究所博士論文，1994年6月。

14. 顏崑智：《戰後臺灣農會之研究——以臺灣省農會為中心》，中興大學歷史學系碩士論文，1998年7月。

15. 莊淑姿：《臺灣鄉村發展類型之研究》，臺灣大學農業推廣學研究所博士論文，2001年1月。

英文文獻

1. 1957. *The SecondFour-Year Plan for Economic Development in Taiwan.* Ministry of Economic Affairs.

2. 1961. *The ThirdFour-Year Plan for Economic Development in Taiwan.*

3. 1965. *The Fourth Four-Year Plan for Economic Development in Taiwan.*

4. Council for International Economic Cooperation and Development

5. 1969. *The Fifth Four-Year Plan for Economic Development in Taiwan.*

6. 1973. *The SixthFour-Year Plan for Economic Development in Taiwan.*

7. Economic Planning Council

8. CIECD: *Taiwan Statistical Data Book*, 1970.

9. Government of the Republic of China.1953. *The first Four-Year Plan for Economic Development in Taiwan.* Economic Stabilization Board.

10. Ho, S. P. Samuel 1978. *Economic Development of Taiwan*, 1860~1970. New Haven: Yale University Press.

11. Inayatullah ed. *Approaches to Rural Development Some Asian Experiences, Asian and Pacific Development Administration Center*, Kuala Lumpur, Malaysia.

12. Kooiman, J. (ed.) 1994. *Moedern Governance: New Government-Society Interactions.* London: Sage.

13. Kwoh, Min-Hsioh: *Farmers' Associations and Their Contributions Toward Agricultural and Rural Development in Taiwan*, Bangkok, P74~75，1967.

14. Lee Teng-hui, and Chen Yueh-eh, *1975 Gross Rate of Taiwan Agriculture*, 1911~197 (Taipei JCCR).

15. Peters, B. G. and J. Pierre.1998. "*Governing without Government: Rethinking Public Administration.*" Journal of Public Administration and Theory 8: 223~242.

16. Pierre, J. and B. G. Peters.2000. *Governance, Politics and the State.* Macmillan Press Ltd.

17. Rada E. L. and Lee,　T.H.: *Irrigation Investment in Taiwan*, Taipei, 1963, P37.

18. Wu, T. S. *Rural Migration and Changes in Agricultural Population*, Dept. of Agriculture Extension, National Taiwan University. 1972.

後　記

　　本書是在我的博士論文基礎上經過較大範圍的修改、補充而成的，也是我近年來研究臺灣農會與鄉村建設的一個學術總結。

　　自 2013 年 6 月博士論文答辯到現在已經過去了近四年時光。我的博士論文能夠順利完成並如期答辯，要特別感謝我的導師孫代堯教授，感謝他給予我的無微不至的關心和幫助，更要感謝他在學術和人格方面給予我的指導和示範。孫老師優秀的品格風範、高深的學術造詣、嚴謹的治學作風始終深深影響著我，成爲我學習和生活的楷模。我的博士論文從立意、選題到完成，歷經多次修改、完善，都是在孫老師悉心指導和幫助下完成的，傾注了他許多的心血和汗水。這次論文的修改和出版也始終得到了孫老師的指導和幫助，尤其是孫老師在百忙中撥冗爲本書作序，令我非常感動並深受鼓舞。在此，我謹向孫代堯教授表示最眞摯的謝意和最美好的祝福。我的博士學業和論文得以順利完成，還要感謝北京大學仝華教授、尹保雲教授、郇慶治教授、李淑珍教授、王文章教授、王春英老師等，感謝他們在我博士求學期間，帶給我許多新的知識和視野，給予我許多論文寫作方面的靈感和幫助。

　　我還要特別感謝臺灣元智大學對我的邀請，感謝元智大學人文社會科學學院謝登旺教授、洪泉湖教授等臺灣友人在我赴臺查閱資料和學習研究期間，給我提供了許多難能可貴的幫助，並對我的博士論文從選題到寫作提出了不少建設性的意見和建議，使我受益匪淺。由於歷史和現實的原因，大陸學界對臺灣農會組織及其運作的研究比較有限，有關臺灣農會的文獻和資料數據探集也存在困難，爲此，筆者在博士論文選題確定後，到臺灣作了爲

期三個月的資料收集和學術研究，並實地考察了若干農會和鄉村，獲取了較多一手資料。但是由於本人知識結構及學術水平的欠缺，本研究仍然難免會有不足之處。

　　該書能順利出版要感謝臺灣花木蘭文化事業有限公司社長高小娟女士、總編輯杜潔祥先生及副總編輯兼北京聯絡處主任楊嘉樂女士的熱情幫助及辛勤工作。

　　最後，我要由衷的感謝一直陪伴我的家人和朋友們，沒有他們一直以來的關心、支持和幫助，我無法走到今天，謝謝你們！

杜興軍
2017 年 4 月
於北京大學燕東園